国家出版基金项目
NATIONAL PUBLICATION FOUNDATION

21世纪中国城市图书馆丛书

JINAN TUSHUGUAN

济南图书馆

主编　郭秀海

天津大学出版社
TIANJIN UNIVERSITY PRESS

图书在版编目（CIP）数据

济南图书馆／郭秀海主编．—天津：天津大学出版社，2017.11

（21 世纪中国城市图书馆丛书）

ISBN 978－7－5618－5944－5

Ⅰ．①济…　Ⅱ．①郭…　Ⅲ．①市级图书馆—介绍—济南　Ⅳ．①G259.252.2

中国版本图书馆 CIP 数据核字（2017）第 272816 号

出版发行　天津大学出版社
地　　址　天津市卫津路 92 号天津大学内（邮编：300072）
电　　话　发行部：022－27403647
网　　址　publish.tju.edu.cn
印　　刷　北京华联印刷有限公司
经　　销　全国各地新华书店
开　　本　202mm × 265mm
印　　张　25
字　　数　484 千
版　　次　2017 年 11 月第 1 版
印　　次　2017 年 11 月第 1 次
定　　价　160.00 元

"Series of China's City Libraries in the 21st Century" Editorial Board

Jinan Library Editorial Board

总　序

中华文化源远流长，历久弥新。中华优秀传统文化是我们最深厚的文化软实力，也是中国特色社会主义植根的文化沃土。要实现“两个一百年”的奋斗目标、实现中华民族伟大复兴的“中国梦”，就必须充分运用中华民族数千年来积累下的伟大智慧。图书馆作为文献机构，汇集了由中华文化五千年精华浓缩而成的一本本图书，具有极高的文化价值。自古代的藏书楼发展至今天的公共图书馆，图书馆的本体在不断生长和变化着，图书馆事业在党和政府的积极扶持下，蓬勃发展，呈现出一片欣欣向荣的景象。

与此同时，我国正在努力构建的公共文化服务体系，是中国特色社会主义事业总体布局的重要内容，是实现经济、政治、文化、社会协调发展战略布局的重大安排。公共文化服务体系的建设关系到最广大人民群众的利益，是促进社会和谐稳定、建构中华民族共有精神家园的重要保障。而公共图书馆服务体系作为其中的重要组成部分和支撑力量，在公共文化服务的标准化、均等化建设和公共文化网络的布局上有其天然优势，责无旁贷。现代图书馆虽然延续了传统图书馆的储存功能，但更加偏重于知识的传播。面向大众的公共图书馆以阅读为中心功能，跳出了传统的知识特权与垄断，实现了书籍和知识的社会化和民主化。在中国当今的图书馆事业中，最具活力的当推公共图书馆，而在公共图书馆之中，又以大中城市的图书馆最有特色。

城市图书馆总是与文化生活联系在一起。城市图书馆是隐藏在喧闹匆忙城市中安静隽永的一隅，巧妙融合传统文明与现代化都市时尚，镌刻属于一座城市的特有的文化印记。在这里，一缕书香、一次活动就将城市的文化生活唤醒了。市民们在图书馆中畅享活色生香的世俗生活与传统民族文化，感受着城市图书馆对于城市文化的保存与维护、传承与发扬。

城市图书馆及其体系是城市化进程中的重要一环。城市中由公共图书馆组成的公共图书馆服务体系和以公共图书馆等公共文化设施为重点构成的公共文化设施网络，是全面推进基本公共文化服务标准化与均等化的重要措施与手段。通过城市图书馆与公共图书馆服务体系建设推动现代公共文化服务体系的发展、提高公共文化服务效能，是当代中国图书馆的发展目标之所在。

城市图书馆是集中展示图书馆职业专业性的场所。图书馆职业从诞生至今一直与非专业化的职业刻板印象进行抗争，我国的图书馆员也在为职业形象的专业化不懈奋斗。好在这样的付出已经收获了回报，我国图书馆职业的专业性已经得到读者的广泛认同。这之间，城市图书馆与图书馆员功不可没。图书馆员将专业性融入图书馆的愿景、规划、改革举措、日常运行、读者活动之中，让市民体会着职业专业性为城市文化生活带来的亮色。

中国的城市图书馆是对外宣传的文化名片。提高国家文化软实力，是党和国家的一项重大战略任务。作为公共文化设施之一的城市图书馆，一直履行着夯实国家文化软实力根基的责任，使中华民族最基本的文化基因与当代文化相适应、与现代社会相协调。在本套丛书中，我们不难发现城市图书馆在此方面付出的努力，这也是我们想要通过本套丛书向外传达的信息。

“21 世纪中国城市图书馆丛书”第一批收录的 12 个图书馆是我国 21 世纪城市图书馆整体风貌的缩影，由南至北分布在近 10 个省，具有很强的代表性。这 12 个图书馆各具特色，在管理运营、文化活动、资源开发与服务等众多方面有许多创新之处被总结积累下来。值此“一带一路”倡议推广之际，双语版的形式能更好地将我国城市图书馆在 21 世纪的创新与特色与世界分享，将优秀文化传播出去，让更多的人了解中国的城市图书馆，进而了解中国。

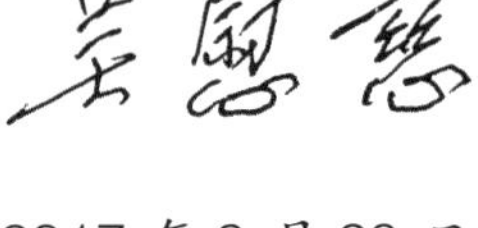

2017 年 9 月 20 日

General Preface

Chinese culture has a long and eternally renewed history. Excellent Chinese traditional culture is the most profound cultural soft power and the cultural fertile soil where the socialism with Chinese characteristics is rooted. In order to achieve "Two Centenary Goals" and realize the "Chinese Dream" of the great rejuvenation of the Chinese nation, we must make full use of the great wisdom that the Chinese nation has accumulated for thousands of years. The library, as the institution of literature, which has collected a large number of books involving the essence of Chinese culture with five thousand years, has high cultural value. The library has been evolving from the ancient library to the public library today. The librarianship, supported by the Communist Party of China (CPC) and Chinese government, shows a vigorous and flourishing trend.

At the same time, China is trying to construct a public cultural service system, which is an important part of the overall layout of the cause of socialism with Chinese characteristics and the important arrangement of the strategic layout to achieve the coordinated development of economy, politics, culture and society. The construction of the public cultural service system, closely related to the people's interests, is an important guarantee to promote social harmony and stability and build the common spiritual home of the Chinese nation. The public library service system, as an important part and supporting strength of the public cultural service system, has its own natural advantage and responsibility in the construction of standardization and equalization of public cultural services and the layout of the public cultural network. Although modern libraries retain the storage function of traditional libraries , they focus more on the spread of knowledge. With reading as the core function, public libraries are open to the public. They get rid of the traditional privilege and monopoly on knowledge and realize the socialization and democratization of books and knowledge. The most dynamic libraries in Chinese modern librarianship are public libraries , among which the ones in the large and medium-sized cities are the most distinctive.

City library is always associated with cultural life. As a quiet and meaningful place hidden in the noisy and busy city, city library offers a subtle blend of traditional civilization and modern urban fashion, engraved with the unique cultural mark belonging to a city. One book or one activity will wake up the cultural life of a city. Citizens in the library can enjoy the rich and colorful secular life and the traditional culture, and feel the efforts of the city library in preservation and maintenance, the inheritance and spread of urban culture.

City libraries and their system are an important part of the process of urbanization. The public library service system composed of public libraries in cities, and the public cultural facilities network focusing on the public cultural facilities such as public libraries, are the important measure and means to comprehensively promote the standardization and equalization of the basic public cultural services. To promote the modern public cultural service system and improve the efficiency of the public cultural services by constructing the service system of city library and public library is the goal of Chinese libraries.

City library is a place to intensively show the professionalism of the library profession. Since the birth of the library profession, it has been resisting against the non-professional stereotypes. Librarians also strive to establish a professional image. Fortunately, such efforts have been paid off. The library profession has been widely recognized by readers. City libraries and their librarians have made a great contribution to it. Librarians integrate the professionalism into the vision, planning, reform initiatives, daily operation and reader activities of their libraries, so that the public are able to enjoy the beauty of urban cultural life created by the professionalism.

City library in China is a cultural card for publicity. Improving the national cultural soft power is a major strategic task of the CPC and the nation. City library, as one of the public cultural facilities, has been performing the duty to consolidate the foundation of the national cultural soft power, and coordinate the most basic cultural genes of the Chinese nation with contemporary culture and modern society. It is not hard to find the great efforts of city libraries, which we want to spread through the series.

12 libraries of the first batch included in "Series of China's City Libraries in the 21st Century" are the epitome of the overall scene of China's city libraries in the 21st century. From the South to the North, they are distributed in nearly 10 provinces and have strong representativeness. These 12 libraries with their own characteristics have a lot of innovations in various aspects such as management and operation, cultural activities, resource development and service. On the occasion of promoting the Belt and Road Initiative, the bilingual version will be helpful in sharing the innovations and characteristics of China's city libraries in the 21st century with the world, and spreading the excellent culture, trying to enable more people to know China's city libraries and to know China well.

Wu Weici

Sept. 20, 2017

目 录

天下泉城

书香泉城

馆藏瑰宝

CONTENTS

Springs City

Literary Springs City

CONTENTS

天下泉城

國學講堂

01

第一章
城市文脉

第一节

泉水之都

齐多甘泉，甲于天下

山东省省会济南是举世闻名的泉水之都，一向以泉水众多著称。金代《名泉碑》问世后，济南更是以“泉城”之名享誉天下。一泓泓清泉，像一颗颗璀璨的明珠，星罗棋布般镶嵌在美丽富饶的泉城大地，分外妖娆。

济南城市的泉水成因，沈括的《梦溪笔谈》、施闰章的《重修趵突泉记》、沈廷芳的《贤清园记》及文人胡缵宗、王初桐等认为是“济水伏流”，发源于河南王屋山；曾巩的《齐州二堂记》、元好问的《济南行记》、于钦的《齐乘》等认为济南泉水来源于城南诸山。现代地质工作者经多方研究和考证，证实曾巩等的说法是正确的。济南位处华北平原与鲁中山区过渡带，南部重峦叠嶂，北部沃野广袤。其独特的地理位置、平缓单斜的地质构造和奇特的岩溶地貌，是泉水的主要成因。济南南部山区，是这座城市的“天然水塔”。

因为这座“天然水塔”的存在，让济南泉水显得卓尔不凡。济南泉水，在北魏郦道元眼中是“寰中之绝胜，古今之壮观”，在曾巩眼中是“齐多甘泉，冠于天下”（注：济南别名“齐州”），元代地理学家于钦一语概之：“济南山水甲齐鲁，泉甲天下。”

据文献记载，商纣王征伐夷方时经过的“泺”，即今日济南的趵突泉。《左传》中“公会齐侯于泺”所载公元前694年鲁桓公与齐襄公相会地“泺”，也是指趵突泉，为古泺水之发源地。另据《左传》记载，公元前589年，齐晋“鞍之战”中齐师败绩，齐顷公佯扮逢丑父，借去华泉取水之机逃脱。这个华泉就位于华阳宫前，又称“华水”“华不注泉”，因位置临近华不注山而得名。

自古至今，关于济南泉水的文献记录数不胜数。成书于北魏时期的《水经注》，就系统记述过趵突泉、舜泉、华泉、百脉泉等名泉。其他如《齐乘》《历乘》《贤清园记》《济南行记》《历城县志》《济南府志》《济南市志》等，均有大量关于济南泉水的记载。《趵突泉记》《济南名泉大观》系专门记载济南泉水的文献。

最新统计表明，济南老城区2.6平方公里范围内，有泉涌136处，加上市郊及所属区县，计有泉池733处，还不包括众多大大小小散落于街巷民宅或村落山崖的无名泉和季节泉，泉眼之多世所罕见。“泉水之都”济南，称得上是举世无双的天然岩溶泉水博物馆。

济南市区泉水的日最高涌量可达60万立方米。有“泉源上奋，水涌若轮”美誉的趵突泉，日最高出水量曾达到24万立方米；而“一泓泻出玉蓝田”的黑虎泉，曾以日出水4.1万立方米驰名于世。泉水来自岩层深处，常年保持在17～18℃，矿化度高，富含微量元素，且无色无味，清冽甘美，是理想的饮用水源。

散布在济南城乡的733处泉池分为五大泉域，十大泉群。五大泉域自东而西，依次为明水泉域、白泉泉域、济南泉域（即趵突泉域）、长孝泉域和平阴泉域；十大泉群分别为趵突泉泉群、黑虎泉泉群、珍珠泉泉群、五龙潭泉群、百脉泉泉群、白泉泉群、洪范池泉群、涌泉泉群、玉河泉泉群和袈裟泉泉群。十大泉群之中，尤以趵突、百脉为胜。趵突、黑虎、珍珠、五龙潭被称为“四大泉群”，位于济南城区的商肆闹市或小巷民宅，泽被一方。更多的泉群错落于山间原野，以其清澈的品质引来四方观赏游客无数。

文人笔下的济南，历来有“七十二泉”之说。宋金时期的《名泉碑》已失，但碑中所列七十二泉为元于钦《齐乘》悉数转载。明代诗人晏璧作《济南七十二泉诗》，清代文人郝植恭作《济南七十二泉记》，也各自列出“七十二泉”。历经千年沧桑，名泉代有兴替，先后涉及泉涌 110 处。2003 年年底，济南重新评定了“七十二泉”，其中有趵突、金线、珍珠、黑虎等历代名胜，也新列出梅花、金新等近代以来的后起之秀。

清泉扬韵，城市血脉

泉是济南的眼睛，也是济南的灵气所聚；泉水是济南的血脉，也是济南的风韵所在。群山怀抱中，泉源竞发，不舍昼夜；清冽甘美的泉水，宛若马良手中那神奇的画笔，在泉城大地上勾勒出一派潇洒华美、灵动神奇的水乡画卷——一条条清澈见底、蜿蜒曲折的小溪恣意流淌，弹奏出欢快优美的乐意；溪水汇而为河流、湖泊，清波荡漾，荷花盛开；岸边杨柳轻舞飞扬，远近群山倒映湖中，山、泉、湖、河、城五位一体，织就泉城济南“四面荷花三面柳，一城山色半城湖”的绮丽风光，不是江南，胜似江南。

泉水为济南献上的第一份厚礼是清清如许的河渠。济南城里城外，溪流密布，河渠纵横，多是由泉水汇集而成。漫步济南旧城区，在古香古色的街巷、民居中，由泉水汇集而成的溪流随处可见。泉水成溪，穿城绕郭，流入千家万户，流入泉城每一个角落，不经意间，就能看到“清泉石上流”的美丽奇观。

济南众河之中，除黄河之外，以护城河和小清河最负盛名。其中护城河别称泺水、泺河，古时也称卫城河、城壕、城隍，始建于汉代，是世界上唯一全部由泉水汇集而成的护城河，河水由娥英水、泺水等汇聚而成。明洪武年间，护城河绕城一周，池阔五丈，水深三尺。咸丰五年（1855 年），黄河夺济水故道入海后，小清河被裁弯取直，护城河成为小清河上游，经黄台达羊角沟入海。

中华人民共和国成立后，护城河又历经整修改造。2007 年至 2010 年，护城河一、二期通航工程相继竣工，实现全线通航。修葺一新的护城河将市区四大泉群连为一体，最终流入大明湖，是泉城特色标志区“一城、一湖、一环”的重要组成部分。河道长 6.9 千米，宽 10～30 米，面积 26.3 万平方米，水域面积 8.4 万平方米；两岸绿地宽 10～59 米，面积 12.5 万平方米。

小清河位于济南市北郊，是世界上唯一源于市区，源于泉水，并直奔大海的河流，也是山东省内唯一河海通航、水陆联运的人工河道，其历史最早可追溯到大禹治水时“四渎”之一的济水古道。南宋初年，济南太守刘豫降金称帝后，下令在历城县华山之南筑下泺堰，开挖已废弃的旧河道，导泺水东流入济水故渠，历时数年凿通，称小清河。河道全长 250 余公里，经章丘、新城、博兴等地入海。

小清河开通后，迅速成为山东境内一条“黄金水道”，承载商贸运输、防洪泄洪、灌溉养殖等功能。史料记载，昔日小清河航运繁忙，金、元之后，多以其运盐，故又称“小盐河”。清末民初，小清河航运尤为繁盛。沿河各主要码头船桅林立，人流如潮，货物堆积如山，一派繁忙景象。中华人民共和国成立后，小清河历经疏浚，航运不断，其中黄台码头商业往来于 20 世纪 70 年代达到鼎盛。1997 年年初，因河道加宽、航道变浅、水源减少等原因，小清河正式停运。2011 年，小清河试水通航，昔日河畅、水清、岸绿、景美的情形再现，成为济南北城区一道靓丽的风景线。

大明湖

泉水为济南献上的第二份厚礼，是明湖如镜，莲荷田田。历史上的济南是一个湖泊众多的城市，大明湖、鹊山湖、华山湖别具风流，美里湖、洋涓湖、张马湖各有千秋。至于其成因，除济南特殊的地质、地理和气候因素外，泉水丰盛是不可忽略的因素。小清河开通后，济南湖泊面积和数量锐减。但时至今日，大明湖依然是风华绝代，独领风骚，堪称镶嵌在泉城大地上最大最亮的一颗明珠。

大明湖历史悠久。据北魏郦道元《水经注·济水》记载，泺水北为大明湖。今大明湖、五龙潭和北园一带在当时是一个连成一体的大湖（或包括鹊山湖和华山湖），湖阔数十里，平吞济泺。六朝时，因湖内多生莲荷，曾名“莲子湖”，宋代时又有“西湖”之称。

李白游济南，曾作《陪从祖济南太守泛鹊山湖三首》，有“湖阔数十里，湖光摇碧山”之语；宋代曾巩知齐州（即今济南），亦曾留下“十顷西湖照眼明”之语，可见当时济南北郊一带湖水之盛。曾巩为防御水患，曾主修北水门，引湖水入小清河，并沿湖修建亭、台、堤、桥，使之渐成景观。金代起，大明湖专指城内湖区，诗人元好问在《济南行记》中始称大明湖。明代重修城墙，大明湖初成今日形貌。经过历代清淤整治，植荷栽柳，至清代已形成“四面荷花三面柳，一城山色半城湖”的秀丽景色。

大明湖位于济南旧城西北，湖面在明清时期为61.2万平方米，今缩至46.5万平方米，蓄水容量83万立方米，主要由珍珠泉、孝感泉、芙蓉泉、王府池等20多处泉水汇集而成。它广收众泉之水，兼具众泉之灵，湖波浩渺，山色遥连，夏挹荷浪，春色杨烟，荡舟其中，如游香园。济南八景中的汇波晚照、明湖泛舟和历下秋风以及因《老残游记》而广为人知的佛山倒影奇观，均汇聚于此。

至于城外大片湖区，在小清河开通后，湖水外泄变为沼泽，多被辟为良田，广植荷稻，白莲藕远近驰名。后随着城市建设进程加快，昔日荷田已填为平地，并入城区。为恢复昔日水乡风貌，济南市启动了北湖片区开发建设项目，拟开挖北湖和中泺河，打造“华山—北湖—大明湖”黄金水线。北湖公园的初步规划方案中，总用地27.5万平方米，水域面积约11.26万平方米。

泉因山生，山因水活。泉水赋予济南的，还有青山入城，烟雨空蒙的山水奇观。济南南部诸山，为众泉喷涌提供了取之不竭、用之不尽的水源；而众泉喷涌，更是让济南市区及北郊之鹊、华、匡、药诸山云雾润蒸，岚烟缭绕。山水相依，互为映照，才有了南部诸山的“状若锦屏”，大明湖的“佛山倒影”和市区及北郊诸山的“齐烟九点”和“鹊华烟雨”奇观，让这座城市兼具了江南水乡的婉约之美和北方河山的阳刚之气。

第二节

文化济南

画笔绘丹青，史笔写春秋。泉城济南，是一幅由泉水织就的山水画卷，更是一座由泉水浸润而成的历史文化名城。泉水是济南的血脉，城市的灵魂。淙淙泉水，营造了山、泉、湖、河、城五位一体，“家家泉水，户户垂杨”“四面荷花三面柳，一城山色半城湖”的绮丽风光，同时也将其特有的气质和精神融入其中，从而孕育了这座城市，成就了这座城市传承久远的历史和文明。这是世上仅有、难以复制的经典。世界上没有一座城市，能够如济南这般得天独厚，时时刻刻在泉水浸润中传承和发展。

泉城济南，因泉而兴，因泉而名。泉城济南，大到城市规划发展，小到衣食住行与娱乐休闲，无不与泉水息息相关，泉水是济南城市文化传承的第一载体。清冽甘甜的泉水，孕育了一代又一代的文化名人，引发出无数脍炙人口的名篇佳作。泉城济南，山山有传奇，泉泉有故事。自古以来，歌咏济南山水的诗文词赋和丹青画卷不计其数，民间故事和历史传说更是车载斗量。济南城市文化史，也就是泉文化不断形成与发展的历史。泉水与济南的历史和文化有机融合，形成泉城济南厚重博大、独具特色的“泉文化”，养育了以此为核心的城市文明。

名城济南

水是生命之源，逐水而居是人的初始本能，也是人类社会得以延续的基本生存法则。泉水丰沛，水质优良的济南，远古就有着先民活动的足迹，是中华文明的重要发祥地之一，1986 年 12 月，济南被国务院列为国家历史文化名城。

济南周边古文化遗址众多。其中章丘、历城、长清一带是后李文化的集中分布区，距今约8000年；北辛文化遗址，在济南境内已发现8处，距今6100～7300年；章丘、长清、平阴等地，大汶口文化遗址众多，距今4600～6100年；济南东郊的城子崖，是龙山文化发祥地，距今4000～4600年；岳石文化（夷人文化）在济南境内有遗址数十处，距今3500～3900年。

城子崖遗址内有中国最古老的龙山文化城址20万平方米，规模居全国之首。其中17万平方米的岳石文化城址，是国内发现并确定的第一座夏代城址。

济南境内有先于秦代长城的齐长城，中国最古老的地面房屋建筑遗存——汉代孝堂山郭氏墓石祠，中国最古老的石塔——隋代柳埠四门塔以及被誉为“海内第一名塑”的灵岩寺宋代彩塑罗汉等。

如此众多的历史文化遗存，无不印有明显的“泉水胎记”。上古时东夷首领大舜躬耕历下，留下若干不老的历史传说，其中不少与泉水有关。后李文化遗址中发现的经过特别烧烤的泥地板，据考证是济南多水环境下的一种房屋地面防潮措施；长清月庄遗址曾发现26粒稻种，是目前我国北方所见最早的水稻谷米遗存之一；作为龙山文化重要标志的黑陶，与小荆山遗址发现的10余件蚌壳和蚌壳制工具，一一留下了远古先民临泉而居的生活印记。

济南建城史众说不一，或认为始于2600年前，或认为始于4600年前的龙山文化时期。但作为一座历史文化名城，建立于东周春秋时代的历下邑，已经为济南奠定了中原东部大型都市的基础。历下邑的建设和发展，又与泉水密切相关。

济南在秦代依然名历下邑，属济北郡。至汉初设济南郡，东汉时期为济南国。郡治初设于东平陵，后移至历城。隋唐时期，改济南郡为齐州，治所仍在历城。宋徽宗政和六年（1116年），济南升州为府。到了金代，济南仍为府，属山东东路。元代，济南为路，直隶于中书省。明代起设置山东行省，济南为山东首府，从此成为山东地区的政治中心。

汉时，济南曾建土城，城址在趵突泉东北，南仰群山，北依大河，城墙为土墙。1371年土城重修，内外砌以砖石。1860年城外筑土圩，1865年改为石圩。因城北水盛，城北未建圩子。

济南古城布局以珍珠泉为中心，黑虎泉与趵突泉分列于城外东南、西南两侧角楼之下，以护城河相连；南门居中而开，与珍珠、黑虎、趵突诸泉成等腰三角形构图，并与三角形尖部的大明湖南北对峙。城区内诸泉之水汇入大明湖，继而出汇波门北流入小清河，趵突、黑虎两泉群之水，则分别沿西、东泺河北流入小清河，使北园地区形成“十里荷香”的独特风光。

古城内因受泉流、湖泊等环境影响，具有明显的北地水乡特征。城市路面多以青石板为主，有些路面上甚至经常有泉水流动。住宅等各式建筑往往设计了引水入院或近水搭楼的形式，为此建筑多采用石基、石墙，向阳布置，以芙蓉街、曲水亭街等地民居最为典型。因古城内外自然水位较高，城外自然形成的护城河上建有木吊桥，定时起落；市内通衢、官路多以石拱桥相连，大、小板桥及迎仙桥等石桥遗迹至今犹存。

作为泉水之都，济南有很多建筑、道路和城市设施的名称均与泉、湖等相关。如泉城广场、趵突泉公园、大明湖公园、泺口、泉城路、黑虎泉路、曲水亭街、王府池子街、泺源大街、芙蓉街、临湖街、汇波巷、涌泉胡同等，令人闻弦歌而知雅意，自然地与泉水产生丰富的联想。若能亲历并置身其中，更有一种亲吻泉水的美感。

名士济南

仁者乐山，智者乐水。泉甲天下的济南，自古是一个钟灵毓秀之地。清清泉水，是上苍赐予的人间灵液。千百年来，济南人依泉而生，伴泉而居。清冽甘甜的泉水在惠泽大众的同时，也将其先天品质融入了城市生活，滋润并净化人们的心灵，赋予了这座城市贞洁自清、刚健有为，通和润物、厚德仁民，兼容并包、襟怀宽广，履信尚中、行有道义的城市文化，养育了一代代名垂千古的中华人物。

历史文化名城济南得泉水之滋润，俊秀代出。或孝行天下，或智慧过人，或德布四方，为世人景仰，为这座城市积累了深厚的文化底蕴，留下了名士风采。

舜耕历下，虽屡遭家人迫害，仍孝敬父母，爱护幼弟，深得百姓赞誉。时人不争田界，互相谦让。舜即位后选贤任能，政教大行，八方宾服，四海咸颂舜功。

齐国大夫鲍叔牙，以善于知人著称。少时与管仲友善，后辞去相位并保举管仲接任，终使齐国称霸诸侯。后世因此言人之相知则称“管鲍”。叔牙死后，葬于历城鲍山。

闵子骞，春秋末期鲁国人，孔子七十二弟子之一，在孔门中以德行和颜渊并称，以孝名世。历城洪家楼镇今尚存传说中的闵子骞墓。

阴阳家学派创始人邹衍，战国末齐国人，稷下学宫诸子之首，传墓地在章丘。

神医扁鹊，战国时渤海卢（今长清）人，总结出望、闻、问、切“四诊法”，系中医切脉诊疗第一人。

秦博士伏生，济南人，秦始皇焚书时冒死藏《尚书》于壁中，秦亡后口授晁错，史称“伏生献书”。后世今文经学家将其与董仲舒并列，合称“董伏”。

隋唐名将秦琼、程咬金、段志玄，随秦王李世民南征北伐，立下赫赫战功；名相房玄龄，唐“十八学士”之一，与杜如晦共掌朝政，有“房谋杜断”之誉。上述四人均为唐开国元勋，列名“凌烟阁二十四功臣”。

唐高僧义净，齐州山茌（今长清东部）人，效法显、玄奘西游凡20余年，游历30余国；求得佛经近400部，翻译佛经56部，著书2部，是中国古代佛教译经四大家之一。

田诰，北宋齐州历城人，笃学好文，诗文清丽。开讲学之风气，从学者常数百，显达者数十人，可谓“桃李满天下”。

宋代“词坛双峰”李清照（号易安居士）、辛弃疾（字幼安），一位是“千古第一才女”，词风清丽浪漫而不失慷慨之气，是婉约派词宗；一位是世人景仰的文武全才，词风奔放豪迈而不失柔婉之美，是豪放派领军人物。两人以不同的风格，共同诠释了泉城文化刚柔并济的品质，合称“济南二安”。

居官清正，以散曲和诗文闻名的元代散曲家张养浩；奉诏修辽、金、宋三朝史的总裁官张起岩；编《绝妙好词》有“词家之准”时誉的周密；“铁御史”李纲；曾屡次冒死谏劝而获罪的御史、巡抚张鼒；位列“弘治四杰”，曾筑“万卷楼”于大明湖畔的“前七子”之一的边贡；“嘉靖八才子”之一，创建“词社”，修建有词山曲海之誉的“藏书万卷楼”并藏书“甲于齐鲁”而名闻天下的李开先；创“历下诗派”，筑“白雪楼”于大明湖畔的明“后七子”之魁李攀龙；官至内阁大学士，盛名诗坛，曾栖身万竹园故址著书讲学的殷士儋；“学有原委，贯穿百家”，明神宗时被誉为“文学之冠”的于慎行；以诗闻名于万历间，并写有《齐音》（又称《济南百咏》）的王象春；以《历乘》（历城县志中最早的刻本）名扬海内，时称“真儒名世”的刘敕；才情纵逸，有“白面包公”美誉的清代刑部郎中李慎修；“乱泉声里谁通屐，黄叶林间自著书”的《二十四泉草堂集》作者王苹；嗜搜文物，遍览古迹，历20余年编纂《趵突泉志》的任弘远；协助纪昀编纂《四库全书》，于五龙潭畔创办“籍书园”的周永年；购书57000余卷，完成巨著《玉函山房辑佚书》的清著名文献学家、藏书家马国翰；中华老字号“瑞蚨祥”创始人，有“一孟皆善”之誉的著名爱国商人孟洛川……一代代文人商贾，以不同的方式谱写了优秀的泉城传统文化。

古往今来，赴济南求学讲道、游历定居，或主政一方，或寻求治世之道的文化名人，如曾巩、苏辙、赵孟頫、于钦、铁铉、雪蓑、顾炎武、施闰章、田雯、王士禛、蒲松龄、桂馥、翁方纲、刘凤诰、阮元、何绍基、丁宝桢、张曜、刘鹗、王尽美、邓恩铭、老舍、季羡林……都与泉城结下了文化之缘，著述的字里行间，无不留有鲜明的“泉印”。

诗泉济南

名泉留胜迹，文人多吟咏。得泉水之赐，济南自古是闻名遐迩的游览胜地，令慕名而来的文人墨客为之倾倒，流连忘返。水光山色的视觉冲击和心灵震撼，令过往文人诗兴大发，文思泉涌。千百年来，文人墨客在泉溪边留下无数脍炙人口的美文，在湖山间留下很多千古诵传的佳话，泉城文化由此获得丰厚内蕴，济南也成为最具诗意的城市之一。

吟咏济南泉水的诗篇，最早见于《诗经·小雅·大东》，西周初年谭国（今章丘）人作，食不果腹的先民似对泉涌之盛尚无美感，但“有冽氿泉，无浸获薪”一语，仍真切地反映了当时的泉涌实景。

汉唐时代，济南已是远近驰名的“天下名州”。北魏郦道元游济南，对山水名胜作了生动描述，以“……引水为流杯池。州僚宾燕，公私多萃其上”描绘了当时的“曲水流觞”习俗。漫步今天的曲水亭街和附近的曲水流杯池（王府池子），看到“家家泉水，户户垂杨”的特色风貌，或能领略前代文人游心翰墨、饮酒赋诗的旨趣由来。

唐开元、天宝年间，诗仙李白、诗圣杜甫曾数游济南，留下诗作数十篇。佳山秀水让李白写下“含笑凌倒景，欣然愿相从”的名句，淳厚的泉城文化让杜甫发出“历下此亭古，济南名士多”的慨叹。而唐天宝五年（746 年），二人与李邕、高适同聚济南，诗酒唱和，留下的佳话更是济南人津津乐道的掌故。

宋元时期，济南除“济南二安”闪耀词坛外，张养浩在山水之间隐居八年，纵情诗酒，将散曲艺术推向高峰。曾巩任职齐州，勤政之余饱览胜迹，赋诗作文无数。苏轼、苏辙、欧阳修都曾到济南，各自留下壮丽的诗文，苏辙曾出任过齐州掌书记，据称是“济南多甘泉”吸引了他。“元人冠冕”赵孟頫在济南为官期间，留下诗画无数，一句“云雾润蒸华不注，波涛声震大明湖”自此成为赞美趵突泉的经典诗句，《鹊华秋色图》更是传世之作。黄庭坚虽未到过济南，却也有“济南潇洒似江南”的感悟。元好问游济南时直言，“羡煞济南山水好，有心常做济南人”。

明清时期“济南诗派”异军突起，一举成为誉满华夏的诗歌重镇。边贡、李攀龙、王士禛先后成为领军人物。边贡流连于湖光山色之间吟咏诗作，以其清丽俊逸开“神韵”之诗风。李攀龙所创“历下诗派”，在中国古文学史上独树一帜。渔洋山人王士禛有“一代诗宗”之誉，也是康熙时期的文坛盟主，诗坛“神韵说”的倡导者。王士禛少年时居住于济南，以后便以济南人自称。关于济南的山水诗作以《秋柳》诗四首最负盛名。该诗通篇200余字，句句写柳不见柳，意韵含蓄，意境优美，传遍大江南北，顾炎武为此专程抵济，以《赋得秋柳》唱和。自此引来众多名家纷纷唱和，产生了“秋柳诗社”。后人为纪念王士禛，把大明湖东北岸边的一个院落命名为“秋柳园”，传说为王士禛少时旧居。

济南文坛的三位代表人物身后，聚集了本地众多才俊，如刘天民与边贡、李攀龙并称“历下三杰”，许邦才、殷士儋与边贡、李攀龙合称“边、李、殷、许”。王士禛之后，周永年、马国翰等历下大家纷起，济南诗人云集，次第形成“鸥社”“明湖七子”等文学团体，“济南诗派”因此在清代中后期持续兴盛。李开先醉心戏曲、藏书和交友，散曲《中麓小令》、传奇剧《宝剑记》流传甚广；王象春作《齐音》（《济南百咏》）107首，意欲咏遍济南山、水、湖、泉；董芸创景颜书院，继王象春作《广齐音》（《济南诗咏》）百首，继续咏诵济南迤逦山水，并著有《历下山水纪略》，王苹弃官后潜居万竹园，一生赋诗3000余首。

神韵派之后，华夏诗坛还出现过浙西派、格调说、性灵说、肌理说、同光体等流派，这些流派的盟主朱彝尊、翁方纲、何绍基、阮元等都曾在济南为官，留下诗篇无数。聊斋先生蒲松龄，有明湖轻舟、佛山翠嶂、鹊华烟云、趵突涌泉等题咏数十篇，并写下千余言长篇《古历亭赋》；江西萍乡人刘凤诰，山东学政任满时赋有“四面荷花三面柳，一城山色半城湖”联句，铁保手书刻为铁公祠楹联，至今传诵不绝；刘鹗作《老残游记》，留下济南“家家泉水，户户垂杨”的传神写照……

近现代与济南发生交集的诗人和作家们，诗词歌赋数不胜数。最著名的是作家老舍，20世纪30年代在济南生活了四年多，济南成为他的第二故乡，“济南是‘自然’的Sweet heart”。他曾用诗意的语言，写下《济南的春天》《济南的秋天》《济南的冬天》《春风》《一些印象》《吊济南》《广智院》《吃莲花的》《趵突泉的欣赏》《非正式的公园》等一系列散文和随笔，对泉城四季美景、

老舍描写济南的著作

山水名胜、物产民俗等作了全景式的描述。老舍研究专家有言："老舍成就了济南，济南也成就了老舍。"

走进济南

泉水是济南的血脉，承载了这座名城的生命与延续。济南的社会政治、民生经济与民风民俗、饮食起居等所有城市文化，都有着明显的"泉水印记"。

泉城济南也是一座故事之城，众多故事和传说都与泉水相关。如舜与舜井、舜妃与珍珠泉、大禹与藏龙涧、秦琼与五龙潭、关胜与马跑泉、丁宝桢与蜜脂泉等故事流传千里；元好问梦遇吕祖、南丰先生夜遇泺神、乾隆私访遇雨荷、杨柳与荷花、琵琶桥与莲花女、双忠泉双忠祠、蛇回洞蛙不鸣及趵突泉、杜康泉、罗姑泉、孝感泉、兔子王、荷花仙子等传说家喻户晓。

济南七十二名泉之趵突泉

济南是与京、津齐名的曲艺重镇，有"曲山艺海"之誉，明湖居、晨光社等曲艺场馆享誉全国，说书艺人白妞、黑妞等蜚声四海。山东快书、山东评书、山东琴书、梨花大鼓、西河大鼓等多个曲种曾在泉城生根开花，长盛不衰。刘鹗的《老残游记》中，对黑妞、白妞在明湖居的梨花大鼓，有过绘声绘色的描述。

济南是一座天然园林城市。与其他园林城市不同，这里的山、泉、湖、河与树林相互交融，“城即园林”，湖山、泉溪、柳荷构架起了一座城池。因此，济南是以自然与人文融合而闻名的旅游城市，由“一河（护城河）、一湖（大明湖）、三泉（趵突泉、黑虎泉、五龙潭三大泉群）、四园（趵突泉公园、环城公园、五龙潭公园、大明湖风景名胜区）”组成的国家5A级风景区，居然位于城市中心，总面积3.1平方公里。

济南的众多民俗文化与泉水都有关联，除“曲水流觞”外，如碧筒饮、明湖踩藕、放河灯、放法船等。据唐段成式《酉阳杂俎》记载，“碧筒饮”乃大明湖荷花盛开之际，人们割下莲叶，盛上美酒后将莲叶中心部分刺开，与空心荷茎贯通，从荷茎末端吸饮，“酒味杂莲香，香冷胜于水”，口味新奇且别有雅趣。大明湖有“莲子湖”之别名，北岸有藕神祠。古代每年农历六月二十四在湖畔举办迎荷花神节，农历七月三十则是送荷花神节，亦称“盂兰盆会”。艳丽的色彩和迷人的风姿将碧波荷韵渗入了济南人的精神世界。

泉水节吉祥物
“七彩娃”

2013年，济南市政府与山东省旅游局联合推出济南泉水节。泉水节标志为三色水纹组合而成草书“泉”，蓝、绿、红分别代表蓝天、绿柳和荷花；吉祥物“七彩娃”，头部为水滴形状，全身由渐变的七种色彩组成，创意源于水滴在阳光折射下的绚丽七色光谱。泉城文化的内涵与气质之美融于一体。

尼山書院

02

第二章
城市书香

泉韵悠悠，蔓延到城市各个角落，成就了这座城市的灵秀、潇洒和华美；书香蔓延，洗涤了市民心灵，浸润了城市的气质与精神。济南自古以来有读书、爱书传统，书香气息十分浓厚。

第一节

济南古代藏书文化

济南是中国古代齐鲁文化交汇之地，儒家文化影响深厚。春秋时期，孔子整理六经，以六艺敷教，开私家藏书之风，是儒家文化创始人，也是最早的私人藏书家之一。

济南古代藏书事业

受儒家文化的影响，济南文人对书充满了崇敬之情，读书、藏书之风盛行，历代繁衍不息。早期藏书家可以追溯至西汉的伏胜（世称伏生），《汉书·儒林列传》记载："秦时焚书，伏生壁藏之。其后大兵起，流亡。汉定，伏生求其书，亡数十篇，独得二十九篇，即以教于齐、鲁之间。"《尚书》得以在世间流传，伏生藏书功不可没。

东汉以降，济南先后为济南国、济南郡，至隋唐发展为天下名州，社会政治地位显著提升。但在三国两晋南北朝期间，济南多处于战乱之中，人口迁移频繁；隋唐时期，经济繁荣，文化昌盛，但关陇文化长期居主导地位。故在此数百年间，济南藏书事业发展相对滞后，知名藏书家不多。但隋唐时期，佛教兴盛，济南境内寺院多达 18 家，并涌现出义净、道希等高僧。义净（635—713），唐代齐州（济南历城）人，7 岁入土窟寺，14 岁出家，15 岁效法显、玄奘西游，历时 25 年，历游 30 余国，携梵本经论约 400 部返国，并翻译佛经 56 部，著《大唐西域求法高僧传》等 5 部，与玄奘等共称古代佛教四大译经家。

宋元两代，济南藏书之风渐浓。据《山东藏书家史略》记载，济南有史可查的藏书家有 7 人。除李清照与丈夫赵明诚外，著名词人辛弃疾是"千篇昌谷诗满囊，万卷邺侯书插架"（陆游《送辛幼安殿撰造朝》）的藏书家；南宋周密三世藏书，积累至 4.2 万余卷，金石1500余种；元代济阳人张炳曾购书8万卷，藏于“万卷堂”，并以万卷赠济南府学。后来的济南人赵受益、长清赵文昌、章丘张泽等，也是当时著名的藏书家。

明洪武九年（1376年），济南取代青州成为山东首府，藏书事业更加兴盛，史料记载的藏书名家就有10人。除李开先筑“万卷楼”，藏书之富当世罕见外，德王朱见潾就藩济南，家多赐书。据王绍曾、沙嘉孙《山东藏书家史略》记载：“德府所藏永乐刻本《吴草庐集》，至今尚有流传。德府刻书见于著录者，有《药师本愿功德宝卷》（此书由德王妃张氏同五公主于嘉靖二十二年梓行，首有彩绘图，为现存早期宝卷之一）、《汉书》一百卷（嘉靖间德藩最乐轩刻本）、《昭明太子文集》、《舜泉歌》、《儒门事亲》十五卷（金张从正撰）、《云庄乐府》（元张养浩撰）、《张文忠（养浩）家训》、《小学》（宋泉熹撰）等。”系历史上典型的藩府藏书。

历城人边贡，号华泉，自幼聪慧，早负才名，曾筑“万卷楼”于湖上，蓄书籍金石古文甚富。王士禛序《边仲子诗选》云：“先生自给事中，一麾出守，两视学政，于晋、于梁，内陟卿寺，历官南京户部尚书。所至登临山水，购古书金石文字累数万卷，而家无中人之产，身后至无以庇其子姓。”边贡爱书甚于爱财可见一斑。令人遗憾的是，万卷楼建成后第二年便不慎失火，边贡一生所蓄数万卷藏书化为灰烬。济南诗人任弘远作《万卷楼》，诗云：“水云漠漠少人游，更有谁知万卷楼。满壁图书随劫火，百年遗像拜风流。”

到了清代，济南私家藏书更是大放异彩，达到传统藏书事业的顶峰。不仅涌现出王士禛、周永年、马国翰等知名藏书和辑佚大家，还出现了以周永年“儒藏说”为代表的藏书学说和管理制度，藏书规模和质量也达到了一个新的高度。

仅清一代，史料记载的济南藏书家多达22人。如济阳名士张尔岐博学多识，尤精经学，虽有大才而隐居乡里不求闻达，尝自谓“余固陋，鲜四方交，唯日闭门拥图书”。其人喜收藏图书，且精于校勘。如坊刻《仪礼》训诂谬误甚多，多以郑玄注和贾公颜疏为考训。然郑注文笔古质，贾疏文字漫衍，难以理清头绪。张尔岐将《仪礼》原著与郑注“分章取意，定其句读”。于贾公颜疏则节选其要，与郑注相印证，遂成《仪礼郑注句读》。乾隆年间此书被收入《四库全书》。《四库全书总目》云：“盖《仪礼》一经，自韩愈已苦难读，……传刻之讹愈甚。尔岐兹编，于学者可谓有功矣。”

清初杰出诗人、文学家王士禛（1634—1711），号渔洋山人，新城（今山东桓台）人，少时在济南居住，向以济南人自称。其先父有遗书，因兵火散佚过半。王士禛入仕后收入所得悉以购书，或借他人藏书录成副本，30 余年不断。康熙四十年（1701 年）请假告归，载书数车以行。弟子禹之鼎尝为之作《载书图》。王士禛所建藏书楼“池北书库”，与朱彝尊之“曝书亭”齐名，藏庋之富，甲于山左。朱彝尊曾为之作《池北书库记》。《池北书库藏书目》收录宋元明刻本近 500 种，每书之下撰写有题记，现代藏书家王绍曾辑有《渔洋读书记》600 篇。王士禛还精于鉴赏，藏书印有“王阮亭藏书印”“御史大夫”“宫詹学士”“忠勤公之世孙”“经筵讲官”“怀古田舍”“琅琊王氏藏书之印”“国子祭酒”“宝翰堂章”等图章数十枚。

历城人张浚哲，博览群书，上自秦汉，下逮唐宋，诸家研究殆遍，力探作文源流。家藏图书数万卷，多为地方文献。

自孔子整理六经起，藏书与教育就一直有着不可分割的关联。济南官学和书院的普及，也带来了藏书事业的繁荣和发展。济南官学有齐州州学（金代时改为济南府学）、历城县学、章邱县学、济阳县学、商河县学、长清县学、平阴县学等。官学藏书处名“尊经阁”或“崇经阁”，官学藏书除朝廷御赐、官府自购以外，也有私人捐赠。如张炳出资购书万卷，馈赠济南府学。东平庙学建立后，少中大夫只必监理东平时，将家中藏书 2000 余卷，“置东平庙学，使学徒讲肄之”（《元史・只必传》）。

书院兴起于唐宋，发展至明清。书院多藏各种图书，供学生研读。道光《济南府志》记载的泺源书院，即存有大量典籍，书目如下：

御制《文集》一部四十八本；钦定《书经》六本；钦定《诗经》二十三本；钦定《礼记疏议》八十二本；钦定《仪礼义疏》五十本；钦定《周礼义疏》四十七本；钦定《春秋传说汇纂》二十三本；钦定《春秋》二十四本；钦定《孝经衍义》一部三十本；钦定《古今图书集成》一部四百八十五封；御纂《性理精义》一部；钦定《数理精蕴》四十本；御制《律吕正义》五本；钦定《执中成宪》四本；钦定《佩文韵府》十九套；日讲《易经》十八本；日讲《书经》七本；日讲《礼记》十六本；日讲《春秋》十六本；日讲《四书解义》十本；《万寿盛典》三十六本；《千叟宴诗》三本；《易经注疏》一匣八本；《尚书注疏》一匣十本；《仪礼注疏》二匣十八本；《礼记注疏》四匣三十本；《公羊传注疏》二匣十二本；《论语孝经注疏》一匣八本；《尔雅注疏》一匣六本；《毛诗疏》十九本；《毛诗注疏》四匣二十八本；《周礼注疏》两匣十八本；《左传注疏》四匣三十本；《穀梁传注疏》一匣六本；《孟子注疏》一匣十本；《书经大全》十本；《仪礼疏》七本；

《四书大全》三十二本；《朱子全书》二十五本；《二程全书》二十本；《前汉书》三套三十本；《三国志》一套十二本；《宋书》二套二十四本；《梁书》一套八本；《隋书》一套十六本；《北齐书》一套六本；《北史》二套二十四本；《五代史》一套十本；《南齐书》一套十本；《南史》二套二十本；《隋书》十九本；《宋史》十套；《金史》二套二十本；《通鉴纲目》四十五本；《唐类函》十八本；《文昌孝经注》一部二本；《抱朴子》一套八本；《河南集》四套二十本；《公羊疏》八本；《月令辑要》十二本；《朱子文集大全类编》三十二本；《史记》二套十六本；《后汉书》二套二十四本；《晋书》三套三十本；《南齐书》一套十本；《陈书》、《周书》一套十二本；《魏书》二套二十本；《南史》二套十六本；《新唐书》五套五十本；《宋书》二十二本；《魏书》十五本；《北史》三套三十本；《唐书》十八本；《辽史》八本；《元史》五十本；《纲监易知录》四十九本；《太平御览》十六套一百六十本；《庄子因》一套六本；《昌黎集》一套十本；《苏文忠公诗合注》一部十六本；《王临川全集》一匣十二本；《蔡氏九儒》一套八本；《频伽园诗文集》一部六本；《阳明先生集要》三编一套十本；《四书求是》一部八本；《经义述闻》一部；《呻吟语节录》一部二本；《切问齐文抄》一部卡本；《山左诗续抄》二套十六本；《朱文端公广汇编》一部一本；《李氏音监》一部四本；《大清律》六本；《香树斋诗文集》一部二套二十四本；《玉茗堂全集》一匣十八本；《陈明水集》一部六本；《莲龛集》一部六本；《科场条例》二十一本；《鸟鼠山人全集》一部二十二本；旧《济南府志》一部十六本；《潜研堂诗文集》一部十八本；《空山堂全集》一部三十六本；《忠雅堂文集》一部四本；《忠雅堂诗集》一部四本。

济南古代刊刻之风

古代藏书史上，藏书家大多也是校勘、刊刻的行家。如李清照、赵明诚夫妇常勘校家藏图书，张尔岐勘校《仪礼》，马国翰自撰自刻等。他们对传统优秀文化典籍的保存和流传起到了重要作用。古代济南的雕版印刷起始于唐，成于五代，盛于两宋，延袤于元明清，分官刻、家刻和坊刻三种。

清代济南的官刻机构，主要有山东书局、尚志堂及其他官办书院、学堂等。山东书局（初名皇华馆书局，亦名山东官书局、山左书局、后宰门官书局）为当时山东最大的书局，创设于清同治年间，为山东巡抚丁宝桢所设，地址在后宰门街路南。其主要印行、经销各省官书局刻印的古书，曾刊印《十三经读本》《资治通鉴纲目》《通德遗书所见录》《荒政辑要》《玉函山房辑佚书》等300多种。据1936年该局编印的《图书目录》载，经销图书达4500多种。据《济南出版志》记载，该局出版的《初拓三希堂法帖》，曾在巴拿马赛会上评为“中国第一精品”，特奖一等银牌。

“尚志堂”是尚志书院的出版名号，尚志书院建于同治八年（1869年），地址在马跑泉街（现趵突泉公园内）。尚志堂刻书较多，校订精审，声望较高。1870年刊《杨园先生全集》20卷、《省心录》1卷；1871年刊《读书分年日程》3卷；1872年刊《十三经读本》140卷；1902年以“金泉精舍”名义刊印了《公羊方言疏笺》。1925年，山东书局编印《山东书局木版书籍目录》，其中著录有尚志堂刻本73种。

晚清私家刻书大多以室名别号（如堂、斋、屋、楼、阁等）为标记，质量较高。济南家刻者已知有60家，比较有名的有马国翰、李廷棨、周乐等。刻书大体可分为两类：一是刊刻藏家本人著作和先贤诗文；二是藏书家校勘、辑佚、汇刻的丛书等。藏书家马国翰历时八年刊刻的《玉函山房辑佚书》，为后人留下了珍贵的资料。泺源书院山长匡源在巡抚丁宝桢支持下，从李家借来书版，参校汉、隋、唐志，连同马氏的《目耕帖》一同整理编成目录，1871年由皇华馆书局刻印发行。此书以后被湖南思贤书局翻刻为袖珍本，再由长沙琅嬛馆依原版刊出新本，引起海内外学者普遍重视。清光绪十五年（1889年），章丘李氏亦据马氏刊本重印一次。马国翰自撰著述还有《玉函山房诗集》4卷，《玉函山房文集》4卷，《夏小正诗自注》12卷。道光二十四年（1844年）校勘历城贾璇的《四书笔记》。马氏著述大多由“章丘乡江李氏”刊行，李廷棨与马国翰为儿女姻亲，其刊刻书籍中均有“章丘李廷棨”或“章丘乡江李氏”字样。

晚清时期，济南书坊有名可考近60家，大多集中于后宰门和大、小布政司街一带。坊刻图书多以店铺的字号（堂、斋、阁等）为标记，主要有恩锡堂、聚和堂、双和堂、书业德、善成堂、成文堂等。聚和堂、双和堂由李承之一家经营，两店均设在大布政司街（现省府前街），刊印图书有《读史论略》（1862年）、《红楼梦》（1874年）及《小学集注》《史记菁华录》《二十四孝合刊》《龙文鞭影全集》《金匮要略浅注》《珍珠囊药性赋》《长沙方歌括》等，1934年歇业。书业德是聊城书业德的分号，设在大布政司街85号，也是当时较大的书坊之一，1928年歇业。善成堂为四川重庆善成堂分号，设于大布政司街，刊刻之书多为经史、小说、医书等类，1921年歇业。成文堂开设于同治末年，刻书较多，主要是经史古籍，1935 年 10 月歇业。艺德堂总号设在大布政司街 70 号，街南首设有分号，并在萃卖场前楼设艺文书局，以图书发行为主，刊刻部分古书。据《济南快览》记载，本埠书局，艺德堂资本最为雄厚，无书不备，但多为“应时之物”，1931 年歇业。

除官刻、家刻、坊刻外，一些社会团体和宗教组织也刻印图书，已知者有公善堂、兴善堂、湖南会馆、济南救世会、万国道德会、佛经流通处等。

古代济南著名藏书家和藏书楼

古代济南藏书家众多，藏书达到一定规模且对后人影响很大。诸多史料记载的藏书家和藏书楼主要有李清照和赵明诚的归来堂、李开先的万卷楼、周永年的籍书园和马国翰的玉函山房等。他们不仅在济南，在中国藏书史上也是万古流芳。

1. 李清照、赵明诚与归来堂

赵明诚（1081—1129）字德甫，一作德父，山东诸城人，宋代金石学家、藏书家。曾就读于太学，以父荫入仕。先后知莱州、淄州，官湖州军州事。妻李清照（1084—1151）字易安，号易安居士，山东济南人，为南宋著名女词人、书画收藏家。明诚少时即好收蓄前代石刻，推崇欧阳修所撰《集古录》。以为金石文字有功于后学甚大，由是立志于金石之学。清照自幼聪敏过人，勤读诗书，少时便有诗名，婚后同致力于金石典籍之收藏研读。太学时，两人常典当衣物首饰以换取碑帖书籍。赵明诚为官以后，竭其俸禄，以事铅椠。每获一书，两人即共同校勘、整理和题签；得书画彝鼎，亦摩玩舒卷，指摘疵病，夜尽一烛为率。李清照博闻强记，所读诗文，知所事典，多能说出载于某书、某卷、某页，以至某行之中。每至饭后，夫妇对坐书房，沏上一壶清茶，由赵明诚出题，询清照能否说出题中之事或词句出于何书。对，则清照先饮；错，则明诚先喝。清照常因得胜而大笑，以至茶水泼满一身。平时顾房中“几案罗列，枕席枕籍”，则“意会心谋，目往神授，乐在声色狗马之上”（《金石录后序》）。

李清照与赵明诚曾于青州筑“归来堂”，珍藏金石古籍，其中藏书 2 万卷，金石刻 2000 种。建炎元年（1127 年），金人南侵，二人精选十五车藏书南迁，余下十几屋家藏古籍尽毁于战火。

2. 李开先与万卷楼

李开先（1502—1568），明藏书家、文学家、戏曲家，字伯华，号中麓，又号中麓放客，章丘（今属山东）人。嘉靖八年（1529 年）进士，曾先后任户部主事、吏部主事、文选司郎中，官至太常侍少卿。曾上疏抨击朝政，罢官家居近 30 年，以藏书、诗文、散曲称一时。文学上和王慎中、唐顺之、陈束、赵时春、熊过、任瀚、吕高并称“嘉靖八才子”。性好蓄书，藏书甲于齐东，名闻天下，与金陵焦竑称为“南北两大家”。李开先对后代藏书家影响深远，其藏书特点是戏曲收藏丰富；重视古刻秘本；细心校勘，装帧精美；分藏多处以防不测。

李氏所藏多善本，尤以词曲为多，有“词山曲海”之称。自谓“岂但三车富，还过万卷余”。又云：“借抄先馆阁、博览及瞿县。”尝筑“万卷楼”，自撰《藏书万卷楼记》曰：“藏书不啻万卷，止以万卷名楼，以四库睁类不尽，乃仿刘氏《七略》分而藏之。楼独藏经学时务，总之不下万卷。余置别所，凡五书。”其藏书分置 6 处，仅经学时务类图书藏于万卷楼，其余分藏各处，以防意外。家藏中有宋版《周髀算经》《辑古算经》，宋刻本《周易订义》《孟子音义》，抄本《学易记》《毛诗指说》等古刻珍籍。藏书编有目录，为《李中麓书目》。藏印有“李氏中麓草堂图籍记”和“李开先印”。

李开先所藏图书均细心校勘并题签装潢。明万历初，其藏书部分归宗室朱氏，余书在清康熙年间散出。一半被昆山徐乾学传是楼所得，秀水朱彝尊曾在徐氏传是楼见过李开先藏书，称道：“签帙必精，研朱点勘，北方学者能得斯趣，殆无多人。”常熟毛氏亦得李开先藏书二百余帙，尽属秘本。王渔洋也非常关心李开先的藏书，传是楼徐乾学之子徐章仲，将珍贵的宋椠本《山谷精华录》八卷送与王渔洋，渔洋见中麓印记在其卷首，不由感慨：“此书藏济南李氏二百年而归于江南，又十余年，而复归济南，似亦有数焉。”李开先的藏书至康熙后期，才逐步散尽。

3. 周永年与藉书园

周永年（1730—1789），清代济南历城人，字书昌。因结茅林汲泉畔，亦自称林汲山人。乾隆辛卯年（1771 年）进士，召修四库，授翰林院编修。室名“水西书屋”“林汲山房”。藏印“藉书园本”“林汲山房藏书传之其人。”

永年少时就读于泺源书院，常脱衣典质以购书。曾建水西书屋、林汲山房等，积书5万卷，并编有《水西书屋藏书目录》《藉书园目录》《藉书园藏书目》，著录图书3000余种。章学诚等曾慕名观其藏书，为之作《周书昌先生别传》，详述其在四库馆编校古籍之事；书院大师沈起元曾为之题《水西书屋藏书目录》，谓其"百无嗜好，独嗜书"。

清周永年像

周永年

周永年与清藏书家，益都人李文藻、曲阜人桂馥等交厚。文藻曾刻书十余种，原本多得之于永年；文藻殁，永年为之印行《贷园丛书》；桂馥尝作《周先生永年传》，称其"得书辄归先生，凡积五万卷"。周永年有感于"曹氏书仓"及"释道藏"，曾提出"儒藏说"，并倾力践行其儒藏公共利用的设想。他曾变卖田产，与好友桂馥共同"买田筑藉书园"，聚积古今书籍10万卷，供人阅览传抄，以广流传，同时奔波四方，鼓动师友，积极倡导书籍流通与传借。他们曾在五龙潭畔修建潭西精舍，桂馥撰《潭西精舍记》，刻石立于潭旁，至今犹存。

周永年的《儒藏说》，开传统藏书观念流变之先河，并绽放出理性的光芒。但限于当时的社会历史条件，其藏书思想还是过于超前。周永年在世时，藉书园藏书已开始散佚。编修《四库全书》，周选珍本1000余部进呈，待发还时借与某堂官，不久此人被抄家，书也悉数入了大内。赴德州讲学，曾携书5车，置朋友家，被窃一空。去济宁时，将所携书置于民家，又为大水所淹。老家藏之书则被亲戚盗卖。至周永年离世，其藏书也散失殆尽。

4. 马国翰与李廷棨

马国翰（1794—1857），清文献学家、藏书家、目录学者。字词溪，号竹吾。祖籍章丘，迁居历城。道光十二年（1832年）进士，官陕西洛川、石泉、泾阳、敷城等地知县，陕西陇州知州等，咸丰初年因病放弃仕途。马国翰生平嗜书，有"书痴"之称。任县令时，薪俸大半用以购书，每见异书，手自抄录，勤于考证、校勘。道光二十九年（1849年），藏书楼"玉函山房"所藏古籍已达57000余卷。曾撰《玉函山房藏书簿录》25卷，

马国翰

《续编》1 册，是一部有价值的提要目录；其他著作有《农谚》《夏小正诗注》《玉函山房文集》《月令七十二候诗自注》《目耕帖》《竹如意》《红藕花轩泉品》《玉函山房诗集》等。马国翰深为痛惜历代古籍散佚，遂致力于古书辑佚，广搜博采，不遗余力。道光二十四年（1844 年）辑成《玉函山房辑佚书》，收佚书 594 种，搜罗丰富，卷帙浩繁，是古代规模最大的私家辑佚图书。蒋式惺的《书马竹吾〈玉函山房辑佚书〉后》，王重民的《清代两个大辑书家评传》，都对马国翰的业绩予以高度肯定。

李廷棨（1789—1849）字戟门，号莩村，济南章丘埠村西鹅庄人。清道光八年（1828 年）举人，翌年中进士。先后任直隶新城、玉田、宛平知县和深州知州、广州知府、雷州知府、顺天府尹等职。曾建藏书楼“纫香草堂”，三层建筑，中西合璧式风格，一生藏书甚丰，并著有《纫香草堂诗集》《纫香草堂文钞》《纫香草堂诗余》等。

李廷棨与马国翰系儿女亲家，且志趣相投，藏书辑佚、雕版印刷等耗尽二人毕生心血。马国翰无子，故李、马二人辞世后，马氏所有藏书和书版尽藏李家。马氏《玉函山房辑佚书》刻版被李氏后人藏于夹墙缝中珍藏。1936 年前后，王献唐与好友邢蓝田曾六次赴鹅庄村访书，访得马国翰手札 90 页，马国翰考证古钱币的书版 610 块（另在集市上买得 114 块，计 724 块），书籍和书法作品若干。邢蓝田还在王献唐指导下，撰《鹅庄访书记》发表于《山东省立图书馆季刊》（1936 年 1 卷 2 期），同时影印马国翰手札，成为替马国翰正名（当时有人认为马国翰的辑佚书系盗刻）的有力证据。

1999 年秋季多雨，藏版老屋渗水。为防雕版损坏，李廷棨五世孙李应顺将雕版取出，并于 2000 年 5 月全部捐献给国家。藏版共 5966 张，每版 28 厘米长、18 厘米宽、2 厘米厚，涉及经史子集等书籍 558 部，约 420 万字，其中近十种书目为当代各地藏书所未见。鹅庄藏版重见天日，是古书辑佚史上的一个奇迹。它不仅使马国翰“辑佚冤案”得以彻底昭雪，也填补了古代文献史的诸多空白。

第二节

济南近现代图书馆事业

近现代济南图书馆活动进程

清末民初，济南近代图书馆活动开始兴起，到2014年为止，大致可分为四个时期。

1. 图书馆事业的萌芽与艰难发展（1909—1949）

1904年济南开埠，开启了近代城市对外开放的历史进程，济南地区的图书馆活动也揭开了历史新篇章。1908年，山东学正罗正钧倡议仿天一阁建遐园，次年又倡议在遐园建山东图书馆。

宣统元年（1909年），山东图书馆宣告成立。这是我国创办最早的十座省级综合性公共图书馆之一。山东图书馆创建之初，是一座典型的园、馆组合型建筑。园内泉水叮咚，杨柳垂荫，美景如画。园林正中为“海岳楼”，上下60间，为藏书之所；楼前为“宏雅阁”，藏图书与金石文物。当时图书馆经费充裕，定员15人，年拨发库平银6000两，其中4000两用于购书。馆藏书籍增长较快，据保厘东编纂的山东省图书馆第一部书本式目录——《山东图书馆辛亥年藏书目录》记载，至1911年，藏书“九万一千有奇”。

民国初年，山东图书馆继续发展，馆藏大幅增加，内容大为丰富。据1916年教育部的调查报告，山东图书馆每月平均接待读者2000余人。1929年，山东图书馆更名为山东省立图书馆，著名学者王献唐出任馆长，并进行了管理制度改革，如藏书开架借阅，展室任人游览，免收门票等举措。

20世纪30年代开始的日本侵华战争，使全国图书馆事业遭受了一场浩劫。日伪统治时期，山东地区文化设施大多被毁，大量文献典籍被掠夺。为使馆藏珍品免遭日寇掠夺，王献唐等人辗转万里，将其运送至四川乐山大佛寺保存，1950 年方运回。

从 1909 年到 1949 年，山东省图书馆经过 40 年的积累，藏书达 114650 册。其中包括抗战胜利后历下名士辛铸九、苗兰亭等人募集巨款 300 万元购得的聊城海源阁约 70% 的古籍，计 50 箱，2540 余部，33600 余册，悉数捐赠省图书馆，成为该馆镇馆之宝，设立专库珍藏。

1915 年章丘县第一所官立图书馆——通俗图书馆成立，后改为章丘公立图书馆。1929 年前后，年经费为 1080 元。1932 年起，年经费达到 3048 元，是山东各县中经费最多的图书馆。1919 年，历城县图书馆建立，馆址在济南大明湖南岸，藏书 3000 余册，年经费 864 元，是山东省内成立最早的县级图书馆之一。1931 年 7 月 1 日，济南市图书馆成立，馆址在当时的人民公园（今中山公园）。

山东大学图书馆前身是始建于 1901 年的山东大学堂藏书楼，是我国较早的近代新型图书馆之一。在其发展过程中，许多著名学者、图书馆学专家，如皮高品、梁实秋、陆侃如、吴富恒、孙昌熙等先后主持过图书馆工作。

济南广智院附属图书馆是外国人在济南兴办的主要图书馆之一。1905 年，英国浸礼会传教士怀恩光在济南南门外设立了广智院，其前身是怀恩光 1887 年在青州创办的“博古堂”。广智院附设有图书馆与阅览室。1909 年，图书馆读者达 37966 人；1912 年，读者约 27000 人。

2. 图书馆事业的发展期（1949—1978）

中华人民共和国成立后，济南图书馆事业经历了一个快速发展时期。市属各区县相继成立了人民文化馆图书室。如 1951 年章丘县政府成立“人民文化馆”，内设图书室，房舍五间，藏书万余册。1953 年，市中区图书馆成立。济南市槐荫区图书馆也建于 1953 年，当时名为“济南市第六人民文化馆图书室”。同年，济南市图书馆在第五区人民文化馆图书室基础上改建而成，馆址在人民公园（今中山公园）内。1950 年，山东师范学院图书馆建成。1958 年济钢图书馆成立，济南地区的工会系统图书馆也产生于 20 世纪 50 年代，众多工会、企业、学校、军队、医院、厂矿等，纷纷建立了图书馆或图书室。据统计，到 1965 年，济南市各级各类图书馆（室）有 750 个之多。

在“文化大革命”中，大量图书馆被关闭，大批图书资料被封存，图书馆的设备与藏书受到不同程度的损坏，许多勤勤恳恳为图书馆事业而工作的业务骨干受到冲击，各级公共图书馆的工作长期陷于停顿。

3. 济南图书馆事业的兴盛（1978—1990）

“文化大革命”过去以后，济南地区公共图书馆事业重新得到迅速发展，建馆规模与数量不断扩大。从1977年开始，一些曾经被并入各地文化馆的县级图书馆陆续恢复建制，部分原先空白的区县如长清、历下、天桥、平阴、商河普遍新设了图书馆。1985年，全市的各级各类图书馆（室）达到2030家，专、兼职图书馆工作人员5183人，馆（室）建筑总面积达857794平方米，藏书1992万余册。1990年年底，济南市共有各级各类图书馆3400个，藏书2500万册。其中，山东省图书馆藏书340余万册，座席为500个，持证读者4万余人，全年接待读者24万人次，借阅书刊32万册次；济南图书馆藏书88万册（内有线装书11万册，善本书500余册），持证读者2.7万人，全年接待读者22万人次，借阅书刊25万册次；市少儿图书馆藏书8万册，全年接待读者23万人次，借阅书刊25万册次。各级图书馆纷纷采取措施，为改革开放和科研生产服务。有的馆成立了科技服务部，发放科技借书证；有的馆根据本地区的科研规划，修订了本馆的服务规划；还有的将馆藏科技文献加以系统整理，优先提供给科技读者；更多的图书馆则利用自己丰富的馆藏和资料检索方面的优势，为读者提供定题文献服务、信息跟踪服务等，为企业的科技研发和技术发展，提供了文献资源与信息保证。

4. 济南图书馆事业的辉煌与转折——计算机技术应用与全面开放时代（1990年至今）

20世纪末开始，全国图书馆界陆续步入计算机信息化管理阶段。2002年山东省图书馆在高新技术开发区建成新馆，新馆占地4.3万平方米，建筑总面积5万平方米。新馆适应当代信息化、开放型图书馆的要求，依托现代化计算机网络设备，全面实现业务工作及办公自动化。图书采购、编目借阅、文献查询、信息咨询服务均实现了计算机管理，逐步建立起内容丰富、精确高效的馆藏书目数据库、二次文献数据库和全文数据库。在书刊管理和利用上逐渐由封闭型向开放型转变，图书、报刊文献全面实行开架服务，开架图书150万册以上。读者阅览座位增加到2000个，服务项目也大大增加，以满足读者的不同需要。

世纪之交，济南地区图书馆事业蓬勃发展，现代化管理水平快速提高。1998年6月1

日，市图书馆、少儿图书馆业务活动开始应用计算机管理。1999 年 8 月 6 日，全省规模最大、功能最先进、设施最完善的多媒体电子阅览室在济南市图书馆建成并对外开放。2001 年 12 月中旬，济南图书馆网站开通。各区县图书馆也在 2000 年前后陆续步入了微机管理时代。计算机管理将图书馆员从手工劳动中解放出来，满足了图书馆读者的需求，促进了图书馆服务水平的快速提升。这一时期，购书经费、馆舍面积、读者人数、馆藏量以及借阅量都得到飞速提高。

2013 年 6 月 26 日，济南市文广新局与市财政局联合下发《关于推进全市美术馆、公共图书馆、文化（艺术）馆、文化站免费开放工作的意见》，全市 11 所公共图书馆全部免费开放，读者数量由此激增。

表 1　济南市公共图书馆发展情况一览（2007—2012）

	2007	2008	2009	2010	2011	2012
机构数（个）	11	12	12	12	12	12
从业人员（人）	407	417	420	423	426	421
总藏量（千册/件）	7882	8761	9084	9412	9890	10764
建筑面积（千平方米）	67	72	69.7	69.7	70	70
书库面积（千平方米）	23	25	24	24	25	25
阅览室面积（千平方米）	20	22	21.1	22	22	22
阅览席位数（千个）	4.2	4.3	4.5	4.4	4.6	4.5
书刊外借（万人次）	110	135.5	98	101.2	123	136.4
外借册数（万册次）	213.5	215.2	192.2	203.9	230.2	251

数据引自《济南市统计年鉴（2013 年）》

济南图书馆事业发展史上的重要人物

1. 罗正钧（1855—1919）

罗正钧是山东省图书馆创建重要的推动者和策划者之一，字顺循，湖南湘潭人。光绪三十四年（1908 年）六月，以道员署山东提学使。1908 年年末，罗上书山东巡抚袁树勋，请求创立图书馆并附设金石保存所。文中强调，山东是我国数千年文明的发祥地，经典文献理应得到保存，以供人阅览。西方发达国家及国内其他各省都已建图书馆，对启发民智起了积极的作用。济南作为山东省省会理应建一所图书馆。罗正钧从图书馆的意义、借鉴西方经验等方面强调图书馆的作用，并细心筹划，对建馆的许多具体问题如选址、规模、经费和特色等加以具体研讨。罗正钧建议并创办的图书馆，谱写了济南地区近代图书馆的第一篇章。图书馆收藏的大量古今中外典籍及石刻，为保护齐鲁文献、金石文物等做出了突出贡献。

2. 王献唐（1896—1960）

王献唐，中国现代金石学家、考古学家。原名琯，号凤笙，以字行。山东省日照县人。1896 年 9 月 24 日出生，1960 年 11 月 16 日逝世于济南。王献唐自幼博览群书，刻苦勤奋，尤酷爱金石、版本之学。长期致力于古代文物的收集、保护与悉心研究。1929 年至 1948 年期间，王献唐一直担任山东省立图书馆馆长，主持开展了多项文献收集与研究活动，除编印《山东图书馆季刊》外，还广泛搜集乡邦文献和先贤遗著，与他人合作出版了《山东先哲遗书》，在前代聊城海源阁藏书的接收、保管工作中，发挥了独特的作用。1930 年 11 月，山东古迹研究会成立，王献唐被聘为该会委员并兼任秘书，参与了城子崖龙山文化遗址的发掘以及其他遗址的调查保护项目，为山东地区的文物考古工作奠定了基础。抗日战争期间，他在极其困难的条件下，个人出资，将馆藏重要图书、文物辗转运往四川，为保护山东和中华古代文物做出了重要贡献。其间王献唐兼任中央国史馆副总纂修等职，编写了《国史金石志稿》。

中华人民共和国成立后，王献唐任山东省文物保管委员会副主任、故宫博物院铜器研究员等职。晚年仍常下乡勘察遗址，整理研究新出土古器物。王献唐一生淡泊名利，但挚爱古钱、文物、书籍等收集活动，经常不惜重金购买。他向国家捐献了越王勾践剑、李自成闯王印等各类珍贵文物 8000 多件，古籍图书 5 万册，这些珍贵捐赠对于全国的图书馆、博物馆事业建设与发展居功甚伟。

3. 王绍曾（1910—2007）

王绍曾，字介人，清宣统二年（1910 年）生于江苏江阴一户农家。1930 年毕业于无锡国学专修学校。民国时期曾任上海商务印书馆编辑，协助版本目录学家张元济校勘《百衲本二十四史》。1949 年以后历任山东机械工业学院、济南工学院图书馆副主任，山东大学图书馆馆员、研究员，山东大学“中国古典文献学”专业硕士研究生导师，山东大学古籍整理研究所教授。他对山东文献情有独钟，发掘山东文化遗产，弘扬山东文献，被誉为“山东文献第一人”。曾潜心研究聊城杨氏海源阁藏书，撰写《订补海源阁书目五种》一书，这部书不仅完善了海源阁的书目体系，而且树立了书目考证的典范。还著有《山东藏书家史略》《山东文献书目》《中国文化史知识丛书》《近代出版家张元济》《清史稿艺文志拾遗》《百衲本二十四史校勘记》《目录版本校勘学论集》《山左戏曲集成》等书籍，对图书馆事业的发展起到了极大的推动作用。

王绍曾（左二）与同事、学生做研究

03

第三章
图书馆记忆

泉水之都多甘泉，有大自然的赐予，也包括人类知识和智慧凝聚而成的文化甘泉——图书馆。济南图书馆，是泉城最大的“知识喷泉”之一，从1953年正式创建至今，已有60余年的历史。60多年来，她经历过风雨，也见证过辉煌，但始终像清冽甘甜的泉水一样亲民润民，不断用知识和智慧滋润着这座城市，开阔人们的眼界，净化人们的心灵，从而在泉城人心中留下了深厚的文化记忆。

2013年10月，济南图书馆新馆在西部新城建成开放。这是一座设施先进、功能齐全的现代化图书馆，她以“泺蕴泉涌”为理念，其建筑设计、内部装修、图书馆服务等方面都充满浓郁的泉文化特质，构筑起泉城文化的新高地。济南图书馆以此为起点，开启了传承历史文化、造就当代书香城市的新篇章。

第一节

风雨兼程六十年

初步建立与探索时期（1931—1976）

1931 年 6 月，济南市立图书馆建立。馆址在经六路纬二路，馆舍 10 余间，年度经费 438 元，工作人员 6 名，各种书刊 2000 余种，每日入馆读者上百人。1937 年年底，济南被日本侵略者占领，济南市立图书馆被毁于战火中。1938 年秋，伪济南市公署以原省立济南女子中学的书籍为基础，成立了市立图书馆。抗日战争胜利后，由国民政府接收，改为市立民众教育馆图书室，人员 3 名，藏书不足 5000 册。

1948 年年末，济南市人民政府接管市立民众教育馆图书室，并于 1949 年改称人民教育馆图书室，将馆址从经六路迁至人民公园（现中山公园）。图书室位于公园四面亭侧，时藏书 8700 余册；阅览室 4 间，书库及借书处等 5 间；工作人员 5 名，分别负责图书采编、阅览、出纳、推广等工作。当年接待读者 3 万余人次，借阅图书 5 万多册次。

1950 年，人民教育馆图书室更名为第一人民文化馆图书室。随着文化教育事业的发展，图书室的工作也相应得到较快发展，读者人数增加，服务层面也逐渐广泛，当年到馆阅览者 5.3 万人次，图书外借 16201 册次。建立集体借书小组 420 个，含读者 2070 人。1951 年，阅览人次达到 6.2 万人次，图书外借 3.1 万册次。借书小组增加到 405 个，含读者 5281 人。同时开设图书流动服务站 10 处，扩大了图书服务的辐射面。

1952 年，全市各区普遍建立了文化馆。第一人民文化馆改以所在行政区命名，称第五区人民文化馆图书室。此时业务工作日益发展，原馆舍日渐倾圮已不能使用，致使无固定阅览场所，遂报请筹建济南市图书馆。1952 年 8 月 18 日，济南市人民政府批准在人民公园以原第五区人民文化馆图书室为基础，按丁等馆编制筹建济南市图书馆。

1953 年 4 月，济南市图书馆落成。6 月 30 日，由市文教局代为函邀省、市有关单位领导在新馆阅览室举行座谈会，征求关于图书馆方针、任务和具体做法的意见。1953 年 7 月 1 日上午，在人民公园礼堂（时为青年剧场）举行开馆典礼，下午正式对外开放。此时，图书馆面积达 324.28 平方米，人员 10 名，藏书 1.7 万册。年经费 1 万元，每月平均购书费 158 元。业务活动以科学文化知识普及为主。馆内实行开架阅览制度，废除借书小组模式，全部改为个人外借。新增藏书以普及读物为重点，并开始收集地方文献资料。同时，在全市文化馆图书室领域，由市图书馆统一图书的采购、分编、分配，以充分利用和有效配置全市各图书馆的文献资源。

1956 年 1 月，济南图书馆根据济文字（56）3 号文件升为乙等馆。第三区人民文化馆撤销，其图书室并入市图书馆，人员增至 15 名，藏书增加到 8.1 万册。同时，在社会文物普查过程中，济南图书馆从民间收集到线装中文古籍 4000 余册，内有元、明代善本，少量原聊城海源阁藏书以及部分珍贵的原版清朝宫廷活动照片（可惜在“文革”期间散佚）。

根据中共中央关于“向科学进军”的号召以及文化部召开的全国图书馆工作会议等精神，济南图书馆工作重心逐步向为科学研究服务转移，尝试运用社会力量开展咨询服务，开展通过馆际图书互借等方式，为市科研项目和市属厂、矿企业开展有针对性的定题服务。同时，结合中小型工厂技术革新中存在的突出问题，举办专题技术讲座，有力地配合了本地区企业的技术革新运动。

1963 年，市人委将部分民用房屋划拨图书馆，馆舍面积增至 427 平方米，暂时缓解了当时馆舍活动面积紧张的问题。1966 年 5 月，在原馆舍基础上进行扩建工程，馆舍面积增至 1000 平方米。此时，藏书增加到 40 万册，工作人员 36 名，年经费 5 万元。当时年均接待读者 10 万人次，借阅书刊 15 万册次。

1966 年开始的“文化大革命”，使社会文化事业遭到严重破坏，图书馆活动受到严重冲击。济南图书馆绝大部分藏书被列为禁书而封存，以往工作成果遭到全面否定。

1970 年 7 月起，济南图书馆首先开放了报刊学习室、毛主席著作学习室等。至当年 12 月，对外服务部门全部恢复和开放。1971 年 4 月，济南图书馆工作会议之后，全市公共图书馆的业务工作逐步开始恢复，由济南图书馆组织全市基层图书馆（室）对拟开放图书进行“审查”。

1976年年末开始，济南图书馆被禁锢的各类书刊逐步开放。为配合社会上出现的学习热潮，图书馆开始面向社会公开发放借书证，读者借阅书刊空前踊跃，阅览室座无虚席。与此同时，济南图书馆积极帮助厂矿企业、学校等单位恢复和新建图书馆（室），分区、分片组成协作组，为建立全市图书馆网打下了良好基础。

在改革开放中复苏、建设时期（1979—1998）

中国共产党第十一届三中全会以后，全国图书馆事业呈现出新气象。1983年，济南图书馆馆藏文献达67万册，工作人员增至48人，年经费8万元。在市总工会、市教育局等有关单位的支持配合下，建立了以济南图书馆为中心的图书馆网，并连续多年在全市范围内组织“先进图书馆（室）”的创建和评比活动，有力地促进了全市图书馆事业的发展。在藏书建设领域，扩大了自然科学图书，特别是基础科学书籍和工具书的入藏范围。同时，开始对长期束之高阁的古籍文献进行抢救性整理，共整理、分编古籍图书1.5万部10.4万册。

1983年4月，根据国务院批准的济南市城市建设总体规划，济南市政府决定在人民公园西北角兴建济南图书馆新馆和济南少年儿童图书馆，并将这一工程列入济南市十个重点建设项目之一。同年，省、市计委以“鲁计科字（83）”第275号文和济南市“计基字（83）”第37号文批准合并建设两馆，面积为7569平方米，总投资165万元。以后，设计加一层948平方米，同时追加投资150万元。由山东省建筑设计院设计，济南市第四建筑公司承建。

1986年济南图书馆外景

1984 年 11 月，两馆工程正式动工，历时 17 个月，于 1986 年 5 月 30 日竣工。两馆建筑占地面积 2350 平方米，总建筑面积 8899 平方米，总投资额为 380 万元。建筑按照高书库、低阅览的楼群布局思路，12 层基本书库楼为主干，东西两侧翼附 6 层成人借阅楼和 5 层少儿借阅楼，三部分各成一体，又相互贯通。正立面呈“山”字形，错落有致，美观大方。

1986 年济南图书馆南门外景

1986 年 6 月 1 日，济南少年儿童图书馆。同年冬，全馆动员，自己动手，仅用 25 天就将 70 余万册书刊和主要设备突击搬迁到新馆。同时，采取“整理一室，开放一室”的办法，自 1987 年 4 月 1 日起，各对外服务部门陆续开放，济南市图书馆进入了一个新的历史发展时期。

1986 年济南图书馆改造后的南门

1986 年 9 月，济南图书馆学会成立。截至 2013 年年底，学会先后组织举办了 17 届学术研讨会，共收到论文 2000 余篇，涌现出一大批具有一定学术价值和实用价值的研究成果。同时，济南图书馆充分发挥作为济南地区中心馆的作用，积极开展对基层图书馆（室）的业务辅导和基层工作人员的专业培训工作。通过举办业务研讨、业务竞赛、“读书人”摄影展、开展学历教育和岗位培训及图书馆评估等方式，多途径、多层次、多形式地提高了全市基层工作人员的专业素质，推动了全市基层图书馆各项业务工作的发展。

济南图书馆重视加强图书馆学专业教育，于 1987 年 11 月创办了山东省第一所图书馆职工中等专业函授学校，开设了图书馆学、档案学等专业，面向全省招生，并先后在全省 16 个地（市）及河南中原油田等设立了教学辅导站。截至 2001 年，为社会培养输送了 2000 余名中等专业人才和 150 余名图书馆学电大毕业生。2002 年，中专函授学校并入社会工作部，改称教育培训部。

老馆电子阅览室

1994 年，济南图书馆参加了全国公共图书馆评估定级检查，在本次评估中得到 843 分，被文化部评为地市级二级馆。

1996 年，市财政局增拨专项设备费 60 万元。次年，引进深圳图书馆研制的“ILAS 图书馆自动化管理集成系统”，在全省公共图书馆中率先实行了计算机自动化和网络化管理。1998 年 8 月，又建成开放了全省公共图书馆中第一个多媒体电子阅览室。

图书馆事业发展、繁荣时期（2000 年至今）

2000 年 8 月，济南图书馆 DDN 专线开通运行。12 月，图书馆建立起自己的专业社会服务网站。计算机信息处理技术的应用，使图书馆在文献整理开发、专题数据库建设、专业信息服务等领域的专业能力有效增强。同时，作为全市的中心馆，济南图书馆在组织公共图书馆参与社会群众性读书活动等方面，也取得了长足的进步。

2002 年，济南图书馆的藏书总量为 114 万册（件），在编工作人员 95 人，内设机构分为 9 部 1 室 3 科。年经费 488 万元，其中购书费 100 万元。分编图书 1.5 万种共 4 万余册，办理借书证4000余个，建立流动服务点30个。全年接待读者30万人次，书刊外借20万册次。举办包括专题讲座、读书征文、各种展览、服务宣传周等在内的各种读者活动80余次。

老馆阅览室藏书

2003年，为迎接国家文化部第三次评估，馆里整理书库藏书6万余种23万余册，并全部录入书目数据库；济南图书馆“网上图书馆”也建成开通，为读者提供书目检索、远程咨询、生活百科、济南名泉、济南名士、清华学术期刊、维普科技期刊、方正电子图书等数字化资源服务。同时建成一个带宽为100M的局域网，与深圳图书馆编目中心、山东省图书馆编目中心联网，下载书目数据，实现了编目数据资源共享。

2003年8月，济南图书馆与国家文化信息资源共享工程中心、共享工程山东省分中心签订协议，成立了全国文化信息资源共享工程济南市分中心。

成立的济南市分中心，在充分利用国家中心和省中心资源的同时，着重建设和开发地方文献等各类特色数字资源。截至2005年，自建了济南名泉、济南名人、馆藏金石拓片等数据库12个，数据量为70GB。同时，济南图书馆购置了清华同方、北大方正、重庆维普等大型光盘库和数字资源，数据量计1.3TB。分中心以县（市）区图书馆、乡镇/街道文化站以及学校、企业等为站点，构建起基层文化资源共享工程服务网络。分中心还与全市10个县（市）区签订了“文献信息资源共享协议”，自此，各基层服务站点都能通过网络检索、借阅方式充分利用济南市图书馆的数字文献资源。

2005年4月，济南市分中心开始了“共享工程进校园”活动。济南图书馆先后在济南师范学校、育贤小学、山东省实验中学、纬三路小学等8所学校建立共享工程基层服务点。到2005年年底，在学校、企业、社区、机关的基层服务点扩展到12个，文化共享工程建设有了切实的进展。

2006年，济南图书馆为了缓解偏远地区公众以及特殊群体读者的看书难问题，设立了汽车图书馆。流动图书车配有3000余册书刊，还配有便携式计算机、打印机、扫描仪、投影仪等现代化设备。汽车图书馆可以联网济南图书馆自动化管理服务系统，现场办理借书证，提供图书借阅、文献信息检索查询、下载等服务，还可以通过无线网络实现与图书馆本部书刊的“通借通还”。流动图书车为上门服务的开展创造了条件，先后在中国重汽章丘工业园、阳光社区、济空12师等单位设立了10多个固定的流动服务点，定期开展现场服务。到2014年，汽车流动图书馆行程5万多公里，在社区、农村、企业、军营等基层单位开展服务近500次，借阅图书10余万册次。

2008年1月1日起，济南图书馆在全省公共图书馆中首先取消读者借书证的工本费等基础服务收费，同时实施“一卡通”服务模式。一张读者证在手，既可在成人馆借书，也可在少儿馆借书，所有家庭成员都能使用一张证。2009年，济南图书馆推出了以第二代身份证替代以往各种借书证、家庭证的新举措。2011年2月，电子阅览室免费开放。至此，图书馆设施场地全部免费开放，为无障碍、零门槛的图书馆社会服务奠定了稳定的基础。

老馆三楼自习区

2009年4月，济南图书馆整合以往多种读书文化活动，打造出“书香泉城”全民阅读节活动，以“品味浓郁书香，建设美丽泉城”为主题，包括一系列活动内容。主要有“书韵泉城·济南换书节”、名家讲座“天下泉城”大讲堂、济南市中小学生“暑假读一本好书”征文活动、“重汽杯”济南市“读书人”摄影比赛暨展览，济南市读书朗诵比赛暨全省读书朗诵大赛济南选拔赛、“夕阳红”实用技能培训等。阅读活动上百项，参与的读者、市民近350万人次，成为济南市规模最大、影响最广的读书活动平台。

2010年11月，济南图书馆在全省图书馆中第一家成功引进RFID图书馆智能管理系统，让自动借还图书成为现实，在图书馆智能化、现代化的道路上迈出坚实、可喜的一步。

读者使用自助借还机

2011年10月，济南图书馆在全省设立了第一个24小时自助图书馆。自助图书馆集射频识别技术、网络技术和自动控制技术于一体，通常内置450册图书，采用智能环形轨道实现图书自动上下架，读者可自助完成书目查询、图书借阅、随时还书、图书续借和预约等多项服务。24小时自助图书馆的建设与发展，创造了公共图书馆服务的新时空，读者服务由固定有限时间，变为不受时间制约的全天候服务。

2013年，济南图书馆编制达到150人，在编工作人员127人，内设10个部室，年经费4223万元，其中购书费1000万元，藏书总量293万册（件），接待读者102万人次，外借书刊93.5万册次。

2013年年底，济南图书馆被文化部评定为“一级图书馆”。

第二节

新馆建设谱新篇

新馆建设是济南图书馆在历经六十年风雨之后的一次华丽转身。自此，济南图书馆成为一座应用当代先进技术与管理，多功能、全开放的图书馆。

建设进程

2009 年 4 月 30 日，山东省政府向文化部提出承办 2013 年“第十届中国艺术节”（以下简称“十艺节”）的申请，当年 11 月 4 日获得国务院批准。“中国艺术节”是一项国家级艺术盛会。山东获得承办许可后，这一项目成为带动城乡文化建设的有力引擎，引发了文化建设高潮。济南市也成为“十艺节”主要承办城市之一。

2010 年，济南市政府决定在西部新城建设三大项目，即文化中心、会展中心、商务中心，简称“三大中心”。其中文化中心包括大剧院和“三馆项目”等，三馆即图书馆、美术馆和群众艺术馆。2010 年上半年完成规划、立项、招投标等前期准备工作。“三馆项目”是“十艺节”重点工程之一。市政府成立了“三馆项目”规划建设领导小组，法国 AS 建筑工作室承担方案设计，中建国际与山东同圆设计集团分别承担扩初与施工设计。

2010 年 9 月 23 日，“三馆项目”在腊山河畔奠基。10 月 22 日，新馆工程正式开工建设。2012 年 10 月 10 日，三馆项目混凝土主体结构封顶。2013 年 9 月，三馆相继建成。“三馆项目”总用地 8.71 万平方米，总建设面积 18.92 万平方米。其中图书馆 4.08 万平方米，投入经费 6 亿元。

2013 年 11 月 11 日，济南图书馆新馆于“十艺节”开幕之日开馆试运行。在开馆短短一年间，办理新版借书证 5 万张，接待读者 120 余万人次，成为市民心仪的知识圣殿、泉城的文化甘泉。

建筑与装修设计

济南图书馆新馆位于济南西部新城核心区，腊山河东岸，距济南西客站约 2 千米，地理位置十分优越。

新馆建筑与群艺馆、美术馆三位一体，形成济南市规模最大的文化设施集群。建筑设计以“佛山倒影”和“泺蕴泉涌”为理念，建筑形体高低起伏，体现了泉水涌动一般的灵动之势；建筑立面效果取泉水掩映、微波浮动的画面，立面表层则通过投影、像素化的科技手段将趵突泉映像融入其中，是泉城文化与现代科技有机结合的标志性建筑艺术精品。

新馆是一座生态型、智慧型图书馆，内部设计以节能环保、经济适用为原则，融入了大众阅读和地方文化元素。内部装修遵循国家有关设计规范和标准，采用环保、节能、防滑、耐磨的新材料和新工艺。室内装饰使用浅淡的暖色调，并具有采光、通风、保温、防火、防尘、防噪等防护性措施，保证了读者用户的舒适感和安全感。进出口通道、盥洗室等全部采用无障碍设计，为残疾人读者进出提供人性化服务。图书馆内部墙面装饰以名人读书箴言和具有地方特色的艺术品，如欧阳中石的《泉城颂》、赵孟頫的《鹊华秋色图》等，

济南图书馆新馆外景

将泉城历史和阅读文化有机整合，营造了高雅、精致、明快、智慧的文化氛围。其中长18米，高7米的高仿名画《鹊华秋色图》，大气磅礴，生机盎然，堪称新馆的视觉亮点，彰显了济南历史文化名城的丰厚底蕴和源远流长的历史文脉。

功能定位与空间布局

新馆基本功能定位于“现代图书馆，市民大学堂”。为此在空间布局、功能设计、设施配备等方面进行了大量的尝试和探索，力求体现“平等、免费、无区别服务”的现代图书馆核心理念。

新馆建筑由中部5层通高空间及其南北两侧的阅览空间组成，地下一层、地上五层，总高度34.3米，设计总藏量260万册，阅览座席2200个。开馆时具备100万册的文献规模，日接待能力5000～8000人次。为实现开放式管理，一站式服务，创造全新的家居式阅读体验，新馆在面积较大的借阅服务区用书架或家具进行“软隔断”，让市民在这个“大学堂”获得充分的体验。

新馆主要功能区划和服务设施配置如下。

一层由主入口门厅、总服务台、儿童借阅区、报刊阅览区等构成。主入口门厅占地1200平方米，是新馆视觉中心和读者集散中心，东西两侧仿木质感的书墙和主入口门厅西面600座席的报告厅是其亮点，中庭屋顶的天窗给整个空间带来充足的采光。最引人注目的是东侧墙面4层楼高（1～4楼）的书墙，以木质隔断为7层，可摆放7万册图书。书墙两侧有楼梯相连，寓意“书籍是人类进步的阶梯”，读者可从各楼层自行取阅。

济南图书馆新馆一楼大厅

济南图书馆新馆书墙

儿童借阅区藏书 5 万册，期刊 540 种；报刊阅览区陈列报纸 200 余种，期刊 1000 余种，电子读报机、视障人阅读机各 20 台。

一层北侧设有数字阅读区，配置微机 64 台，检索机 5 台，触摸式资源展示屏 4 台，电子读报机 4 台，虚拟翻书机 2 台以及自助办证机 4 台。二层为自然科学、社会科学文献借阅区，藏量约 45 万册，内设检索机 12 台，自助借还机 16 台；三层为自然科学、社会科学文献阅览区，藏量约 35 万册，内设检索机 12 台，阅览座席 350 个；二、三层周边设阅览座席 260 个，东侧为读者休息区，设置了大型电视屏幕。

济南图书馆新馆一层数字阅读区

济南图书馆新馆一层视障阅览区

济南图书馆新馆少儿借阅区

济南图书馆新馆二层借阅区

济南图书馆新馆三层阅览区

四层主要为读者自习区，设阅览座席1000个；电子阅览室，配置电脑30台；声像资料欣赏区，座席20个，配置耳机和CD文献数千种；新技术展示区，如移动阅读、触摸屏展示、电子书下载等。

济南图书馆新馆四层自习区

济南图书馆新馆四层多媒体欣赏区

五层为古籍读者服务区，设有古籍书库、古籍地方文献阅览室和4个专题研究室。阅览室内放置专业展柜20个，分批展示济南市图书馆的镇馆之宝。

济南图书馆新馆古籍文献阅览室

地下一层除办公区外，另有1635平方米展厅、580座的大报告厅、160座的小报告厅、接待室、培训教室，并配置了读者餐厅、咖啡屋、茶吧等，是读者在紧张阅读之余放松、休闲的好去处。

另外，在一楼东南侧，设24小时自助图书馆一处，读者任何时候均可自由进出，自助获得办证、查询、借还图书等服务。

数字图书馆建设

数字化、网络化、信息化发展大潮，以一种前所未有的力量改变着人类社会的生产和生活方式，给人类带来崭新的生存体验——数字化生存。济南图书馆顺应这一变化，全力开展新馆的数字化、网络化、信息化建设。

为推进数字图书馆建设，济南图书馆争取专项资金1400余万元，引进100T大容量磁盘存储器、万兆三层核心交换机和千层交换机等设施，建立了万兆光纤主干千兆到桌面的网络系统和服务器集群系统（即济南市公共图书馆云中心），并以此为依托建立了RFID自助借还系统、电子阅览室系统、无线上网系统、信息资源展示使用系统、全市一卡通系统、共享工程服务平台、数字音乐图书馆等多种服务新平台。

济南图书馆新馆实现了全面自助服务，开放借阅的文献达100余万册（件），成为国内读者开放度最高的图书馆之一。同时，加强门户网站建设，建立了绿色网络，实现了网站与自动化管理系统的无缝链接；馆内实现无线网络全覆盖，建立了全市统一的公共图书馆集群自助化管理平台；对纸质文献、电子资源和网络资源进行深度加工和多维整合，构建了体系化、特色化的知识资源库群，提高了数字资源的可获取度；开通了书香泉城数字阅读平台，读者在济南任何地区均能够免费阅读65万册电子书刊及济南名泉、济南记忆等自建特色资源；借助移动通信、广播电视、互联网及VPN等现代网络技术，建立了全市联合编目系统，形成了覆盖全市的数字图书馆服务网络，促进了全市数字图书馆系统间资源与服务的共建与共享。

藏书、管理与服务

早在2010年“三馆项目”开工建设之前，济南图书馆即着手进行新馆文献储备工作。制定了专项藏书规划，通过2011～2013年的全市公共图书馆馆长联席会议，对市、区（县）各级图书馆的馆藏文献资源建设进行统筹安排，并申请专项文献购置经费1000万元，用于新馆书刊储备。

新馆文献来源主要有三：一是2010～2013年间的新购图书，储备了10万种30余万册（件）文献。二是对老馆现有藏书分批进行清点和整理，分捡出各类藏书70余万册。前两个渠道使得新馆建成开放时，就有100万册文献进入流通服务。三是重庆维普、北大方正、中国知网等各种大型外购数据库和“书香泉城数字苑”等数字平台，免费向读者提供电子文献200余万种。

新馆实行开放式管理，一站式服务。读者通过一层北侧门禁，可自由穿行于不同服务区，便捷地获取各种纸质文献、电子文献或声像文献，获得阅览、外借、参考咨询等“一站式”服务，或通过一层和南北侧的下沉式广场出入报告厅、展览厅等活动场所，享受图书馆提供的讲座、展览、报告会及其他娱乐休闲类服务。

新馆为读者带来全新的阅读体验：100万册藏书全部实行开架借阅，每张读者证借阅权限为10册；分布在各楼层的书目检索机、自助借还机、电子资源展示屏、客户终端等，可以让读者自主实现书刊借阅、网上浏览、电子资源下载等多项服务。这一管理模式让读者拥有最大的自由度，只要一卡在手，便可坐拥书城，尽享书香。依托新平台和海量信息资源，新馆还提供网上阅读、网上借书、联机检索、资源点播、信息定制和推送等多种形式的信息服务。

济南图书馆新馆地方文献阅览室

济南图书馆新馆建成后，已成为全市的文献信息保障中心、全民阅读推广中心、数字图书馆服务中心和文化惠民服务中心。济南图书馆将发挥自身的核心和枢纽作用，继续完善以市馆为总馆，少年儿童图书馆、各县市区图书馆、社区和企业分馆、汽车图书馆、24小时自助图书馆构成的总分馆体系，优化整合全市文献信息资源，开通全市图书借阅“一卡通”服务，全面提升图书馆的公共文化服务能力。

书香泉城

04

第四章

公共文化服务建设在泉城

第一节

总分馆建设

济南图书馆总分馆发展历程

2004年，济南图书馆在学习和借鉴国内外城市图书馆先进经验的基础上，尝试“总馆分馆制”的公共服务模式。在不改变行政隶属关系和财政管理体制的前提下，以网络支撑、资源共享、提高服务水平为目标，将已经具备所需软硬件设施的区（县）图书馆、企业（行业）图书馆以及街道（社区）图书室作为分馆，形成了以济南图书馆为总馆，以区县、社区、农村馆为分馆的四级管理模式；采用图书馆集群管理系统（Interlib），实现了总馆和各个分馆的网络连接，提供馆藏书目和文献资源的共建共享，实现统一检索和一卡通借通还。

2004年，济钢分馆挂牌成立，这是济南图书馆总分馆建设的第一个尝试。经过十年持续不断的探索和实践，一个资源共享、优势互补的新型图书馆联合体基本成形。截至2014年底，济南图书馆的65家分馆和流动站已覆盖了城市的众多机关、企业、学校、社区、军队和农村。至2014年末，分馆总藏书量15万余册，分馆读者总数已突破3万人、累计借还图书馆20万册次。总馆的网络数字资源数据库也已经向各分馆免费开放服务，所有市民读者能从中受益。尤其是农村分馆和流动站的成立，有效服务了村民的书刊阅读和科技信息需求，也有益于当地的经济发展和精神文明建设。

表 1　济南图书馆分馆（服务点）一览表

序号	分馆（服务点）名称	建立时间	地址	机构属性
1	南上街小学	2003	经七纬一路 291 号	服务点
2	西藏中学	2003	玉函路 88 号	服务点
3	交校路小学	2003	天桥区交校路 2 号	服务点
4	七里山社区	2004	七里山居委会	服务点
5	纬二路小学	2005	经四纬二路 54 号	服务点
6	永长街回民小学	2005	永长街 25 号	服务点
7	济南师范学校	2005	天桥区师范路 2 3 号	服务点
8	吴家堡西堡小学	2006	吴家堡镇	服务点
9	陡沟村分馆	2006	市中区党家镇陡沟村	分馆
10	武警支队市委中队流动站	2006	经七纬六市委院内	服务点
11	阳光舜城社区	2006	阳光社区重华园	分馆
12	阳光 100 流动车	2006	槐荫阳光新路	分馆
13	罗而小学	2007	党家镇罗而村	服务点
14	济南钢铁集团	2007	工业北路 21 号	分馆
15	72463 部队 52 分队	2007	历城区仲宫镇	服务点
16	林桥社区	2007	天桥区洛口紫金山花园	分馆
17	山东省实验中学	2007	经七路 73 号	服务点
18	经五路小学	2008	济南市经五路	服务点
19	纬三路小学	2008	济南市纬三路	服务点
20	西营中学	2008	历城区西营镇	服务点
21	文庄小学	2008	市中区七贤镇	服务点
22	解放军 72463 部队	2008	济微路 142 号	分馆
23	济空南郊干休所	2008	市中区朗茂山	分馆
24	章丘检察院	2008	章丘市明水镇	分馆
25	重汽章丘工业园（三分馆）	2008	章丘市工业园	分馆

（续）

序号	分馆（服务点）名称	建立时间	地址	机构属性
26	济南军区防化团1分馆	2008	槐荫区大金庄	分馆
27	重汽党家庄工业园（二分馆）	2008	历城区党家镇	分馆
28	72790部队	2008	济微路	分馆
29	309国道济南收费站	2008	309国道济南入口处	服务点
30	历下检察院	2008	旅游路	分馆
31	古城中学	2008	段店镇古城区	服务点
32	小太阳翡翠郡幼儿园	2009	重汽翡翠郡小区	服务点
33	济南市财政局	2009	市中区财税大厦	分馆
34	济空12师	2009	张庄路西头	分馆
35	重汽长清工业园（一分馆）	2009	长清区工业园	分馆
36	济空航修厂	2009	槐荫区腊山镇	分馆
37	长清台村分馆	2009	长清区万德镇店台村	分馆
38	李家村分馆	2009	章丘市相公证镇李家村	分馆
39	振兴街纬九路社区	2009	小纬九路2号	服务点
40	济南司令部第一干休所	2009	六里山路5号	服务点
41	经五路幼儿园	2009	经五路139号	服务点
42	重汽长清工业园分馆（四分馆）	2009	长清工业园	分馆
43	济南市杂技团	2009	经七路855号	服务点
44	党家镇郑庄村	2009	市中区党家镇郑庄村	服务点
45	济南市公安局监管支队	2010	历城区仲宫镇	分馆
46	刘官庄村	2010	平阴县刘官庄村	分馆
47	市中区四里区社区	2010	英雄山路7号	服务点
48	济南市检察院	2011	奥体西路166号	分馆
49	市委办公厅	2011	龙奥大厦	服务点
50	市人大	2011	龙奥大厦	分馆

（续）

序号	分馆（服务点）名称	建立时间	地址	机构属性
51	泉城广场	2011	历下区泺源大街 69 号	服务点
52	济南市政策研究室	2012	龙奥大厦	分馆
53	济南市第三中学	2012	济南市经六路 206 号	数字资源
54	匡山村基层点	2012	槐荫区济齐路 112 号	数字资源
55	明湖小学	2012	天桥区水屯路	数字资源
56	济南市科协	2013	英雄山路 53-2 号	分馆
57	济南警备区经十路干休所	2013	济南市经十路	服务点
58	槐荫消防	2013	济南市张庄	服务点
59	万德镇陈庄村	2013	长清区万德陈庄	服务点
60	市中消防分队	2013	济南市经四纬五路	服务点
61	省工会老干部活动中心	2014	济南市七里山路	服务点
62	市人事局考试中心	2014	济南市六里山路	服务点
63	市纪委分馆	2014	济南市龙奥大厦	分馆
64	平阴玫瑰镇大站东村	2014	平阴玫瑰镇东村	分馆
65	兴福寺路派出所	2014	济南市兴福寺路	服务点

注：文献达到 2000 册以上规模定为分馆，2000 册以下规模则为服务点。

2011 年以来，济南图书馆以构建科学合理的文献资源保障体系为宗旨，构建起以济南图书馆为中心馆核心，以社区、行业分馆为支中心，以汽车流动图书馆为纽带的辐射状服务网络，并开展了一系列工作。

济南图书馆先后在泉城广场、赤霞广场、龙奥大厦、领秀城社区、省会文化中心等多处设立 24 小时自助图书馆。以济南图书馆为总馆，分馆（流动站）、汽车流动图书馆、24 小时自助图书馆为补充，形成了全市文献信息资源共享、服务手段与优势互补的图书馆服务网络。

2013 年起，济南图书馆从分馆（流动站）的规范化、制度化建设入手，继续推出了一系列完善举措。建立和完善分馆（流动站）准入制度。针对分馆的经费投入、馆舍条件、软硬件设施、人员配备等设置了一套科学的量化指标考核体系。制定统一的管理制度和服务规范，并根据新制定的服务公约与各分馆（流动站）签订新的合作协议，进一步明确总馆与分馆各自的权利和义务。

分馆建设

在加强业务管理自动化、网络化和共享工程平台建设基础上，开通图书借阅“一卡通”服务，总分馆之间通借通还，并使用统一的借阅证，提供统一管理软件、服务平台和检索入口。

“一卡通”服务全面升级，在实现总分馆书刊通借通还、书目查询及图书预约的基础上，推出多种网络数据库资源，如维普、清华同方电子期刊，方正电子图书及济南馆自建的特色数据库等。分馆实现远程化智能管理，总馆可对各分馆管理实现异地远程操作，利用阿法迪自助借还系统，实现了总馆与分馆图书通借通还。各分馆也进一步延长服务时间，即每周服务时间不低于3天，每天不少于8小时。

通过举办公益讲座、读书活动、征文、朗诵比赛等方式，加强各分馆的交流和沟通。成立农村分馆和流动站，为当地经济发展和精神文明建设提供服务。发展汽车流动图书馆，在保持原有的重汽章丘分馆、武警济南支队、阳光100流动站的基础上，重点发展市重点工程农民工工地、特殊教育学校、市委、农村文化大院示范村、超市分馆等。以“书香泉城”24小时自助图书馆为点，各分馆为线，增加自助图书馆的数量，以扩大总馆和分馆的服务半径，初步形成了城市“15 分钟读书圈”。

汽车流动图书馆为企业员工服务

至此，济南图书馆的“总分馆制”服务模式基本形成。

济南图书馆分馆总结表彰会

第二节

特色分馆

中国重汽分馆

中国重汽橡塑件制造部“济南图书馆重汽一分馆”，始建于2005年。坐落在济南市长清经济开发区，现有藏书4000余册，每半年由济南图书馆为其进行一次图书更新。截至2014年7月，济南图书馆在中国重汽集团先后建立4所分馆，重汽集团橡塑件制造部所在地相对偏远，济南图书馆首先选择这一偏僻地区建立特色分馆，使职工借书难的问题得到了缓解。

济南图书馆重汽四分馆开馆

在“重汽集团一分馆”建设过程中，济南图书馆组建了业务小组携手橡塑件制造部，对“一分馆”图书馆的场地使用、管理实施等进行了整合。重汽橡塑件制造部在有限的资金条件下，与济南图书馆高效配合，扩充了原先图书馆的使用面积，馆舍面积从20平方米增至40平方米，配置了以政治理论、文学历史、科学技术、制造工艺、计算机应用、社会百科、家居生活、健康保健等为主的八类书籍共4000余册以及影视光盘20余套。图书馆分设了图书阅览、音像播放、专题学习等区域，市馆对上架书籍更新、电子设备添置以及读书活动组织等都做了详细的规划和安排，以确保“一分馆”科学、合理、有序地运行。同时铺设web网络专线，开通了全国科技刊物网络查询平台，开辟了企业内部报刊借阅专区，供企业职工了解集团公司自身及国内外同行的动态。为方便企业职工阅读，“一分馆”电子图书室专门制作了引导页面，链接济南市图书馆，山东省图书馆以及各大门户网站的读书频道，供企业职工根据个人兴趣选择中外名著、时事、政治、历史、文学、科普、百科综合等电子书籍。

济南图书馆重汽分馆在长清基地揭牌仪式

“重汽一分馆”建立后，还在企业开辟了文化长廊、报刊走廊、读书园地，建立起三维设计、电线束生产创新研究和美编设计等兴趣小组，拓展了企业职工政治理论学习、岗位技能培训等提高员工基础素质的服务功能。

平阴县刘官村分馆

2009年，在平阴县刘官村成立了济南图书馆第一家农村分馆。刘官村位于城北黄河南岸，全村有330户1390人，可用耕地1600亩，是省级“优秀科普社区”、市级“生态文明村”。果树与西瓜地套种甜椒、豆角生产是该村两大支柱产业。“仙萍”苹果和“刘官庄”西瓜、甜椒、豆角都获得了国家“有机绿色、无公害”认证。

刘官村分馆成立过程中，首先在村里成立了以支部书记、村主任等为首的7人领导小组，先行制定了《图书馆制度》《图书阅览制度》和《微机上机须知》等，对书刊借阅实行了交押金办理借书证制度，借阅书籍发现损坏或丢失，照价赔偿。分馆每天开放半日，供村民阅览书刊，上网了解农业技术，了解市场行情。分馆对管理人员提出了具体要求，必须全身心做好服务，为农民读者借阅书刊、获取信息提供一切便利。

济南图书馆陆续为刘官村分馆配备了电脑11台，图书3000册，期刊200册，农技服务功能得到了进一步加强。如2010年，甜椒苗不慎染上茎基腐病，又交叉感染西瓜，村委会到村图书馆查找科技文献，对照《蔬菜病虫害的诊断与防治》一书，诊断甜椒为茎基腐病。然后利用共享工程电脑查阅所种植物的病虫害原因及治疗方法，及时解决了问题。西瓜、苹果收获期间，村民就在电子阅览室上网了解市场行情。2010年，他们从网络获悉大棚土豆市场效益较高，就对100亩的大棚调整了品种，由西瓜改为土豆，单季效益达到8000多元，带动了全村的经济发展。

林桥图书馆分馆

2008年12月19日，济南图书馆与林桥社区居委会签订了关于济南图书馆林桥社区分馆建设的协议。林桥社区图书馆由一所基层图书馆，变为济南图书馆分馆。

林桥分馆开馆

林桥社区分馆面积约 80 平方米，分设图书室、报刊室，藏书 5000 多册，报刊 20 余种，可上网的电脑 5 台，能够满足社区居民的基本需要。林桥社区分馆有专门的图书管理员，按规定对书刊、音像资料进行分类编目。每周二、四下午 2:00 ~ 5:00，周日上午 8:30 ~ 11:00，图书馆对社区居民开放。居民可以通过数字图书馆网络服务、视频点播等得到文化娱乐，还可以获得远程教育等信息服务。截至 2014 年，林桥分馆发放借阅证 120 个，日平均接待读者 90 余人，月借书上百人次，外借图书近 3000 册。

林桥分馆开馆后，在管理机制上屡有创新。林桥社区志愿者定期到图书馆协助工作，整理图书、维护电脑、打扫卫生等。每年一次社区居民集体捐书活动，历年来获得捐赠图书 1000 余册，登记造册后设专柜陈列。社区管理者将每年的 8 月 11 日定为社区“读书日”。社区图书馆举办过“金秋读书活动”“读书·人生·发展”“员工业务知识”“道德、文明”等主题读书活动，在提高了居民素质、员工能力的同时也促进了图书馆自身发展；每年“六一”儿童节，林桥分馆联合社区幼儿园开展歌唱比赛、儿童趣味知识竞赛等；分馆还联合社区卫生站定期为中老年人讲解健康养生知识。这些举措不断扩大了社区图书馆的影响力。

林桥社区图书馆不仅是读书的地方，也是社区居民间相互沟通的平台，在城市社区文化建设中起到了不可替代的作用。

西藏中学图书流动站

山东省济南西藏中学是山东省唯一的少数民族寄宿制学校，目前在校学生 600 多名。由于学校的特殊性，学生每天课余学习、阅读时间相对多一些。2003 年，济南图书馆在西藏中学设立了图书流动站，为藏族学生提供多种图书与杂志。

西藏中学分馆建立

济南图书馆少儿馆随时为西藏中学替换图书、杂志，保证学生们能够看到最新的书刊。每逢暑假，图书馆与学校共同组织“暑假读一本好书”活动，对全校学生参与阅读起到了促进作用，每年都有学生参与征文并获奖，此项活动在学生们的家乡西藏也产生了积极的影响。

济南图书馆定期组织的各种读书活动，都邀请藏族学生一起参加，如组织参观济南图书馆，聆听专家讲座，参加新书现场签售，邀请联欢演出等。图书馆的活动也获得西藏中学的良好反馈，学校每年的藏历新年庆祝会、学生毕业典礼等也都会邀请济南图书馆参加。

书香泉城 24 小时自助图书馆

2011 年 10 月，在泉城广场和赤霞广场，济南图书馆开始设立 24 小时自助图书馆，与济南城市公共文化服务体系的“十分钟文化圈”建设要求十分契合。

赤霞广场 24 小时自助图书馆

这一酷似便利店，如同银行 ATM 机一样操作图书借还，拥有“永远不关闭的市民书房”之誉的新生事物刚落户泉城，即迅速传遍大街小巷。各级管理机构第一时间到广场察看自助图书馆运行情况，并就书籍配置、应用推广等问题提出要求。市民们或赶来亲身体验自助图书馆所带来的便利，或出谋划策以求更完善。更有不少热心市民自愿报名，在自助图书馆试运行期间到现场提供使用讲解、示范操作和资料发放等志愿服务，《人民日报》《中国文化报》及省市各大媒体均进行了全面跟踪报道。

自助图书馆是一个完整意义上的自动化服务体系，与普通图书馆相比，具有投资少、见效快、选址灵活、服务便捷等优点，自助图书馆集聚射频识别等多种自动化控制技术于一体，初步具备了智能化特定，被称之为“第三代图书馆”。

自助图书馆突破了城市图书馆建筑的局限，扩大了城市大型图书馆公共文化服务的外延，提高了图书馆藏书的借阅率，不仅是图书馆服务模式的创新，也推动了高新技术与文化生活的融合，对构建城市公共文化服务体系具有积极作用。截至 2014 年 12 月，全市已有 7 座自助图书馆在城市广场、居民小区和文化艺术中心投入使用。

康桥社区 24 小时自助图书馆

汽车流动图书馆

2006 年，济南图书馆开始建设现代化的汽车流动图书馆。汽车图书馆是现代科技打造的流动图书车的升级版。

汽车流动图书馆

流动图书馆以中型客车为载体，内置包括便携式计算机、打印机、扫描仪等先进设备在内的一整套自动化管理服务系统以及开放式书架、活动式阅览桌椅等，可载藏书达 3000 多册（盘），并通过无线上网卡与济南图书馆联网实现图书通借通还，可在企业、农村、社区、校园、军营等基层单位和汽车可达的场所，为读者现场办证、借还书刊以及查询、下载信息等，提供全方位的便捷服务。流动图书馆启用以来，定期开展送书上门活动，先后在中国重汽章丘工业园、阳光 100 社区、济空 12 师等 40 多个单位设立了固定服务点，同时举办讲座、展览、电影放映等活动，成为我市弘扬先进文化、传播科学知识、倡导全民阅读的亮丽风景，被市民誉为“身边的大书房”“流动的电影院”。有市民曾感叹到：家离图书馆太远了，到馆借书不容易，在家附近有图书馆就好了。汽车流动图书馆的诞生，使公共图书馆的服务从城市延伸至郊区和乡村，在一定程度上缓解了地区图书馆覆盖面局限的问题。

汽车流动图书馆进社区

2006 年 9 月，济南图书馆在中国重汽集团章丘研发基地举行了济南市流动图书馆启动仪式，此后每月定期到重汽章丘研发基地、长清工业园及公交一公司等为企业员工提供文献服务，每月巡回服务点两次。同时，还为重汽职工举办“从甲骨文到计算机”、大型汉字文化展览、“读书人”优秀摄影作品等展览。

汽车流动图书馆进企业

为丰富社区居民文化生活，济南市流动图书馆定期开进社区，先后为阳光 100 社区、齐鲁花园社区、领秀城社区、工人新村南村等 16 个社区送书。每个社区流动图书馆点一到借还书时间，社区居民就早早赶到现场，等流动图书馆车的到来。读者精心挑选自己喜欢的图书后，久久不愿离去，有的读者待到流动图书馆车离去时间到了，才意犹未尽地走下车，流动图书馆车成为社区居民日常生活中不可或缺的组成部分。

2006 年 12 月，在济南武警支队 12 中队举行了济南市流动图书馆进警营启动仪式，并签订服务协议，为济南武警支队下属 6 个中队进行服务；又陆续与济空 12 师、济南军区防化仓库、航修厂等签订服务协议，每月定期为这些部队官兵送书上门，并举办电影放映、讲座、文化展览等活动，丰富了部队官兵的文化生活。

济南图书馆的汽车流动服务触角不断延伸至乡镇农村，曾先后深入市中区十六里河镇陡沟村、党家镇小庄社区、章丘刁镇李家村、白云湖镇、官庄乡等地，除向农民读者提供图书借阅和放映农业科技视频外，还将图书馆自己编印的各种农业科技应用类资料、信息直接送到农民手中，为农业生产发展提供了科技文献资源的支撑。

汽车流动图书馆进军营

汽车流动图书馆进农村

汽车流动图书馆扩大了公共图书馆的服务区域及服务群体，推动了全民阅读，实现了“有限的图书，无限的流动”的服务目标，使图书馆服务功能得以多层次全方位地传播，让更多的读者享受到公益性的图书信息类服务，对传播先进文化、满足群众的文化需求起到了促进作用。

第三节

图书馆的“尼山书院”

尼山书院的建设

尼山书院原址坐落在孔子诞生地曲阜尼山之上，始建于宋庆历三年（1043 年），元时重修，是中华传统文化的重要符号性建筑之一。古代书院与现代图书馆两者之间具有天然的联系，共同承载着收藏典籍、传承教化的功能。山东是孔孟之乡、礼仪之邦，优秀传统文化底蕴深厚、影响深远。2014 年 5 月，山东省文化厅在全省推出“图书馆 + 书院”的公共文化活动模式，以“尼山书院”命名各级图书馆内设的特定书院，深入挖掘历史文化资源，强化以文化人、以人育人的功能，使图书馆在提供传统文化服务的基础上，进一步建设成为传统优秀文化的精神殿堂。

国学讲堂正面图

国学讲堂侧面图

济南图书馆根据尼山书院建设标准，采购相关设备设施和国学书籍，在图书馆新馆内设置了“四室一堂”，即国学讲堂、国学传习室、传统文化体验室、古籍阅览室以及道德展室各一间，“四室一堂”专门配置了古色古香的桌椅和相关设施。国学讲堂可容纳 120 人，用以举办国学讲座、亲子读经班、传统文化学习交流等活动；国学传习室可容纳 80 人，可以进行书法培训、绘画艺术培训等；传统文化体验室设有一尊孔子像，一架古琴，可同时接待 30 人参与茶艺体验、棋局对弈、古乐欣赏、书画创作等集体交流活动。

传统文化体验室

尼山书院国学专区

2014 年 8 月 22 日，济南图书馆召开专家座谈会，邀请 16 位有着不同研究专业方向的国学专家会聚一堂，共同为尼山书院的建设献计献策。这些专家分别来自山东大学、山东财经大学、济南大学及其他社会团体。他们也成为“尼山书院国学专家库”的首批专家成员，为尼山书院的后续发展提供智力支持与保障。

尼山书院国学专家座谈会

专家演讲

国学讲堂

国学讲堂是济南图书馆尼山书院开辟的一个主要文化传承场所，是专家学者面向读者全面、深入讲解传统文化的主要形式。尼山书院建成以来，平均每周都会安排一到两场国学讲座。

2014年9月13日，著名传统文化讲师、慈善家王竑锜做客尼山书院国学讲堂，为读者奉献了一场震撼人心的演讲《觉悟人生》。演讲中，王竑锜结合自己多年来的亲身体验，以孝悌之道为核心，向大家详细阐述了我国古代先贤的修身齐家之道，以及我们应该以什么样的心态和价值观来面对人生。当天，图书馆可容纳550人的大报告厅座无虚席，就连过道上和讲台下面都坐满了人。

热情的国学听众

《论语》讲座

在国学讲堂中，讲师或以《周易》《论语》《大学》等儒家经典为题深入讲解，或围绕孝道、家庭教育、书法、茶艺、读书等主题娓娓道来，为听众奉献了一道道经典的文化大餐。

半年多来，国学讲堂已经培养了一批热爱传统文化的忠实听众，只要有时间，他们就会按时来到图书馆听讲座。有一位60多岁的阿姨，在第一次听完讲座出门的时候，嘴里念叨了这样一句话："哎呀！本来想着来图书馆转转就回去呢，结果听了个讲座，讲得太好了，真受用，以前怎么不知道图书馆还有这种讲座呢！以后得常来，拉着老伴一块儿来听。"

亲子读经班

“学而时习之，不亦说乎？有朋自远方来，不亦乐乎？人不知而不愠，不亦君子乎？”每个周六的下午，济南图书馆国学讲堂里都会传出一阵阵琅琅的读书声。

读经班老师在授课

2014 年 11 月中旬，济南图书馆尼山书院首期“亲子读经班”开班。每个周六的下午，就会有众多家长带着孩子来到图书馆，在国学老师的指导下，认真地诵读《论语》《大学》《弟子规》等国学经典。这些小朋友中最大的 9 岁，最小的只有 4 岁。很多之前从未接触过经典的小朋友，通过诵读可以熟练地背诵《论语》和《弟子规》的部分章节让孩子们从小就感受浓厚的国学氛围，这对他们的人生必定产生重大的积极影响。这是济南图书馆在传播中华优秀传统文化的进程中做的有益尝试。

亲子读经班课前训诫

媒体采访亲子班学员家长

在接受媒体采访时，一位家长说："我觉得图书馆做了一件很有意义的事情。我们小的时候，那个年代没有这样的时代背景，也没有这样的条件……通过读经，再加上老师的讲解，我发现我的孩子开始懂得父母的不容易，会有意识地帮我们做力所能及的家务，变化很大。我要代表所有从中受益的家长和孩子，为我们济南图书馆点赞。"

亲子诵读比赛

2014 年，济南图书馆利用济南市图书馆学会资源，联合各区县图书馆共同举办了"我爱国学"济南市首届亲子诵读比赛，由家长带着子女组队参与。

亲子表演"揠苗助长"

亲子诵读比赛分为初赛和复赛两个阶段。初赛为选拔赛，由各区（县）图书馆和市图书馆分别独立举办。每馆各自通过初赛选出 3 组优秀选手，到市图书馆参加复赛。由于各区（县）图书馆的积极参与，初赛吸引了 200 多个家庭参加，在社会上引起了较大反响。

2014 年 6 月 14 日，来自全市各地的 19 对初赛出线选手，在济南图书馆进行了复赛。家长们的用心，孩子们的努力，让决赛现场精彩纷呈。在国学小故事表演环节，选手们通过不同形式的表演，将"孔融让梨""负荆请罪""毛遂自荐"等一个个故事讲述得惟妙惟肖。在所有参赛的孩子中，最小的是个3岁半的小女孩，她和妈妈合作为我们呈现了她们精心编排的小故事“揠苗助长”，尽管声音还很稚嫩，动作也不那么到位，但这丝毫没有影响到她给评委和工作人员带来的惊喜和感动。一位评委表示：“这种活动绝不是一个比赛那么简单。这些孩子还小，或许他们现在还无法深刻理解自己诵读的经典和表演的小故事的意蕴。重要的是让家长知道应该给予孩子怎样的引导，参加这样的活动如同在孩子心中种下了一颗种子，这颗种子会随着孩子的成长生根发芽，带来一生难以估量的影响。”

少儿书法培训班

书法，在古代被誉为“无言的诗，无行的舞；无图的画，无声的乐”，是中华民族文化的独特表现艺术，2000年来不同时期的书法艺术，表现了不同社会时期人们的价值取向。因此书法练习就是在践行传统文化，传承传统文化。

毛笔书法培训

2014年暑假，济南图书馆尼山书院开始举办少儿书法培训，分为硬笔班和毛笔班两个班，5到15岁的孩子都可报名参加，免费学习。每个周六都坚持开课，半年多来有500多个孩子参与培训。

硬笔书法培训

济南图书馆聘请了资深书法老师邹志国为孩子们授课。邹老师喜欢孩子，懂得少儿心理。在他耐心指导下，很多孩子因此爱上了书法，一些从未接触过毛笔的孩子，几个月的培训后已经写出很漂亮的毛笔字。

尼山书院还举办了多期传统文化体验活动，如拜孔礼、茶艺体验等，让参与者在体验中感受传统文化的魅力和精髓。

拜孔礼

体验茶艺

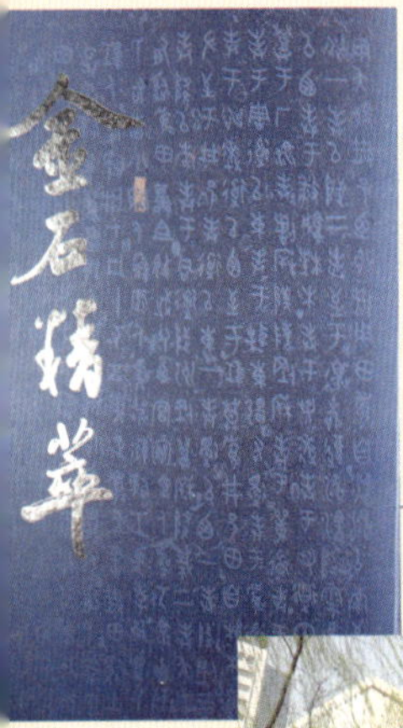
金石精華

05

第五章

泉城全民阅读活动

百泉汇成湖，书香润万家。泉城济南图书馆的充沛馆藏文献资源，犹如绵长不息的泉流，丰富并滋润着城市人民的文化生活。

书香每一天：今天你阅读了吗？

据权威网络书店销售数据发布的中国最爱阅读城市榜单，济南爱书人位列全国第四，这在一定程度上证明了济南作为历史文化名城的底蕴尚在。“海右此亭古，泉民爱阅读。”

韩国有一名作家二志成，曾经穷困潦倒，之后他以惊人的速度在几年内读了二千多本书，差不多一天一本。之后他出版了《书都不会读，你还想成功吗?》一书，畅销百万。当然不是每个人都能做到像他那么幸运，不是每个人都能当作家。但是，我们可以选择自己感兴趣或与专业对等的书来读，让自己的工作得心应手。读书贵在实践，把你所读到的，真正地做到活学活用。你读得越多，实践得越多，你的自信也会越足。

泉城人爱读书，图书馆自然就成了市民争相涌进的自家大书房。“读书是门槛最低的高贵之举。”2008 年 1 月 1 日起，济南图书馆率先在全省公共图书馆中推出全方位免费服务、真正实现了零门槛进入图书馆，并更换图书馆自动化服务系统实现一卡通借阅及短信提醒等多项服务，方便了读者自助借还图书。

读者自助借还图书

“阅读不能改变人生的长度，但可以改变人生的宽度和厚度”镌刻在济南图书馆新馆书墙之上，时刻提醒到馆的每一位读者：“今天你阅读了吗?”

延伸服务：阅读无处不在

2013 年，国家将全民阅读列入国家立法层面，把促进和保障公众阅读提升到国家层面。

阅读节：每年的四月份，是读者期待参与图书馆活动的时候。伴随着世界读书日的到来，“书香泉城”全民阅读节如期举办，成为全市规模较大、影响较为广泛的大众读书活动平台。

全民阅读节启动

图书宣传周：古人云：“书犹花也，善读可以医愚。”读书可以让阅读者暂时忘记周围的世界，与作者一起感受快乐、悲伤、愤怒、平和，是一段无可替代的人生体验。早期，济南图书馆通过组织读者座谈会、读书会、读者沙龙等活动，引领大众阅读。2005 年起，济南图书馆推出图书宣传周服务活动，每年五月的最后一周都会举办讲座、展览、征文、读者调查、爱心送书等活动，并围绕当年特定的主题组织读书活动。

周末讲座：图书馆在周末组织的讲座以贴近群众，寓教于乐为主旨受到市民的普遍欢迎，如天下泉城大讲堂、成功父母大课堂、尼山书院国学讲堂。每到周末市民走进图书馆，可以有选择地去聆听自己喜欢的讲座，内容涉及多个领域、多个层面，包括当今社会热点、学术常识、国学传颂，弘扬了中华传统文化，也满足了公众对休闲、学习、教育的需求，到图书馆听讲座已逐渐成为市民的生活常态。

公益讲座

展览：图书馆涉足会展业务是业界新增的亮点。近几年，济南图书馆共举办各种各样的展览近百场，尤其是新馆建成之后，充分利用了场馆优势，展览服务已经成为图书馆延伸服务的重要组成部分。"在这里读懂一座城"主题展览、"重汽杯"济南"读书人"摄影大赛获奖作品展览、庆祝中国共产党建党 90 周年图片展、历届中国艺术节回顾展、"十八大：我心目中的关键词"大型图片展、学雷锋展览、中国传统节日图片展等大型展览的展出都深受市民的关注，获得了良好的社会反响。

"在这里读懂一座城"主题展览

征文："暑假读一本好书"征文活动是济南图书馆连续九年举办的阅读推广活动之一，主要是面向全市中小学生开展的一项读书活动，旨在引导和鼓励广大小读者走进图书馆、利用图书馆，多读书、读好书。征文活动已经吸引数十万中小学生参加，成为全市读书活动的知名品牌。2011 年，这一项目被纳入"书香泉城"全民阅读节系列活动。

服务社会 共享悦读

济南图书馆为本市社会科学院科研人员提供课题跟踪服务，根据科研人员的课题需求，提供专门订购书刊、发放网上读书卡，开设图书馆数字资源的专门培训班，推荐可供利用的图书馆网络数据资源等，全方位为读者提供信息咨询服务；依托丰富的馆藏文献信息资源，以传统咨询手段与现代信息技术相结合的形式，为政府的社会发展决策提供资讯服务。每年服务两会，编制专题资料汇编，为人大、政协提供强有力的文献信息支撑。

光荣与梦想

六十年，对于人类生理年龄来说已进入花甲时期，但对于济南图书馆事业来说却是刚刚步入成年。2013 年，图书馆迎来自己的辉煌，伴随着“第十届中国艺术节”的开幕，图书馆人亲历了里程碑式的新馆的落成。

2005 年被山东省精神文明委员会授予“省级文明单位”称号。

2008 年被中国图书馆学会授予全国“全民阅读先进单位”称号。

2008 年被山东省文化厅授予“山东省文化共享工程先进单位”等荣誉称号。

2009 年被文化部授予“全国文化系统先进单位”称号。

2010 年再次被中国图书馆学会评为全国“全民阅读先进单位”。

2012 年获中共山东省委、山东省人民政府颁发的“全省文化体制改革工作先进单位”称号。

2012 年“暑假读一本好书”、汽车流动图书馆、“重汽杯”济南市读书人摄影比赛分获中国图书馆学会“全民阅读推广活动经典、创新案例”一、二、三等奖。

2013 年文化部全国公共图书馆第五次评估检查工作，济南图书馆的实践得到文化部高度评价，晋级国家一级图书馆。

2013 年济南图书馆“书香泉城”全民阅读节活动荣获文化部第十届中国艺术节“群星奖”，并记集体二等功。

群星奖

群星奖

2014 年济南图书馆通过复查再次评为“省级文明单位”，连续九年保持了这一荣耀。

2015 年被中央精神文明建设指导委员会授予“全国文明单位”的称号。

第一节

“书香泉城”全民阅读节

2007年4月的“世界读书日”到来之际，济南图书馆响应中宣部等17部委联合发起的“全民阅读活动”倡议，推出了形式多样，内容丰富的系列读书活动。2009年承办“书香泉城”全民阅读节暨首届“书韵泉城·济南换书节”活动，从此开启了“书香泉城”的崭新时代。

“书香泉城”全民阅读节

每年4月，“书韵泉城·济南换书节”活动由济南图书馆与山东商报联合在公园或大型广场举办。至今，此活动已连续举办五届六场，参与活动的公众由最初的千余名扩大至上万名，共交换图书10万余册，为社会公众提供了一个免费交换闲置书籍，结交书友、文友，分享阅读心得的平台。

2011年，济南图书馆成立了“书香泉城”全民阅读节活动专项领导小组。4月23日，“书香泉城”全民阅读节暨中山公园读书广场启动仪式举行，首届“书香泉城”全民阅读节正式开幕。

“书香泉城”全民阅读节是由20余个系列、300多项活动组成的综合性的大型读书活动，至今已连续举办了四届，每届阅读节确定一个主题，围绕主题开展图书阅读宣传活动。在社区以“科普大篷车”的科普展览、“名家教您鉴宝与收藏”、文化资源共享工程广场放映与视频展播、流动图书馆进社区志愿服务、“法在身边”法律咨询会等活动形式，倡导市民阅读，提升市民文化素质，创建学习型社区；在学校开展“城市乡村同读一本书”“手拉手送温暖”爱心捐书助学等活动，改善贫困乡村学生阅读条件。配合学校教育，举办“成功父母大讲堂”系列讲座活动，为未成年人读书成长营造良好氛围；在企业为外来务工人员进行计算机应用技能培训，开展流动图书馆和文化共享工程进企业等服务活动，在重汽集团各分馆举办“重汽杯”济南市“读书人”摄影比赛暨展览，营造阅读氛围；在乡村以农家书屋、文化信息资源共享工程基层服务点为阵地，开展“农家书屋巡回辅导行动”“农业科技知识下乡”等活动，满足农民群众的文化需求，提高农民的文化素养；在机关事业单位借助阅读节活动增建“书香泉城”24小时自助图书馆，举办文化共享工程服务进机关、主题演讲比赛等活动，发挥“天下泉城大讲堂”理论教育品牌优势，开展理论宣讲及名家经典阅读讲座活动，弘扬好读书、读好书的良好学习风气。

济南市“511”工程气象、图书、科普进校园启动仪式

2013年10月，山东省会文化艺术中心“一院三馆”正式投入使用，全市公共文化服务设施进一步优化，不但激发了全民阅读的热情，而且满足了市民快乐读书的新需求。2014年4月，以济南图书馆新馆为主场地，主题为“阅读开启智慧人生，书香传递城市文明”，济南市第四届“书香泉城”全民阅读节启动仪式在省会文化艺术中心群星广场举行，精心策划的29项市民读书活动，自4月至12月贯穿全年陆续展开。本届活动主要内容包括“书香泉城”济南换书节、党和国家第一代领导人廉政展、“法在身边”法律咨询会、“科普大篷车”科普宣传活动、全民阅读节

推荐书目发放活动和“阅读开启智慧人生”有奖猜谜活动等，同时还举办了“名家教您鉴宝与收藏”、“我爱国学”全市少年儿童经典诵读大赛、读书朗诵大赛、“天下泉城”大讲堂名家讲座、“成功父母”大讲堂等公益系列讲座、“重汽杯”读书人摄影大赛暨展览活动、好父母读书会、“夕阳红”系列公益电脑培训、外来务工人员电脑公益培训、七彩泉谈书吧、“畅游书海”市图书馆新馆体验日活动等。

广场猜谜活动

第二节

泉城明天：暑假读一本好书

2004 年起，济南图书馆与学校和家庭教育联手，连续 10 年在济南市中小学生中开展了“暑假读一本好书”征文活动，活动由济南市教育局、济南市文化局、济南市关心下一代工作委员会主办，济南市图书馆承办，明天出版社协办。“暑假读一本好书”征文活动旨在利用暑期的大好时光，引导鼓励学生多读书、读好书，使孩子们在阅读中度过一个充满趣味和梦想的精彩暑假，用阅读打造暑假活动品牌。活动组织专家列出适合不同年级学生阅读的精品书目，让学生能有目的地选择优秀少儿书刊。同时，图书馆邀请著名儿童文学作家与小读者面对面，互动交流，进一步激发学生的读书兴趣。

“暑假读一本好书”征文活动

主题鲜明 迎合童趣

“暑假读一本好书”征文活动自每年6月份起实施，从拟定方案、全面部署、组织落实到征文评选、表彰奖励，共历时六个月。济南图书馆从通知发放、征文的组织、稿件评选、获奖证书的落实到筹备颁奖做了大量细致的工作。组委会拟定出由世界奇幻文学大师达尔、著名儿童文学作家杨红樱、沈石溪、邱勋、梅子涵等主编的优秀少儿书目组织学生阅读。暑期结束，各学校将本校推荐的优秀征文（或个人）交送至活动组委会，由专家组成评委会对稿件进行评审，并从中评选出中小学生组一、二、三等奖及优秀指导奖。同时，根据各学校组织落实及获奖情况，评选优秀组织奖。每年的11月或12月举行征文颁奖大会。曾特邀著名作家杨红樱、伍美珍、郁雨君等儿童教育专家前来参加颁奖大会，与同学们互动交流，畅谈读书体会，传授写作经验，同学们受益匪浅。

儿童文学作家杨红樱与小读者互动

推荐图书 特点分明

征文活动组委会，对推荐的图书反复推敲、论证，围绕“健康、科学、趣味”这一主题，拟定出符合儿童阅读特点的阅读推荐书目。在市场上儿童读物泛滥的今天，“暑假读一本好书”征文活动的推荐书目，真正把少儿喜欢的，融思想性、科学性、趣味性为一体的图书呈现在他们面前。

组委会推荐的图书符合小学低年级和高年级同学不同的年龄特点，具有针对性。在广泛听取专家意见的基础上，自2009年起，组委会又将活动推荐书目由最初的一组重新调整为小学低年级组、小学高年级组和中学生组，使推荐的图书更具有针对性和吸引力。《好小子童年故事》《给女儿的39封信》《视野少年百科全书》等经典图书让同学们爱不释手，同学们有感而发写出的征文，字里行间透露出他们的真情实感。

借助媒体　宣传推广

为了让越来越多的学生了解活动情况并参加到活动中来，济南图书馆少儿部的同志们向纬三路小学、经五路小学、育贤小学、明珠小学、经七一路小学、市二十七中学、市实验初级中学等校发放征文通知和推荐书目，将“暑假读一本好书”征文活动与各学校读书活动结合起来，使在校教师、学生人人了解，个个参与，增强读书活动的参与度。同时联合教育局，以行政性文件的形式下达各县（市）区教育局、学校，层层传达。另外，利用省、市各报社、电台、电视台、网站针对性地展开宣传，营造良好的社会阅读氛围，共同推进读书活动。

西藏中学是山东省唯一一所为藏族学生设立的专门学校，汉语是他们的第二语言，暑假期间他们无法回家与亲人团聚，只能留在校园里，“暑假读一本好书”征文活动为他们漫长的假期生活增添了许多乐趣。多年来，他们一直参与“暑假读一本好书”征文活动，屡次获奖。每一年的征文活动，图书馆员都专程前往学校，通过学校图书馆组织、征集稿件，学校也将此活动作为暑假的传统活动精心组织安排。征文活动不但激发了藏族孩子的阅读兴趣，而且使他们的汉语阅读和写作水平有了极大的提高。

名家导读，事半功倍

十年来，每一届的颁奖大会，征文活动组委会都会组织深受孩子喜爱的童书作家和儿童阅读推广人与小读者见面，互动交流，分享自己的阅读和写作心得。著名儿童文学作家杨红樱，中国海洋大学文学与新闻传播学院院长、儿童文学研究所所长朱自强教授，曾获全国优秀儿童文学奖、宋庆龄儿童文学奖、新时期优秀少年文艺读物一等奖、第六届夏衍电影文学奖等重大奖项的著名儿童文学作家周锐，大自然文学作家刘先平、“阳光姐姐”伍美珍、“辫子姐姐”郁雨君及商晓娜等，先后在历届颁奖会上，为同学们讲述儿童时期加强书刊阅读的重要意义，传授

儿童文学作家与小读者互动

写作知识，畅谈自身写作源自于生活的灵感等，并与现场同学们就他们所关注的热点问题进行互动交流。

十年来，明天出版社为“暑假读一本好书”征文活动捐赠的图书价值达100万元，为获得优秀组织奖的学校赠书价值达50万元，获得优秀组织奖的学校大多欣喜地收获了价值万元以上的图书捐赠。2005年11月，明天出版社编辑出版了“暑假读一本好书”征文活动作品集——《好书让我感动》，孩子们的作品与小读者见面，自然激发了全市少年儿童的阅读创作激情。2012年“暑假读一本好书”征文活动被中国图书馆学会评为全民阅读推广活动经典、创新案例一等奖。

十年磨一剑，砥砺创精品

十年中，“暑假读一本好书”征文活动，收到的来自各县（市）区教育局、学校经过初、复选推荐的优秀征文，从首届的5000篇增长到2014年的18000余篇。全市参加征文活动的中小学生逾500万人次，有效地激励了学生读书的主动性，激发了他们的读书热情。如西藏中学2004级1班学生尼仓，在第四届“暑假读一本好书”征文活动中获一等奖后，读书兴趣越来越浓厚，汉语水平提高很快，2008年以全校第二名的中考成绩进入东营市重点高中，2011年再度以优异成绩考入北京大学。在2009年第六届“暑假读一本好书”征文活动中荣获二等奖的刘依同学，2013年以优异的成绩考入山东财经大学。

第三节

听讲座　周末就去图书馆

济南图书馆公益讲座自2001年正式推出以来，到2014年底已举办了700多场，13年间听众累计达到35万余人次，且参与人数呈逐年递增。周末到图书馆听公益讲座，已经成为不少市民的选择。

“天下泉城”大讲堂

“天下泉城”大讲堂是济南图书馆精心打造的品牌讲座之一。该讲堂由中共济南市委宣传部、济南市文广新局主办，中共济南委讲师团、济南图书馆承办，是全市理论宣传、政策教育及热点解读的重要平台，也是济南图书馆将公益讲堂提升为全市文化服务项目的全新尝试。“天下泉城”大讲堂自2011年启动以来，成功举办大型专题报告会80余场，受众3万人次。高端顶级的讲师阵容、鞭辟入里的详细解读，使“天下泉城”大讲堂成为一个深受全市读者欢迎并热情参与的文化项目。

国防大学著名军事专家李莉做专题讲座

“天下泉城”大讲堂每月举办一期，讲座地点以济南图书馆新馆大报告厅为主，并向社区、学校、机关、企业等单位有效延伸。大讲堂先后邀请了山西大学教授倪宁、央视《百家讲坛》最年轻“坛主”魏新、国防大学著名军事专家李莉、著名教育专家孙云晓、黑龙江省军区原副司令员金恩祥将军等名人名家登台开讲，讲座主题紧扣政治、经济、文化、军事、健康、教育等热门话题，向广大读者传道授业、为市民百姓答疑解惑。

2011年，“天下泉城”大讲堂首场讲座在济南龙奥大厦报告厅成功举办，山西大学军事理论教研室的倪宁教授，为市直机关近300名工作人员做了《透视我国周边安全和热点问题》的专题讲座，获得良好的社会反响。自此，“天下泉城”大讲堂拉开序幕。

“天下泉城”大讲堂在选题上紧扣时代脉搏与社会热点，如当代东海、黄海海域问题对我国周边安全的影响，新时期纪念辛亥革命活动的历史意义，十八届三中全会精神的大众及时解读，等等。主讲专家虽然来自不同的领域，但他们都拥有渊博的学识和独到的见解，在讲座中他们或循循善诱，或侃侃而谈，或引经据典，或有感而发，在有限的时间里把浓缩的知识和见解无偿地分享给现场读者，不仅使读者获取了最新的知识与信息，缩短了读者与图书馆之间的距离。

“天下泉城”大讲堂专题讲座

由于受时间和场地的限制，能够当场聆听专家学者们真知灼见的听众有限。为弥补这一不足，济南图书馆精心制作了讲座光盘，并推出了“数字讲堂”。每个周六的下午，在位于经三路的老馆六楼报告厅举办重要讲座内容的录像放映活动，先后为读者播放了由中央民族大学历史系副教授蒙曼、民俗专家蔡丰明和北京大学史学博士孟宪实等专家担纲主讲的历史与传统文化讲座等。光盘讲座的举办，同样成为图书馆凝聚社会读者的重要举措之一。

“成功父母”大课堂

2001年，济南图书馆开始举办各类专题公益性讲座，至今逾600场次，听众达30余万人次。2005 年，图书馆围绕济南市“公共文化服务体系建设”这一主题，通过调查问卷与读者座谈等形式，广泛征集市民的意见，了解他们的求知意向，努力使讲座活动更加贴近大众需求。图书馆通过与《山东商报》、济南教育电视台等新闻联手，整合各自资源，汇集各方优势，举办了“建设和谐文化”为中心的系列公益讲座：“与孩子一起成长——成功父母大课堂”，旨在引导孩子家长建立家庭教育的理性观念，提高家庭教育的科学水准，形成“和谐成长、共同进步”的社会化教育氛围，实现“孩子成才、家长成功、家庭和谐”的目标。

“成功父母”大课堂公益讲座

讲座每月举办两场，邀请全国和省内著名教育、心理、文学、艺术等各领域的专家担纲主讲。如邀请吉林大学教授、著名教育专家董进宇博士在济南市历山剧院举办了“如何培养优秀子女、激发孩子学习动力”大型家庭教育报告会；邀请中科院院士孙万儒教授做了“生活中处处有科普”的科学专题讲座；由前 Google 中国工程研究院副院长刘骏博士主讲的“绿色网络生活——互联网资源的正确使用”专题讲座；由青少年教育专家、作家孙云晓与本省著名教育、心理学专家一起举办的“如何陪孩子走过高三”“青春期的孩子你懂吗”“重视孩子人际关系的培养”“家长使用奖惩措施教育孩子的艺术”“好孩子是规划出来的”等专题讲座。“成功父母”大课堂讲坛上名家荟萃，报告内容异彩纷呈。2005 年至今，先后举办了 216 场，到场听众达 46000 余人次。

第四节

用镜头聚集读书的精彩瞬间

2006 年 6 月，济南市文广新局、中国重汽集团有限公司工会、济南图书馆、济南图书馆学会、济南市摄影家协会联手推出了全市规模的读书活动——“重汽杯”济南市“读书人”摄影比赛暨展览，至今已成功举办八届，活动规模和影响不断扩大。2011 年起，此项活动被纳入“书香泉城”全民阅读节重点活动，成为深受济南市民和摄影爱好者喜爱的品牌活动。

让浓郁的书香洒满泉城

“重汽杯”济南市“读书人”摄影比赛暨展览的活动对象为普通市民读者及其摄影爱好者。活动宗旨是通过摄影这一民众喜闻乐见的艺术形式，展现人们读书、爱书、惜书的动人场景和精神风貌。通过比赛、展览等形式，激发公众的读书意识和创作热情，弘扬读书学习的优良传统，引导市民共享读书之乐，营造学习型社会的新风尚。

济南市“读书人”摄影比赛的活动经费由中国重汽集团有限公司提供，冠名为“重汽杯”。活动围绕“读书人”这一主题，通过摄影作品征集、评选、颁奖和优秀作品巡展等多个环节，吸引市民和读者的持续关注。“重汽杯”组织工作参与方众多，各具优势。文广管理机构的组织优势保证了活动的权威性和号召力，重汽集团为这一活动的组织开展提供了资金保障，摄影家协会的专业知识有效地保证了参展作品的质量和获奖水平，济南图书馆和图书馆学会的行业特长则为活动的宣传推广奠定了与阅读相关的文化基础。活动组委会还与老年大学、老干部之家及部分学校建立了稳定的长期合作关系，为活动的持续开展提供了稳定的保障。

摄影比赛每年举办一届，每年 8 月底至次年 3 月底为参赛作品征集时间，4 月中上旬组织专家对摄影作品进行筛选评审，颁奖和巡展活动则在每年世界读书日，即全民阅读节期间正式推出。摄影大赛设特等奖 1 名，一等奖 2 名，二等奖 3 名，三等奖 8 名，获奖者除了获奖证书之外，还有 300～3000 元不等的奖金。另外设优秀奖 20 名，入围作品 30 幅，凡作品入围者也可获得证书和纪念品。

“读书人”摄影比赛优秀作品展览

在已经举办的八届“读书人”摄影比赛暨展览活动中，组委会共收到社会各界人士提交的参赛作品近 6000 幅，其中 112 幅分获一、二、三等奖，240 余幅被评为优秀奖或入选作品。这些作品都紧紧围绕活动主题，从不同角度记录和展现人们读书、爱书、惜书的动人场景，给人以震撼和启迪。如袁寒松的组照《震不碎的读书梦》，就以强烈的艺术表现力，真实再现了汶川大地震中幸存下来的青少年学生愈挫愈强，奋发读书的感人事件，给人以强烈的精神震撼。于青的《天下事》还被推荐参加全国“读书乐”摄影比赛，并荣获一等奖。

“读书人”摄影比赛获奖作品

摄影艺术是一种高雅的文化活动，同时在市民大众中也十分普及。“读书人”摄影比赛集阅读、摄影两种不同的文化活动于一体，引导市民用镜头聚焦与阅读有关的人和事。这一活动形式新颖，易引起大众共鸣，既可提升活动的关注度和参与度，又可利用摄影艺术独特的表现力、感染力，全方位、多角度地推动全民阅读主题。此项活动将阅读主题、摄影比赛和展览等有机组合，为市民大众的读书活动、摄影艺术欣赏等建立了一个多元化的大众文化活动平台。

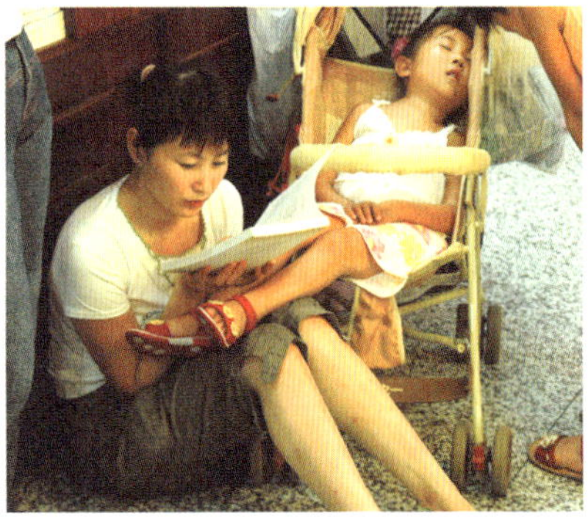

“读书人”摄影比赛获奖作品

每年一度的“读书人”摄影大赛有着很强的连续性，同时与其他各种形式的读书活动互相呼应，共同营造了整个社会的读书氛围，使全民阅读活动不断深入。每次评奖揭晓后，赛事组织者都及时将全部获奖作品和入选作品按标准规格制作成统一的展板。至今已制成展板500余幅，组成8套展览资源。每年的世界读书日，组委会都通过济南图书馆学会的组织协调，将这些展板在济南图书馆、重汽集团、基层图书馆和部分社区、学校等进行巡展。八年来共举办巡展活动30余次，观众10余万人次。这些展览活动配合了全民阅读的宣传推广，使市民在欣赏摄影艺术的同时，也对图书阅读有了一种新的体验。

经过八年的精心打造，“重汽杯”济南市“读书人”摄影比赛品牌效应不断显现，规模和影响不断扩大，不仅吸引了济南当地市民乃至全省其他地市的参与者，而且也吸引了湖北、江西、辽宁、上海等地的摄影爱好者参与其中。这一活动已经突破了地域局限，逐步向周边地区延伸，为其可持续发展增添了更强的生命力。

第五节

“交享阅”团诞生记：读者沙龙奏响和谐乐章

2012 年下半年，济南图书馆读者沙龙开始在位于中山公园附近的原馆址举办。每周六下午，曾经专访过苏童、白先勇、贾平凹等数百位国内外知名作家的山东商报首席记者、资深媒体文化人张晓媛都会准时出席，与沙龙读者朋友分享自己的采访心得及读书感悟。沙龙活动一经推出，便受到了读者的广泛关注。

2013 年 10 月，济南图书馆开始筹划重新调整读者沙龙活动，以期更广泛地调动读者参与活动的积极性，实现全民阅读推广的目的。

如何定位读者沙龙的风格？采取什么样的形式能增加读者的参与度？怎样推陈出新呢……一个个问题随即摆在眼前。经历了读者问卷调查、馆藏文献收集、专家咨询等反复研讨之后，图书馆决定由身处服务一线的借阅部主持读者沙龙，发挥青年馆员思维活跃、勇于创新的优势，让他们在实践中增长见识、锻炼自我、施展才华。

读者沙龙活动的风格被重新定位为：趣味十足、时代感强、参与度高。

趣味十足——注重普通市民的阅读喜好，贴近读者大众感兴趣的话题，以讲故事为基础形式，要求主持人用通俗易懂的语言解读经典名著，形成轻松、活泼、生动的现场氛围；时代感强——每期沙龙主题与社会热点话题密切相关，让沙龙参与者人人能有话可说，获得参与和互动的机会，共同发掘经典图书的文化内涵；参与度高——图书馆沙龙提前一个月即发布活动公告，推出阅读与交流的图书，给参与者有足够的时间阅读和思考。每次沙龙活动约两个小时，主讲人的讲解、引导时间限定在 50 分钟左右，其余时间留给所有参与者，鼓励参与者人人发言，阐述各自的阅读领悟。

2013 年 11 月 26 日，习近平总书记视察孔子研究院，看到《孔子家语通解》《论语诠解》两本书，他说："这两本书我要仔细看看"，在社会上引起了重大反响。济南图书馆顺势而为，将第一期读者沙龙的主题定为"向孔子借智慧"。图书馆邀请了山东省实验中学的宋玉鹏老师和济南一中的刘霞老师作为沙龙的主讲人，济南图书馆的青年馆员曹艺担任现场主持。宋玉鹏曾参编《中国和学年鉴》，长期从事儒家和文化研究，演讲风格幽默风趣，善于用小故事阐述大历史。刘霞是中国孔子研究院院长、著名儒学大师杨朝明的研究生，理论基础深厚。两位主讲人为此次沙龙活动精心准备，多次与图书馆联系，洽谈沙龙活动的细节安排，宋玉鹏还特地从济南图书馆馆藏中选出 10 本图书作为推荐书目，细致周到的筹备工作历时三个月之久。

部分读者沙龙活动参与者留影

2014 年 3 月 1 日，以"向孔子借智慧"为主题的读者沙龙活动在新馆三楼阅览室举行。首先由宋玉鹏和刘霞分别就孔子其人其事和儒家思想向参与读者做了生动介绍，众多参与者在融洽的氛围中对儒家思想的现代价值进行了广泛而深入的探讨。从事社区工作的段升满老师向大家推荐了《成德之道》，阐释了当今社会加强道德建设的重要性。退休公务员陈家秋老师交流了自己阅读《论语》后的感悟——如何在现代社会找到各自的人生坐标，获取心灵快乐。这些基于自身生活实践的独特见解，触动了在场的年轻读者。青年教师杨建慧由"君子喻于义，小人喻于利"阐述了孔子的义利观，联系社会中的现实反思当今社会道德滑坡问题。沙龙活动帮助与会者获得了共识，使儒家思想等优秀传统文化得以传承与发扬光大。

读者沙龙活动（1）

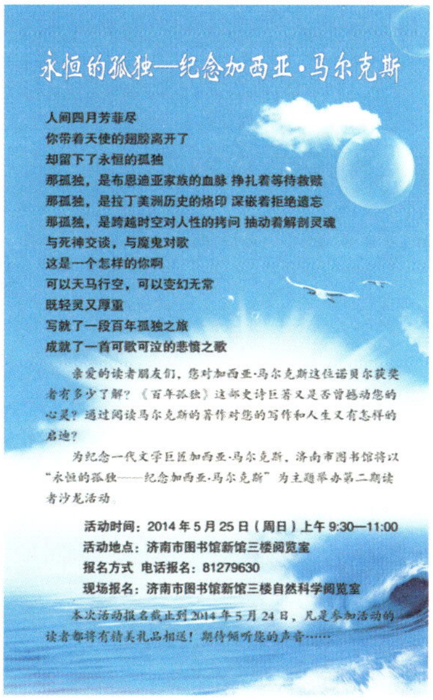

读者沙龙活动海报

2014 年 4 月，诺贝尔文学奖获得者、魔幻现实主义大师马尔克斯去世，喜欢马尔克斯文学的读者用阅读这一形式表达了对大师的敬意，由此图书馆馆藏中马尔克斯作品的借阅量大幅提高。读者沙龙适时举办了“永恒的孤独——纪念加夫列尔·加西亚·马尔克斯”为主题的活动。在筹备阶段，图书馆青年馆员着重探索如何提升读者的写作参与意愿。在制作沙龙宣传海报时，青年馆员曹艺专门创作了纪念马尔克斯的诗歌。沙龙举办之时，恰逢第 19 个“世界读书日”来临，济南图书馆提前推出 20 本馆藏书目，让参与沙龙活动者阅读马尔克斯相关作品并撰写书评，推出“品书香一缕，享人生百味”的书评荐书活动。读者沙龙由山东师范大学中文系的硕士研究生于晓华担当主讲。她就马尔克斯的生平、写作特色和对中国当代文学的影响三个方面进行了生动、形象的讲解，引导与会者对魔幻现实主义等热点问题进行了深入的探讨。

2014 年暑假的旅游热时期，“要么旅行要么读书，身体和灵魂，必须有一个在路上”的话语风行一时，济南图书馆即以此为题举办了读者沙龙——“在路上”。主讲人汪心海极具个性，作为一个“80 后”，他在大学读书期间就几乎走遍了整个中国。他向大家讲述了自己不同寻常的旅行经历和故事，自嘲是“旅行混子”，当过丽江客栈“二房东”，做过蚂蜂窝专栏写手，也是合唱团概念店创始人……在旅行途中，他学会了调酒、打手鼓，从而更加理解了如何使生命绽放得更精彩。参加本期沙龙的多为年轻人，在韩国留学的田聪聪同学为大家奉献了首尔美食攻略，图书馆青年馆员王君英也在推荐福建旅行书籍的同时，分享了自己在福建求学期间的旅行经历，沙龙活动现场高潮迭起。

读者沙龙活动（2）

读者沙龙活动（3）

2014 年 10 月，由许鞍华执导，李檣编剧，汤唯主演的电影《黄金时代》上映，民国传奇女作家萧红再次成为人们关注的话题。济南图书馆发起了以“走近萧红的黄金时代”为主题的读者沙龙活动。青年馆员曹艺担当主讲，通过对萧红传记、萧红作品等书籍的推荐与解读，与活动参与者探讨和交流对于萧红作品特色以及“黄金时代”的理解。众多女性参与者结合近期电影《黄金时代》，或谈了对于萧红生平的各自看法，或分享了自己的阅读体会，交流了萧红及其作品对各自人生的启示。

读者沙龙活动（4）

读者沙龙活动（5）

2015 年初，济南图书馆借阅部的读者沙龙活动组建了“交享阅”团，下设智囊团，由具有某方面专长、能参与活动策划和活动组织的人员组成；志愿者团，由愿意提供志愿服务、且能帮助读者有效利用图书馆服务人员组成。今后图书馆的读者沙龙，将由智囊团、志愿者和馆员共同筹划，通过“一个主题，多种活动（书目推荐、沙龙活动、书评荐书）”的新颖模式，最大限度深化阅读效果，让读书沙龙走出场馆，深入社会，融入大自然，在更大的空间里分享书香文化。

第六节

玩转科普机器人

2006年，济南图书馆学会与济南市科学技术协会科普部共同创建了“青少年科学工作室”，这是济南图书馆面向青少年普及科技文化的一种创新活动方式。工作室设在经三路的老馆西区五楼，专门配置了电脑6台，科普图书500余册。2006年8月，济南图书馆被市教委、市科协授予“济南市学生科普实践基地”称号。

济南图书馆“青少年科学工作室”揭牌

济南图书馆“青少年科学工作室”是全国图书馆界最早建立的科普机构之一，八年来，周边学校的2000多名学生参与了科普活动或技能培训，有41名学生在省、市级科技竞赛中获奖。济南图书馆“青少年科学工作室”利用学校的寒暑假、六一儿童节、科普周等节假日，在全市范围内组织“科普夏令营”“读科普书，参加科普活动”“机器人科普周”等主题活动。工作室每年组织机器人培训、展示、体验、竞赛等活动50余场次，参加学员1000余人次，并先后有11个项目在全市机器人比赛、亲子机器人竞赛、青少年科技节机器人工作室联赛等竞赛中获奖。此外，青少年科学工作室还组织学员参加省市级科协举办的各类机器人比赛活动，取得了不俗的成绩。学员们分别在济南市社区机器人比赛中获得机器人轨迹比赛一、二等奖，机器人障碍比赛一、二等奖，机器人竞速比赛三等奖；在济南市第四届青少年电脑机器人竞赛中获得机器人接力比赛三等奖两个；在济南市社区机器人比赛中获得机器人竞步一等奖两个，机器人拔河比赛一、二等奖，机器人舞蹈最佳表演奖。比赛交流充分锻炼了学员们的临场综合能力，激发了学员潜能和面对挑战的勇气，帮助学员树立了自信心。

济南图书馆杯亲子机器人竞赛

2011年，济南市科学技术协会向济南图书馆科学工作室提供了乐高机器人“9797型”套装5套。科学工作室机器人团队，先后在省市级机器人比赛中获得佳绩。

科普工作室以乐高机器人为平台，精心研发益智搭建、科技制作、机器人组装编程等系列课程；组织参加机器人赛事等；培养小学生的动手能力、空间想象能力、数理逻辑能力、创造性思维、分析及解决问题的能力、人际交往及团队协作精神等。在老师的具体指导下，孩子们自己进行电脑编程和操作，既要有耐心和吃苦精神，还要有团队协作意识。徐睿智、兰天、马云龙三位队员从低年级起，就一直活跃在机器人世界中，从初级班到中级班，能力逐步提高，奠定了扎实的基本功。

2012年，由济南市青少年科技节组委会主办，市青少年科技辅导员协会、市青少年科技辅导协会机器人专业委员会承办，济南图书馆学会协办，第四届济南市青少年科技节机器人专场暨首届济南市亲子机器人竞赛拉开帷幕。全市10余所学校（工作室），共20余个代表队的450余名同学和家长参加了“我心中的机器人、飞轮车、步行遥控车”等七个大项目的角逐。济南图书馆机器人工作室由六个家庭组建的代表队，取得了两个一等奖、两个二等奖、两个三等奖的优异成绩。

学员交流机器人操作技巧

06

第六章
城市图书馆社会信息需求

第一节

用户咨询与信息需求

关注时事热点 提供咨询服务

济南图书馆的参考咨询服务活动，主要包括追踪时事政治要点，服务社会文化发展，推进文明城市建设等城市社会发展的总体目标，对多种媒体上的庞大信息资源进行系统提炼，编制适合不同用户的二、三次文献。多年来，济南图书馆与时俱进，陆续推出了《和谐社会》《防震与自救》《济南民生》《创新社会管理》《济南交通》《收入分配改革》《加快科学发展 建设美丽泉城》《公共文化服务体系建设各地动态》《空巢老人养老问题研究》《提升文化软实力》《构建省会文化圈》《学习贯彻十八大资料汇编》《民生保障与扩大内需》《清风手册》《新型城市化与新型城镇化》《农业发展与库区建设》等信息专辑，为有着不同信息需求的图书馆读者和社会各界用户提供有价值的信息参考。每年中高考期间，图书馆就会针对性地编辑、发放《全国高校报考指南》《馆藏中高考推荐书目》《高考食谱》等不同主题的信息资料，并利用计算机信息处理技术制作了《高考数据库》，提供读者查询。济南图书馆专题整理、编印的二、三次文献以电子文件方式在图书馆网站上向全社会发布，便于更多的人共享。

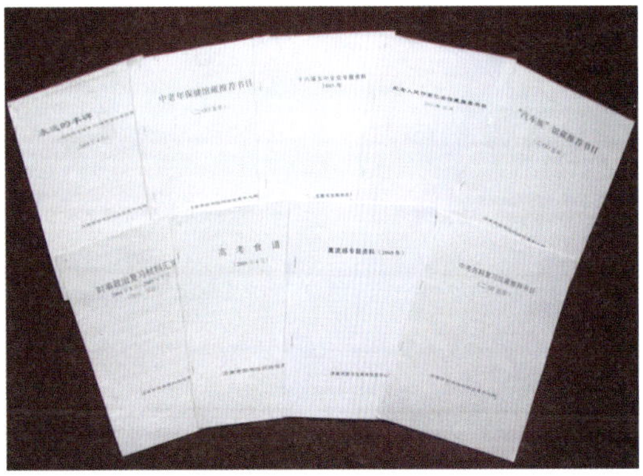

济南图书馆编制的各类专题书目、资料

课题跟踪服务

济南图书馆与市社科联、市科协等单位长期合作，定期交流，了解他们的研究课题内容，为科研项目提供课题信息跟踪服务以及特定文献资源服务。济南社会科学院是图书馆的重点服务单位，济南图书馆及时掌握他们的课题信息需求，开发馆藏资源，近五年来先后承担课题文献跟踪服务 350 余项。图书馆为科研人员发放网上读书卡，开设图书馆数字资源利用的培训班，提高了图书馆网络数据资源的利用率。图书馆还根据科研人员的课题需要，专门为他们订购图书，利用多种形式，全方位提供信息咨询服务。

科研人员读者群体人数虽少，但对信息需求和质量的要求很高，图书馆为重点读者专门建立了信息服务档案。为这一读者群体及数十个机构，包括行政机关、教学科研单位和大型企业等，建立了用户信息管理档案，动态提供各种主题的信息资料，编印不同专题的二、三次资料信息，构建了高层次的信息咨询服务渠道。对于具有重大社会发展意义的课题项目，图书馆还通过社会协作咨询，寻求社会各界专家的支持，组成信息研究与服务团队，并通过电话传真、E-mail 等形式，主动提供专题信息推送服务。

“政府信息公开”架起政府与市民之间的桥梁

2008 年 5 月 1 日，《中华人民共和国政府信息公开条例》正式实施。本着与时俱进的原则，济南图书馆承担起政府和市民的信息沟通桥梁。济南图书馆主动联系政府相关人员，收集一切能找到的行政法规等社会管理类文献，设立政府信息书刊资料专架，并在图书馆网络上建立了政府信息公开网页。

济南图书馆编制的信息剪报

社会发展决策类信息服务，是济南图书馆为政府管理机构决策提供高质量信息服务的主要方式。首先是剪报服务，主要为政府机关提供的专题信息，包括每周一期的《文化信息快报》，每月一期的《信息摘编》，每季度一期的《城市管理动态》等。其次是每年针对济南市两会召开而编制的当前时政热点资料，如《公共文化体系建设》《新农村建设》《低碳经济》《民生热点回顾》《聚焦中国三农问题》，等等。图书馆还接受政府委托，收集、汇编了重大事件专题信息，如2006年的《小街小巷整治专题》、2008年的《京剧艺术节专题》、2010年的《非物质文化遗产专题》、2013年《十艺节专题》等。

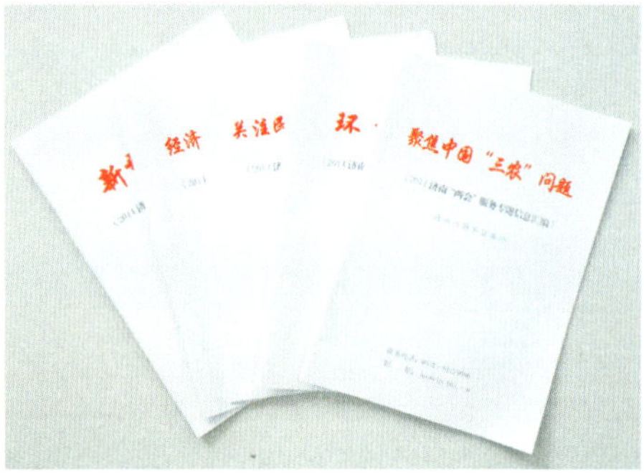

济南图书馆编制的专题信息摘要

服务社会主义新农村建设，为农村读者提供信息与咨询服务，是济南图书馆近年来开展的一项专题信息类服务。图书馆的参考咨询人员与市农业局建立了联系，根据其提供的农业科研项目，进行分析研究，了解农村信息资源的需求变化，对馆藏文献资源和网络数字资源进行加工、提炼，编制了多种专题资料，如《葱类病虫害防治》《蒜类病虫害防治》《大棚蔬菜栽培技术》《农村致富信息》《农村实用技术》等农业小册子，把农业科技知识送到田间地头。

2008年济南图书馆在平阴刘官村建立第一家农村分馆，针对当地农民对种植、养殖等信息的需求，编辑、整理了农业专题信息系列，包括《蔬菜标准化生产管理技术》《农业标准化生产与管理》《新农村建设下的农民增收》《农业特色基地建设》《农业网站专题导航》《无公害蔬菜生产》等。2009年后，又陆续在长清的店台村、章丘的李家村等地建立农村分馆，根据当地农业生产特点，编印各种信息专题资料，为农民传送科技知识。

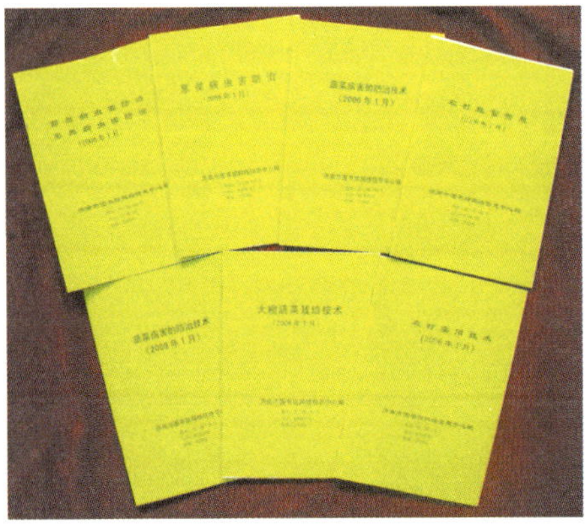

济南图书馆编制的“服务三农”专题资料

利用网络技术，拓宽信息资源

2003 年，济南图书馆开通网上远程咨询服务。网上远程咨询服务依托信息处理与通讯技术，是电子邮件和网络表单的“异步咨询方式”。这一方式虽然不够迅捷，但也为咨询馆员赢得更多的资料查找和分析思考的时间，为读者提供相对严谨的答案，目前依然是图书馆网络咨询服务的主要方式之一。

2008 年，济南图书馆加入中山图书馆联合参考咨询网，实行全方位在线文献传递、实时问答、电子邮件等综合方式的网络参考咨询。截至 2013 年，济南图书馆共完成实时咨询信息服务 1810 条，文献传递 24410 篇。参考咨询员或是为读者直接解答问题，或通过向其他专家咨询代为寻找结果。

目前，济南图书馆的数字网络平台，集聚了众多的数字资源，如清华同方、维普期刊、万方学位论文等，都是免费提供给读者使用的。

第二节

两会服务

自2004年开始，济南图书馆每年都派专业人员到市人大、政协两会现场，为人大代表、政协委员提供文献与信息服务，这项服务已坚持了十年之久。

每年在两会召开之前，图书馆参考咨询部都会主动与济南市政协提案委员会等相关部门沟通，掌握代表和委员们近期所关注的重大问题，大量采集此类问题的文献信息线索。然后制定详尽的两会服务策划方案，在收集大量资料的基础上，编写出针对性较强的各种专题资料。如针对2013至2014年期间的国民经济和社会发展的热点，济南图书馆精心编辑了“聚焦中国三农问题”“新型城镇化”“经济发展：创新与转变”“关注民生，促进和谐”、“环境治理”等五个专题资料，形成了《两会服务专题》，为参加两会的代表及委员们提供了系统的专题信息服务。图书馆员辛勤劳动的成果，深受两会代表及委员们的欢迎。

济南图书馆在两会现场服务

两会服务现场咨询台前，前来咨询的代表和委员络绎不绝，曾有一位代表前来咨询能否查阅有关法律方面的资料，图书馆员当即为他办了借书证，并及时通报图书馆流通部门，在很短时间内把代表所需文献交到其手中。

济南图书馆服务两会

2014 年的两会服务期间，济南图书馆现场发放资料 300 份，发放网上读书卡 850 张。咨询台的众多用户留言，表达了代表和委员们对济南图书馆工作的肯定。《济南时报》《齐鲁晚报》《生活日报》和济南广播电台也先后做了报道。

馆藏瑰宝

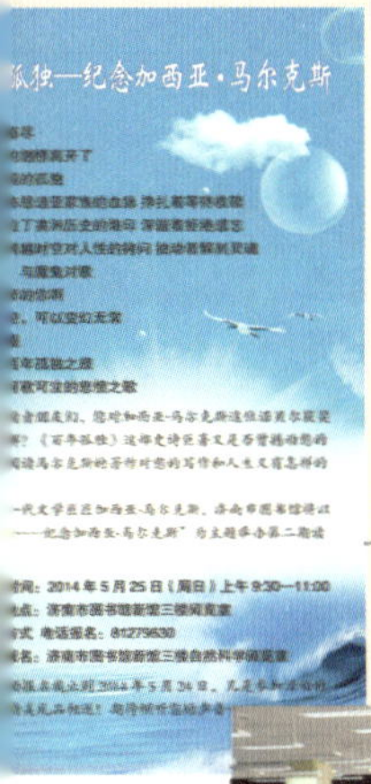
孤独—纪念加西亚·马尔克斯
2014年5月25日（周日）上午9:30—11:00
济南市图书馆新馆三楼阅览室
电话报名：81279630

07

第七章 珍贵古籍掠影

在中华民族五千年文明史的进程中，我们的祖先创造了光辉灿烂的历史文化，留下了浩如烟海的文献典籍。这些优秀的文化遗产和宝贵的智力资源，成为图书馆馆藏文献的重要组成部分。济南图书馆自1953年开馆以来，古籍文献就是文献资源建设的一个重要组成部分。目前共藏有古籍1.5万部14万余册件。馆藏古籍以明、清版本为主，其中不乏珍善本，最早的版本为元刻本《纂图互注扬子法言》。地方志和历代碑帖拓片的收藏是古籍馆藏的另一特色。馆藏古籍地方志近千部，其中山东省地方志226部1500余册，历代碑帖拓片2000多册件。

按文化部目前公布的行业标准——《古籍定级标准》，济南图书馆馆藏古籍中有1000多部达到善本标准。随着中华古籍保护计划的推进，济南图书馆已向国家古籍保护中心申报《国家珍贵古籍名录》四批，共入选7部；向省古籍保护中心申报《山东省珍贵古籍名录》四批，共入选312部。

本书展示的是从馆藏珍贵古籍中遴选出版本较早或刻印方式有特色的稿抄本、套印本和钤印本等。

第一节

馆藏珍本

1.《纂图互注扬子法言》十卷（汉）扬雄撰（晋）李轨（唐）柳宗元（宋）宋咸、吴秘、司马光注　元建安刻六子本

全书共十三篇，每篇有序，为济南图书馆所藏最早的雕版印刷古籍。

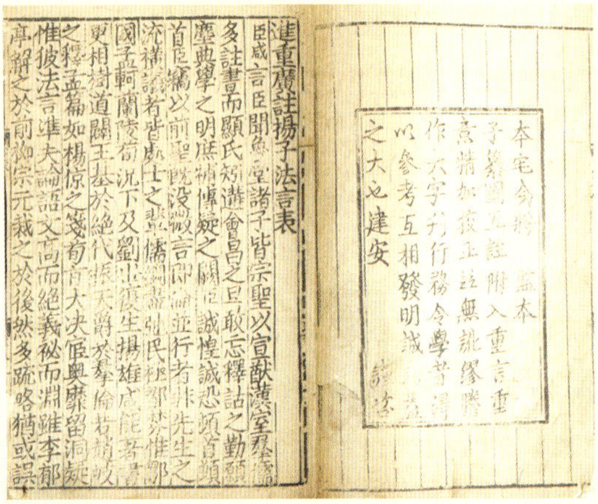
進重廣註揚子法言表

元刻本

《纂图互注扬子法言》

2.《大广益会玉篇》三十卷《玉篇广韵指南》一卷（南朝梁）顾野王撰（唐）孙强增字（宋）陈彭年等重修　明早期刻本

此书卷端钤印“绳斋”“衍圣公图书”，曾为曲阜孔氏收藏，已入选《国家珍贵古籍名录》。

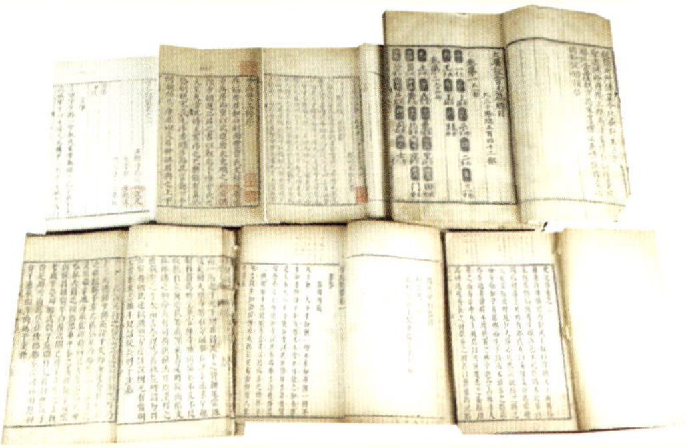

入选《国家珍贵古籍名录》七种

3.《法书要录》十卷（唐）张彦远撰　明刻本

该书为明万历以前所刻，颇为罕见。《法书要录》辑录了从东汉至唐代元和年间的书法理论著作共三十九篇，其中有的只存目录，实只存三十四篇。已入选《国家珍贵古籍名录》。

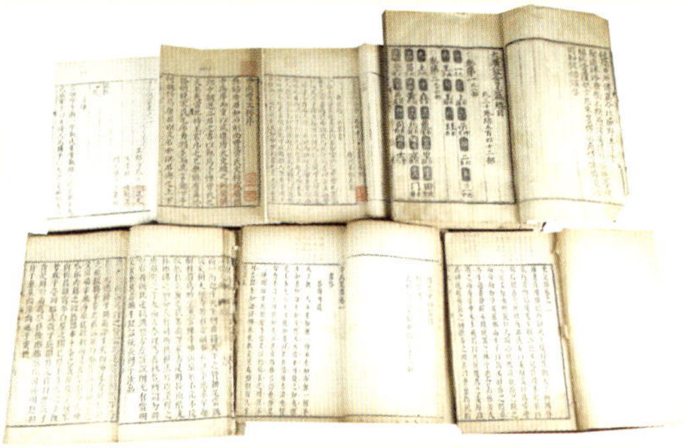

入选《国家珍贵古籍名录》七种

4.《南丰曾先生文粹》十卷（宋）曾巩撰　明嘉靖二十八年（1549 年）安如石刻本

曾巩（1019—1083），字子固，世称南丰先生，建昌南丰（今江西）人。嘉佑二年进士，北宋政治家、散文家，“唐宋八大家”之一，在学术思想和文学方面贡献卓越。已入选《国家珍贵古籍名录》。

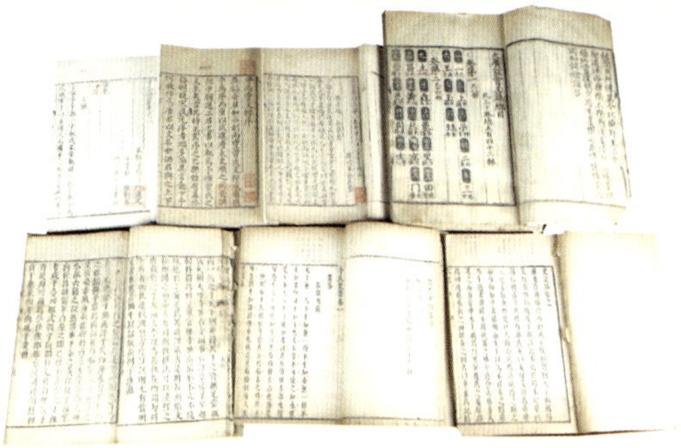

入选《国家珍贵古籍名录》七种

5.《守令懿范》四卷（明）蔡国熙撰（明）管志道纂辑　明刻本

《守令懿范》是蔡国熙任苏州知府时，辑自周朝至元代守令的事迹，分《儒牧》《循牧》两大类。已入选《国家珍贵古籍名录》。

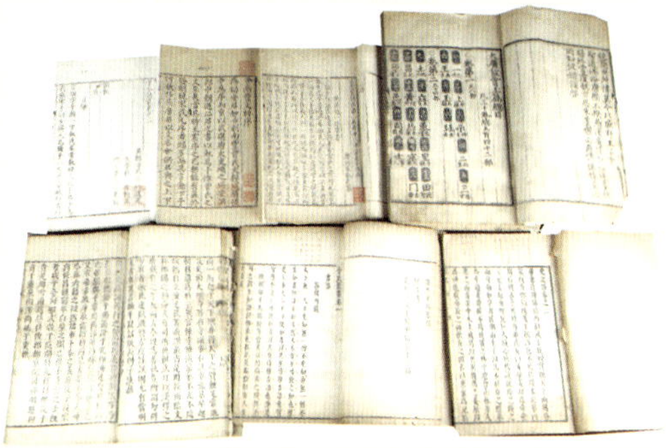

入选《国家珍贵古籍名录》七种

6.《庄学士集》八卷（明）庄天合撰　明刻本

该书由庄天合的儿子庄以临编校刊刻，由于刊刻数量较少，现中国大陆仅济南图书馆存卷一至卷三，台北“中央图书馆”、日本尊经阁文库尚存全本。已入选《国家珍贵古籍名录》。

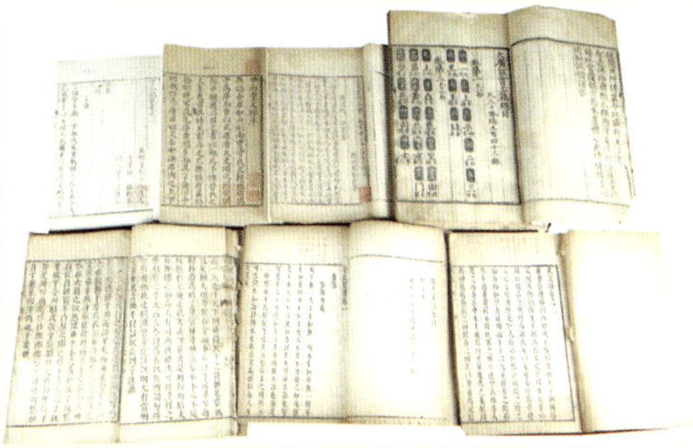

入选《国家珍贵古籍名录》七种

7.《李氏焚书》六卷（明）李贽撰　明刻朱墨套印本

《李氏焚书》收录李贽生前所写的书信、杂著、史评、诗文、读史短文等，表明其政治观点和哲学思想。他深知自己的见解为世人所不容，故将著作命名为《焚书》。该书果然于明、清两朝多次遭焚烧，但屡焚屡刻，在民间广为流传。已入选《国家珍贵古籍名录》。

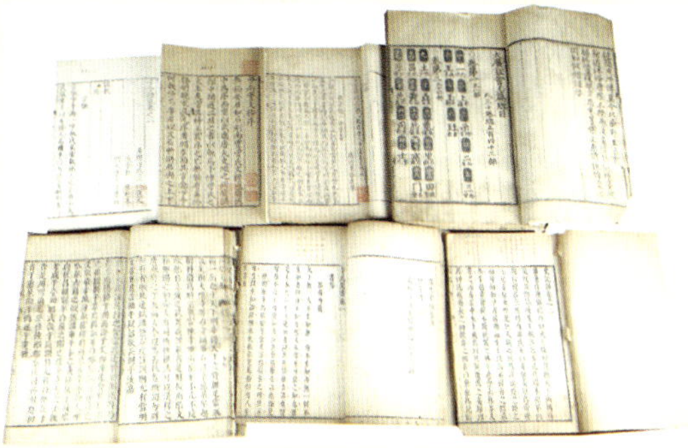

入选《国家珍贵古籍名录》七种

8.《史记钞》九十一卷（明）茅坤评选 明泰昌元年（1620 年）闵振业刻朱墨套印本

该书有明泰昌元年（1620 年）十一月陈继儒叙，明万历三年（1575 年），茅坤“刻史记钞引”。

茅坤（1512—1601），字顺甫，号鹿门，浙江湖州府归安（今湖州）人，明代散文家、藏书家。已入选《国家珍贵古籍名录》。

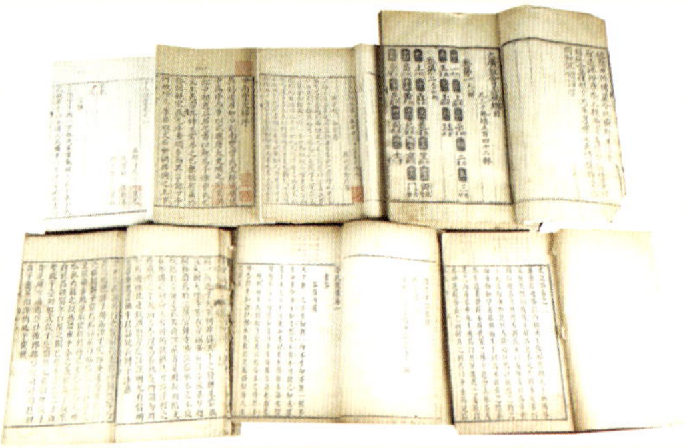

入选《国家珍贵古籍名录》七种

9.《蔡中郎集》十卷外纪一卷外集四卷列传一卷年表一卷（汉）蔡邕撰 清咸丰二年（1852 年）聊城杨氏海源阁仿宋刻本

《蔡中郎集》刻本颇多，各本文字讹误参差。海源阁藏书楼主人杨以增搜集诸本，于咸丰年间刊刻出版，该书校勘精良，校勘成果突出且收录齐全，为仿宋精雕本。

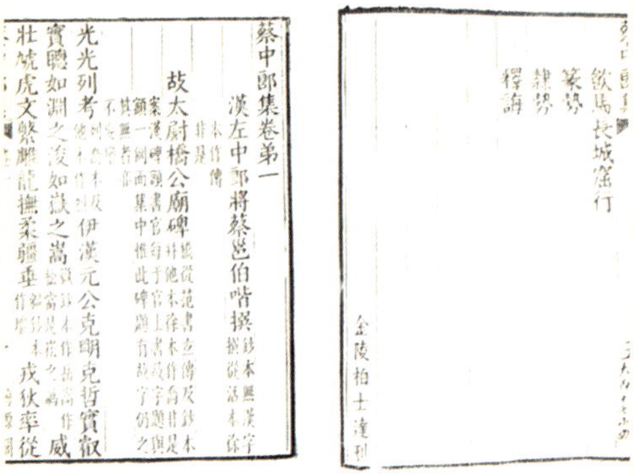

海源阁仿宋刻本

《蔡中郎集》

10.《山谷诗集注》三十九卷（宋）黄庭坚撰　清光绪二十六年（1900 年）仿宋刻本

《山谷诗集注》保持了宋版的风格，开本敞阔，字体挺秀、古雅，字大如钱，白纸精印，堪称上品，为清代仿宋刻本之杰作。

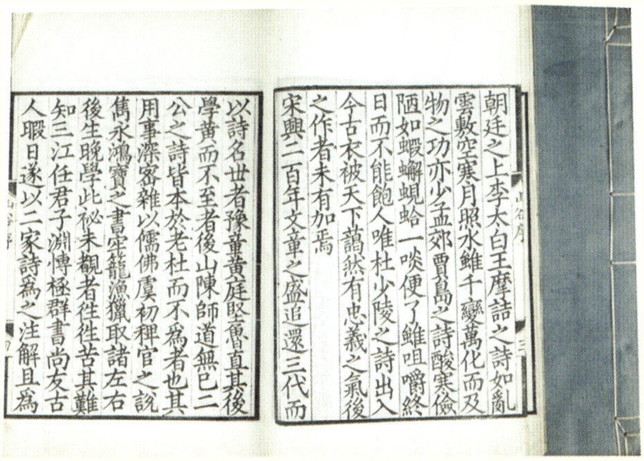
朝廷之上李太白王摩詰之詩如亂
雲敷空寒月照水雖千變萬化而及
物之功亦少孟郊賈島之詩酸寒儉
陋如蝦蟆蜆蛤一唊便了雖咀嚼終
日而不能飽人唯杜少陵之詩出入
今古衣被天下藹然有忠義之氣後
之作者未有加焉
宋興二百年文章之盛追還三代而
以詩名世者豫章黄庭堅魯直其後
學黄而不至者後山陳師道無己二
公之詩皆本於老杜而不為者也其
用事深密雜以儒佛虞初稗官之說
雋永鴻寶之書牢籠漁獵取諸左右
後生晚學此祕未覩者往往苦其難
知三江任君子淵博極群書尚友古
人暇日遂以二家詩為之注解且為

仿宋刻本
《山谷诗集注》

第二节

稿抄本

1.《诗经标题题解》四卷 育孙堂集 明拱宸堂抄本

《诗经标题题解》为明代拱宸堂蓝格九行抄本。正文自始至终皆工楷抄录，端方严谨，一丝不苟。该抄本不仅为《诗经标题题解》一书校勘提供了版本依据，亦可作为研究明拱宸堂的重要参考资料。

明拱宸堂抄本

《诗经标题题解》

2.《聊斋呈稿》一卷（清）蒲松龄撰 清钞本

《聊斋呈稿》共九篇，是清代著名小说家蒲松龄晚年向当地官府投递的呈文。除末篇（即《无题》之二）曾见于近人路大荒所编《蒲松龄集》以外，其余八篇均未刊过。这九篇呈文为清抄本，封面题“聊斋呈稿”。

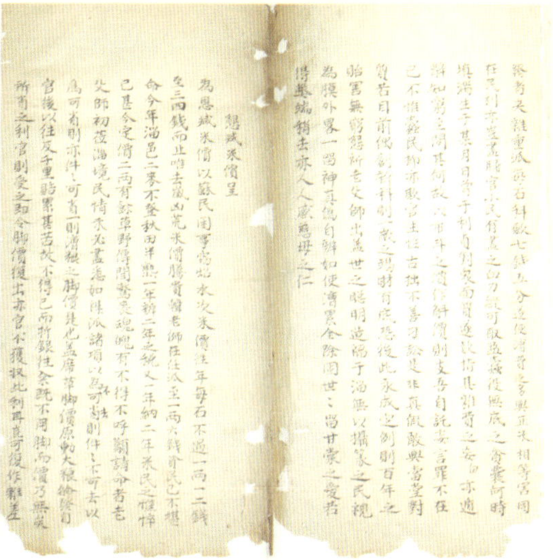

清钞本
《聊斋呈稿》

3.《天位德元》一卷（清）刘墉钞 清钞本

书末有清代书法家黄易和晚清时期熊观民题跋及“刘墉”“石庵”“翁方纲”和“铁生”四枚印章。内容记自盘古氏至清入关前帝王姓名和年号，该书未见其他书目著录。

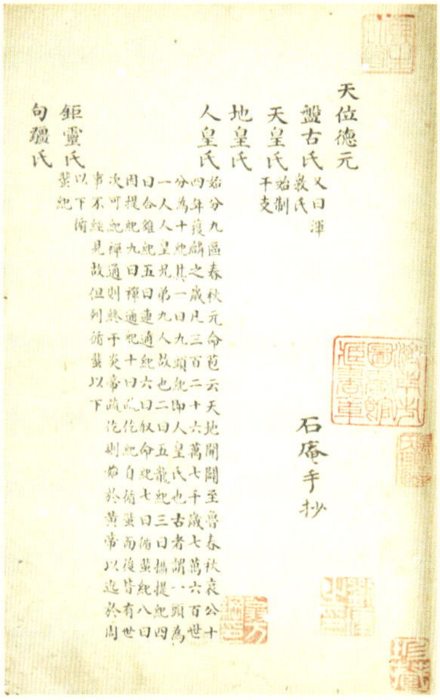

清钞本
《天位德元》

4.《苏斋遗墨》一卷（清）翁方纲手书

翁方纲（1733—1818），字正三，号覃溪，晚号苏斋，直隶大兴（今北京）人，清代书法家、文学家和金石学家。清乾隆十七年进士，官至内阁学士。他精于考据、金石和书法之学，又是清代说诗论的倡始人。

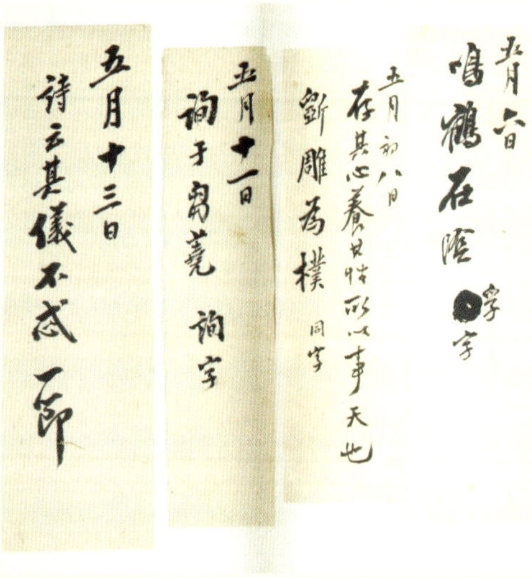

清翁方纲手书
《苏斋遗墨》

5.《尊西诗话》未定草不分卷（清）张曰斑撰 清嘉庆三年（1798年）手稿本

张曰斑，字蔚亭，号苕山，生于清乾隆年间，累举不第，卒于清道光中期。生平所作尽弃之，独存《尊西诗话》。

清手稿本

《尊西诗话》未定草

6.《清季名人手札》　（清）张之洞等书

《清季名人手札》是收录晚清张之洞等名人的手札。张之洞（1837—1909），字孝达，号香涛、香岩，又号壹公、无竞居士，晚年自号抱冰。清代直隶南皮（今河北）人，洋务派代表人物之一，在近代工业、教育等领域颇有建树。与曾国藩、李鸿章、左宗棠并称晚清“四大名臣”。

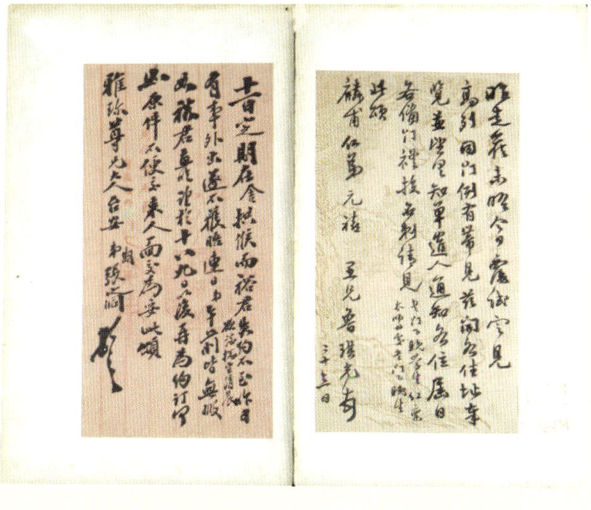

《清季名人手札》

套印本、钤印本和活字本

1.《古诗归》十五卷（明）锺惺、谭元春辑 明万历四十五年（1617年）闵氏三色套印本

《古诗归》为闵刻三色套印本之精品。

闵齐汲（1575—?），字及五，号遇五 ，晚年自号三山急客，乌程（今浙江湖州）人。他潜心于古籍的研究和刊印，首开雕版套印之先河，刊刻善本秘籍。与族人闵齐华等 30 余人历时 20 余年，刊刻印刷书籍共计 117 部 145 种。其双色、三色、四色、五色套印本士民争相垂涎而购，风靡天下为一时之冠，世称“闵刻”。

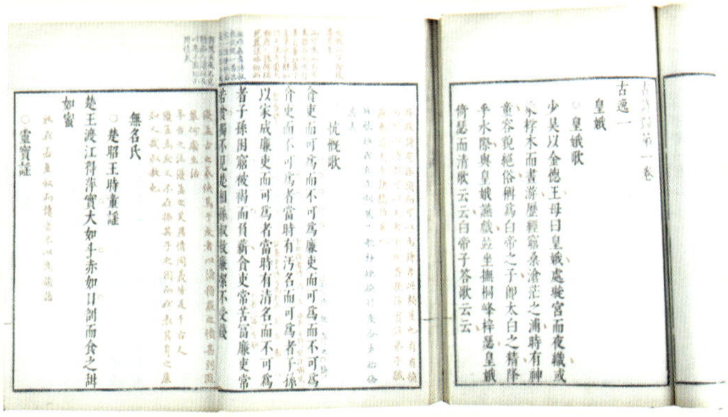

明闵氏三色套印本
《古诗归》

2.《古文渊鉴》六十四卷（清）徐乾学等编注 清康熙二十四年（1685年）五色套印本

此书又名《渊鉴古文选》，是集历代散文为一书的文学总集。该书经过严格筛选，考证详明，详略得当，并载前人名家评语、康熙御批和徐乾学等11人所作注释，武英殿以五色套印颁行。其雕镌、套色、印刷皆极精工，朱、墨、黄、蓝、绿五色鲜明艳丽，令人爱不释手，体现出清初内府多色套印技术的水平之高。

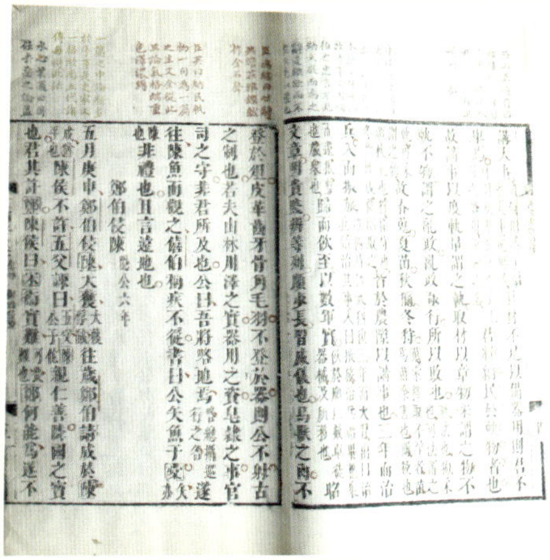

清康熙五色套印本

《古文渊鉴》

3.《杜工部集》二十卷首一卷（唐）杜甫撰 清光绪二年（1876年）粤东翰墨园六色套印本

《杜工部集》是清末名臣卢坤在担任两广总督期间用紫、蓝、朱、绿、黄、墨六色套印的一部古籍，是我国古代套印颜色最多的书籍之一。封面钤有“桐城姚氏”印。

卢坤（1772—1835），字静之，号厚生，涿州人。清嘉庆四年进士，道光元年任广西巡抚，次年任陕西巡抚，道光九年任湖广总督，道光十二年任两广总督兼广东巡抚。

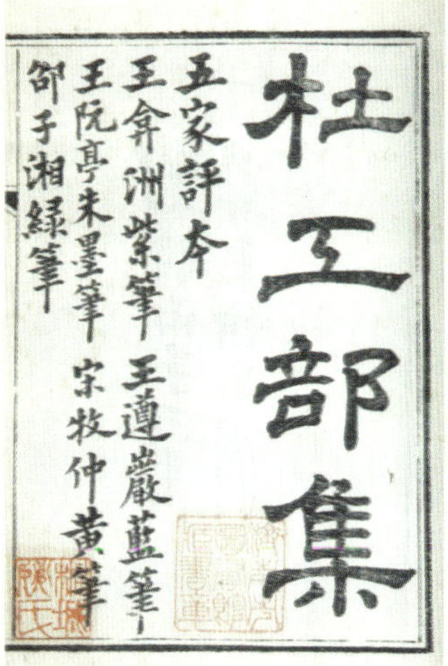

清光绪翰墨园六色套印本

《杜工部集》

4.《此宜阁增订金批西厢记》四卷（元）王实甫撰　（清）金圣叹批 清朱墨套印本

本书为此宜阁朱墨套印本，纸印俱佳，纸白绵软，用墨精良，黑如纯漆，丹如朱砂，字迹清晰。卷端批注、正文著录及书口小字均为朱墨套印，套印色彩精准。

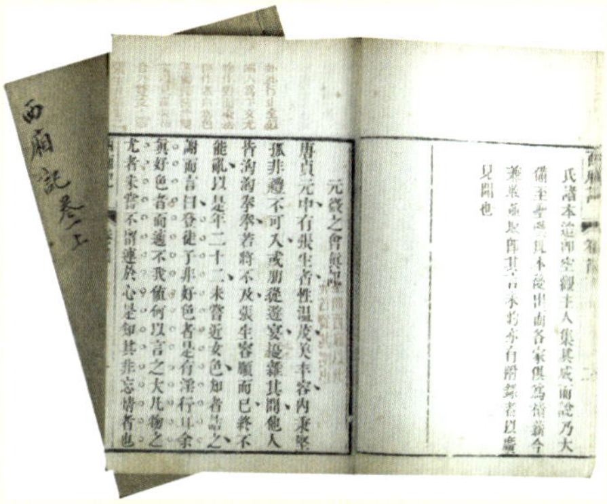

清朱墨套印本
《此宜阁增订金批西厢记》

5.《十竹斋书画谱》（明）胡正言辑 清饾版拱花印本

书衣有“张氏珍藏”印。胡正言（1584—1674），字曰从，别号十竹主人、默庵老人，徽州休宁人，明末书画篆刻家、出版家。他首创的拱花印刷技术，在印刷史上占有重要的地位。用饾版、拱花印刷技法套印的《十竹斋书画谱》，墨色精美、雕刻细腻，为其代表作。

清饾版拱花印本
《十竹斋书画谱》

6.《芥子园画传》（清）王概编 清嘉庆五年（1800 年）芥子园印本

《芥子园画传》又称《芥子园画谱》，是继《十竹斋书画谱》之后，用饾版、拱花技法彩色套印的画谱。该书系统介绍了中国画的基本技法，浅显明了，宜于初学者习用，堪称中国画的教科书。王概（生卒年未详），初名匄，一作改，亦作丐，字东郭，又字安节，秀水（今浙江嘉兴）人。

清套印本
《芥子园画传》

7.《子牧印存》（清）李子牧篆刻 清乾隆九年（1744 年）钤印本

《子牧印存》为乾隆间印谱，颇为少见，不但具有较高的艺术价值，还具有重要的学术价值，为历史、地理、职官制度、古文字研究提供了宝贵素材。

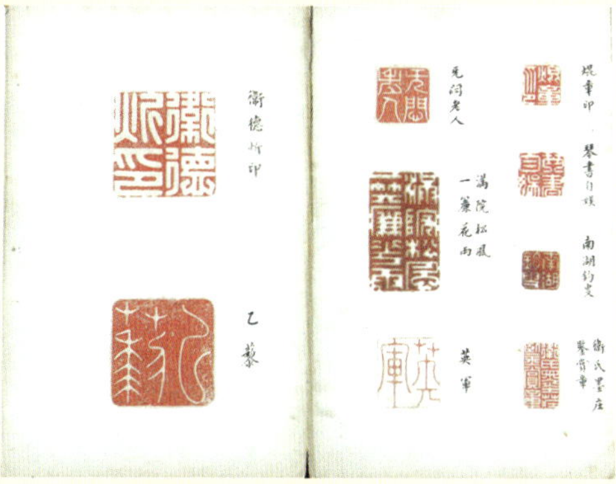

清乾隆钤印本
《子牧印存》

8.《松筠桐荫馆印谱》四卷（清）郭伟绩辑清乾隆四十二年（1777 年）钤印本

清乾隆年间印谱存世较少，该印谱为清乾隆四十二年蓝印朱拓本，比较罕见。

郭伟绩（1710—1791），字熙虞，号芸亭，山东潍县人。擅工篆、隶，嗜印章，存世有《松筠桐荫馆印谱》。

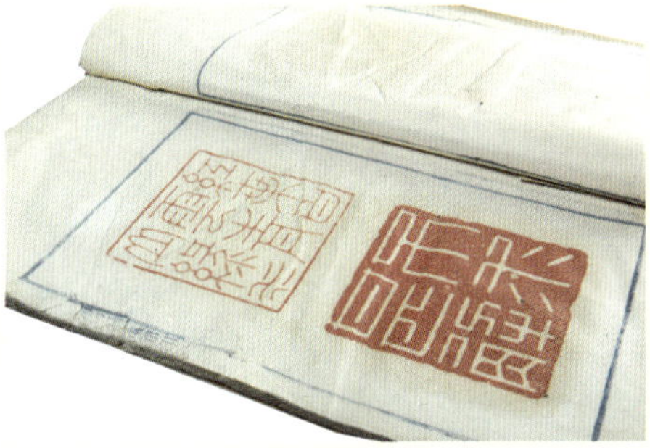

清乾隆钤印本
《松筠桐荫馆印谱》

9.《三余印可》四卷（清）黄鹓篆 清咸丰三年（1853 年）钤印本

黄鹓（1798—1855），字朗村，号雄飞、三余，斋室名慎思堂、石芝居、雕虫馆、求是斋等，福建闽县人。清中期著名篆刻家黄家积（字余亭）的儿子。此书首刻，林则徐为此书所做序文一篇。

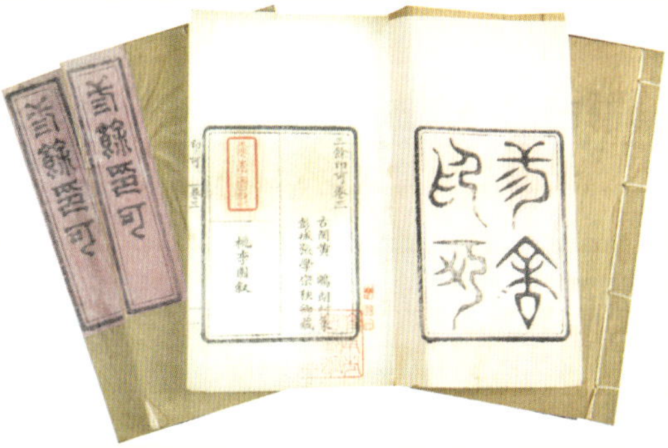

清钤印本
《三余印可》

10.《钦定古今图书集成》一万卷目录四十卷（清）蒋廷锡、陈梦雷等辑 清雍正四年（1726 年）内府铜活字印本

内府铜活字本《钦定古今图书集成》不仅是中国现存规模最大、体例最完整的一部古代类书，也是中国铜活字印刷史上卷帙最浩繁、印制最精美的一部旷世奇作。

清内府铜活字印本
《钦定古今图书集成》

11.《蜀碧》四卷（清）彭遵泗撰 清乾隆木活字本

彭遵泗，字磬泉，四川丹棱人，清乾隆二年进士，官至翰林编修。此书记载了明末张献忠军队在四川的活动，起自明崇祯元年，止于清康熙二年，对于研究明末民变有一定的价值。

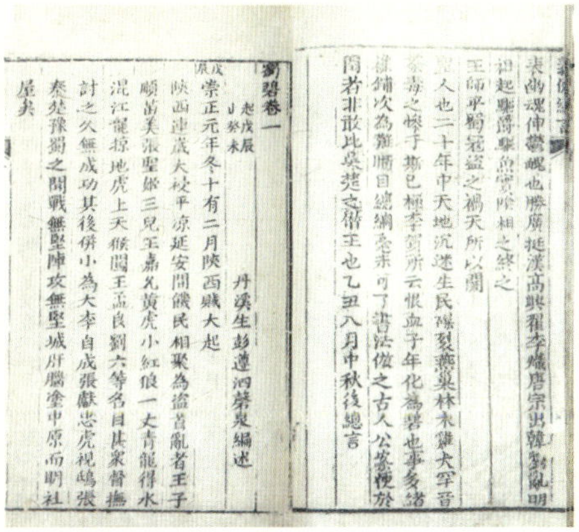

蜀碧卷一
丹溪生彭遵泗磬泉編述
起戊辰 止癸未
戊辰 崇正元年冬十有二月陝西賊大起
陝西連歲大祲平涼延安間饑民相聚為盜首亂者王子
順苗美張聖嫁三見王嘉允黃虎小紅狼一丈青龍得水
混江龍掠地虎上天猴闖王孟良劉六等名目其衆督撫
討之久無成功其後併小為大李自成張獻忠虎視鴟張
秦楚豫蜀之間戰無堅陣攻無堅城所嚮塗中原而明社
屋矣

清乾隆木活字本
《蜀碧》

第四节

和刻本和朝鲜刻本

1.《东医宝鉴》二十二卷（朝鲜）许浚撰 朝鲜（1611—1644）刻本

《东医宝鉴》是朝鲜医学家所撰的汉方医书巨著，分内景篇、外形篇、杂病篇、汤液篇和针灸篇五大部分。该书是世界上第一部被列入联合国教科文组织《世界记忆遗产名录》的医学著作。许浚（1546—1615），字清源，号龟岩，生于朝鲜京畿道阳川。他是朝鲜王朝宣宗（后来改称宣祖）及光海君时期的名医。

朝鲜刻本

《东医宝鉴》

2.《唐土名胜图绘》六卷（日本）冈田玉山等编绘　日本文化二年（1805年）和刻本

本书又称《唐土名胜图会》，是描绘北京皇宫及其生活的插图集。前四卷记载京师（北京）的古今沿革、风俗习惯和地理方位，讲述宫廷、苑囿，记载清朝乾隆年间紫禁城内殿和外殿发生的各种事情；后二卷则以介绍中国地方为主。每卷都有绘图，配以文字介绍。冈田玉山（1737—1812），名冈田尚友，字子德，号玉山，是日本大阪当时著名的画师，也是木刻版画家。

和刻本

《唐土名胜图绘》

第五节

名家书画

1.《历代碑帖摹钞》（明）董其昌书

《历代碑帖摹钞》为明代大书法家董其昌用泥金书写历代碑帖而成。董其昌（1555—1636），字玄宰，号思白、香光居士，明代书画家。华亭（今上海松江）人，祖籍山东莱阳，明万历十七年进士，授翰林院编修，官至南京礼部尚书，卒后谥号文敏。擅画山水，其画及画论对明末清初画坛影响甚大。

《历代碑帖摹钞》

2.《金门画史》真迹（清）冷枚绘

冷枚（约1669—1742），字吉臣，号金门画史，山东胶州人，清代宫廷画家。他在我国宫廷画院史上占有重要地位，与焦秉贞、沈喻并称为清康熙晚期著名的宫廷画家。

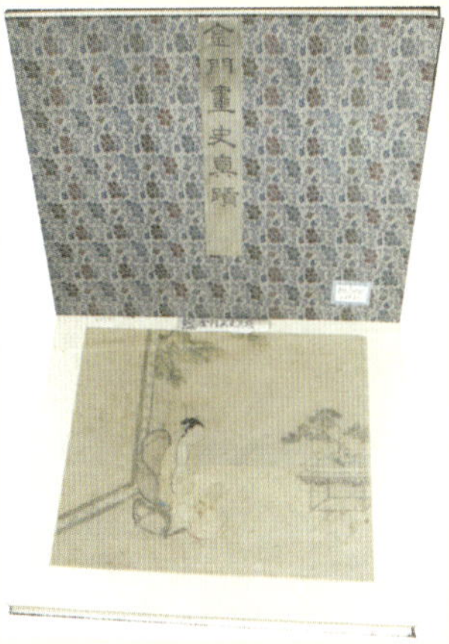

《金门画史》真迹

3.《道州何诗孙山水册页》（清）何维朴绘

何维朴（1842—1922），字诗孙，晚号盘止，亦号盘叟，又号秋华居士、晚遂老人，室名颐素斋、盘梓山房。何维朴是何绍基之孙，湖南道县人。以山水画著称，宗娄东派，书摹其祖父何绍基。

《道州何诗孙山水册页》（1）

《道州何诗孙山水册页》（2）

4.《民国名人书画册页》（中华民国）冯玉祥、梅兰芳等书

该画册为民国时期冯玉祥和梅兰芳等名人的书画集。

冯玉祥（1882—1948），原名冯基善，字焕章，民国时期西北军阀、中国近代军事家、爱国将领和著名民主人士。梅兰芳（1894—1961），名澜，又名鹤鸣，艺名兰芳，是近代“四大名旦”之首，同时也是享有国际盛誉的表演艺术大师，其表演被推为“世界三大表演体系”之一。

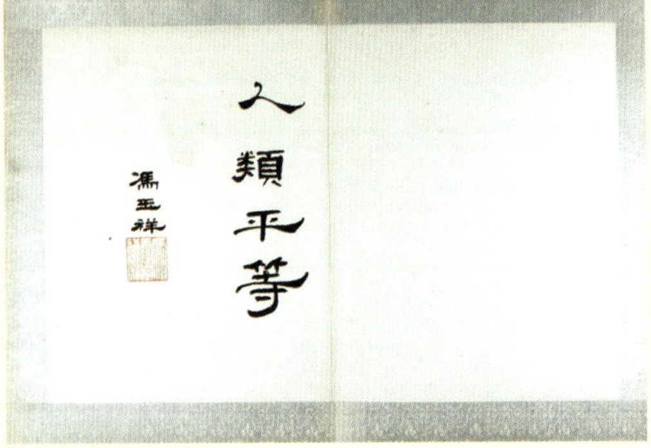

《民国名人书画册页》（1）

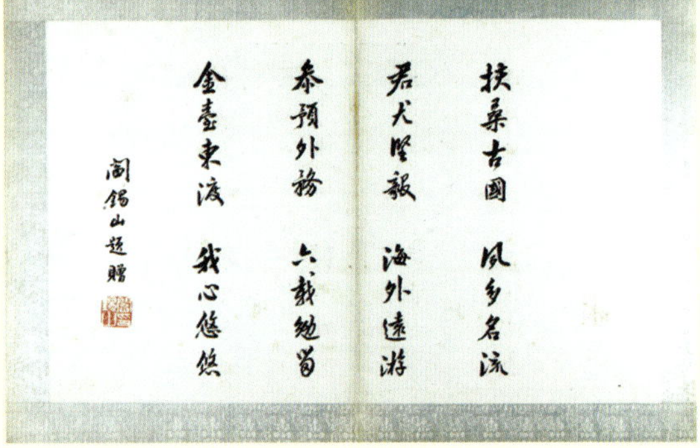

《民国名人书画册页》（2）

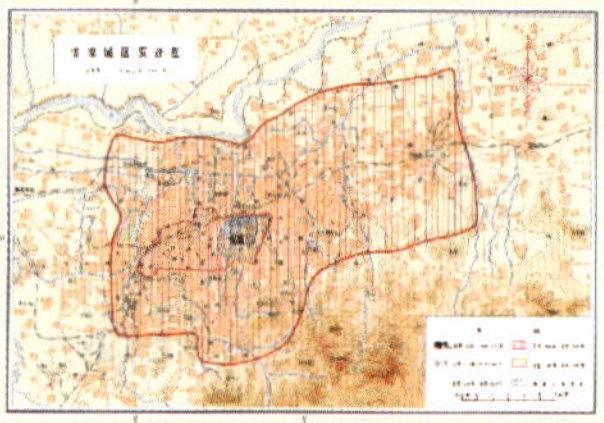

08

第八章

金石拓片

金石碑刻在历史传统文化中占有重要的位置，记载和丰富了我国的历史文化及其艺术价值，成为珍贵的历史档案和艺术宝库。由于金石碑刻具有重要的历史价值和艺术价值，故其拓片一直是历代文人墨客收集珍藏的艺术品。碑帖拓片流传至今，可谓历经沧桑，其本身就是珍贵的文物和艺术品，特别是一些旧拓和原石已佚或陨泐以前的拓本，往往价值连城。济南图书馆历代碑帖拓片收藏丰富，现从馆藏2000多册件金石碑刻拓本中，遴选出33种。篆书、隶书、正书和行书等不同字体各有收录，所选金石碑刻时代上起周朝下至清代，主要介绍金石碑刻的年代、撰者、书者、字数、出土及收藏情况以及书者、撰者的生平和相关的名人轶事。

第一节

济南石刻

1. 北朝·济南平阴三山摩崖石刻

刻于济南平阴二洪顶、翠屏山和云翠山的三山摩崖石刻，是山东北朝摩崖刻经中最早的石刻作品。其特点是刻经字体较大，刻于二洪顶最大的“佛”字高4.59米，是大字中的极品。三山刻经的内容有佛经、佛名、题记和题名四类。

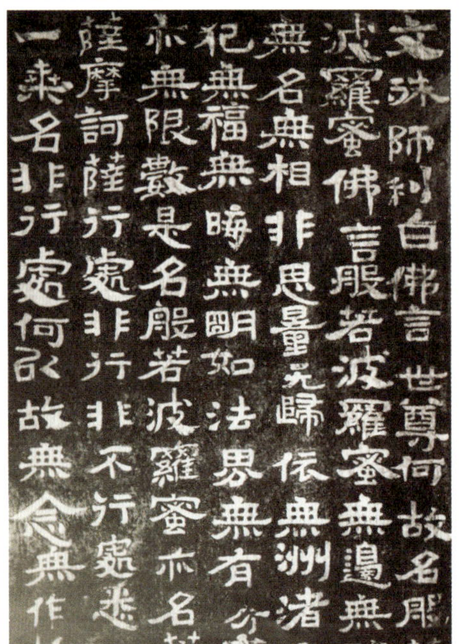

北朝·济南平阴三山摩崖石刻

《文殊般若刻经》

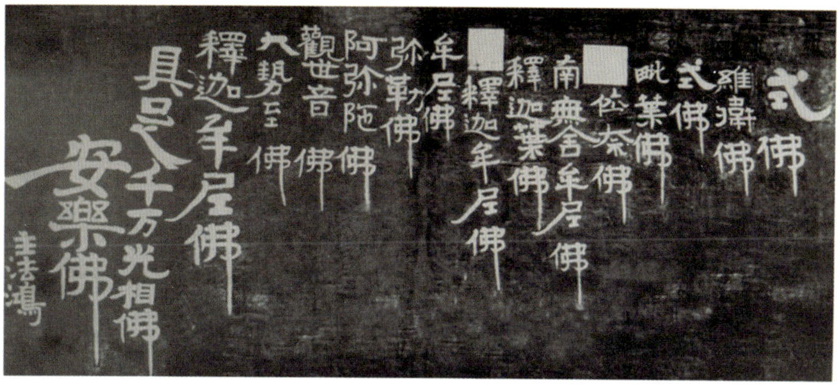

济南平阴三山摩崖石刻

《七佛题名》

济南平阴三山摩崖石刻

《大空王佛》

济南平阴三山摩崖石刻

《僧安道壹》

唐·灵岩寺碑

2. 唐·灵岩寺碑

唐天宝元年（742 年）刻在灵岩寺鲁班洞内的墙壁上，李邕撰书。碑阳刻行书二十一行，行四十一字。碑残，今下半部前九行佚失，后十行铭文亦残缺近半。灵岩寺，在济南市长清区东南，灵岩山之阳。因其形似“印符”，又称玉符山。北魏孝明帝正光元年（520 年），法定禅师建寺于山之阳，曰灵岩寺。李邕（678—747），字泰和，唐代扬州江都人。唐玄宗时曾为北海太守，世称李北海。能文，尤善碑颂；善书，时称“书中仙手”。

3. 宋·长清县真相院释加舍利塔铭并引

北宋书法家苏轼撰文并刻书，刻石在今济南市长清区，呈方形。正书，小字，二十二行，行二十五字。铭前有小引，记宋元丰八年（1085 年）十二月，苏轼自登州赴京途经真相院，将其弟苏辙所藏舍利捐赠给真相院，后又施金为其置棺椁的始末。书法极为工致，是苏轼书迹刻石中难得的精品。刻石现藏于长清区博物馆。

苏轼（1037—1101），字子瞻，号东坡居士。眉州眉山人。北宋著名文学家、书法家，“唐宋八大家”之一。与其父苏洵、弟苏辙合称“三苏”。

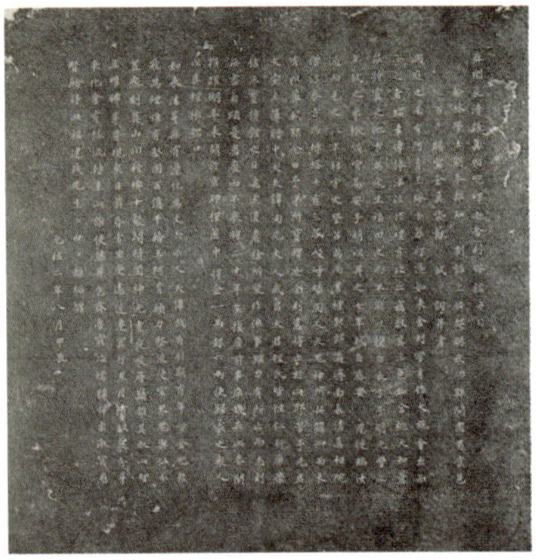

宋·长清县真相院释加舍利塔铭并引

4. 宋 · 苏轼“读书堂”

“读书堂”是苏轼为济南历城张揆、张掞兄弟故宅的题名。碑原在历城王舍人庄，19 世纪六十年代佚失，现仅有拓片存世。

张掞（996—1074），宋代历城人，字文裕。北宋名吏，举进士，官至龙图阁直学士，后任户部侍郎。张揆（990—?），掞兄，字贯之，擢进士第，授北海县尉，大理寺丞，后迁至右谏大夫，给事中。

苏轼“读书堂”

5. 明 · 杨继盛对联

对联现存于济南演武厅，为明代杨继盛所写，以寥寥数字，描写曹操的文治武功。

杨继盛（1516—1555），河北保定容城人。字仲芳，号椒山，明嘉靖中进士，后任兵部员外郎。济南演武厅，位于旧城南门外。相传，东汉末年，曹操任济南相，为操练士兵，建立济南演武厅，历代均为武艺演习场所，至清末荒废。

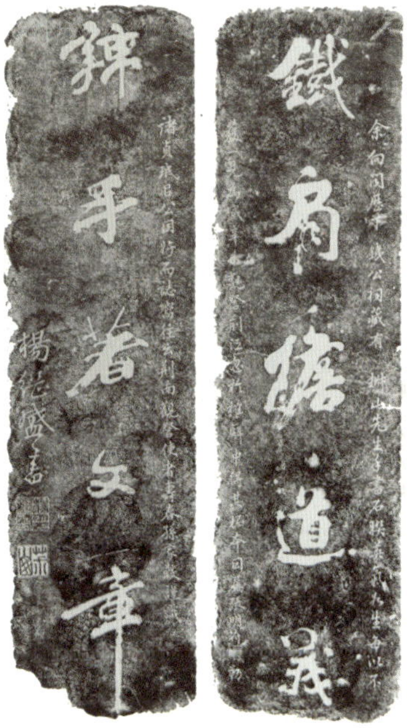

杨继盛对联

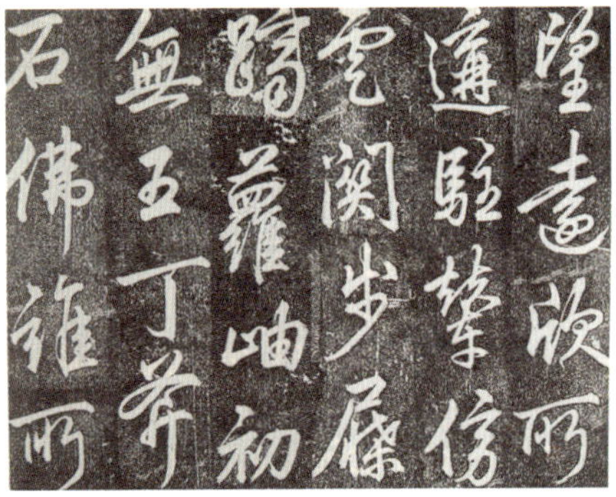

清・千佛山诗碑

6. 清・千佛山诗碑

此碑为清朝乾隆皇帝御碑，是其在乾隆十三年（1748 年）下江南游览千佛山时所作。

石刻在云径禅关坊南面石壁前。千佛山，古称历山，相传远古时代舜耕稼于此山，故又名舜山，位于今济南市区南部，为济南三大名胜之一。

7. 清・《铁公祠记》

清翁方纲撰并书丹篆的铁公祠，位于大明湖北岸西端，是为纪念明代名将铁铉而建的祠堂。始建年代不可考，清乾隆五十七年（1791 年）山东盐运使阿林保捐钱复建。清同治三年（1864 年）济南知府萧培元重修，并塑铁铉像，供于祠内。

铁铉（1366—1402），字鼎石，今河南郑州人。明惠帝时任兵部尚书，山东布政使。惠帝继位后，燕王朱棣以“靖难”为名起兵，夺得帝位。当时，铁铉固守济南，屡败燕师，后兵败遭惨杀。清乾隆帝赐谥号“忠定公”。后人为表彰其“忠烈”，故建祠祀之。

清・《铁公祠记》

8. 清·《小沧浪记》

《小沧浪记》为清代方纲撰并书。小沧浪亭，位于济南大明湖，清乾隆年间山东盐运使阿林保仿照苏州沧浪亭而建，檐下悬山东巡抚爱新觉罗·崇恩题“小沧浪亭”匾额。

爱新觉罗·崇恩，字仰之，别号香南居士等。满洲正红旗人（一作正蓝旗）。曾任山东巡抚、内阁学士等。清中晚期书法收藏家、金石鉴赏家，工书，法苏轼。

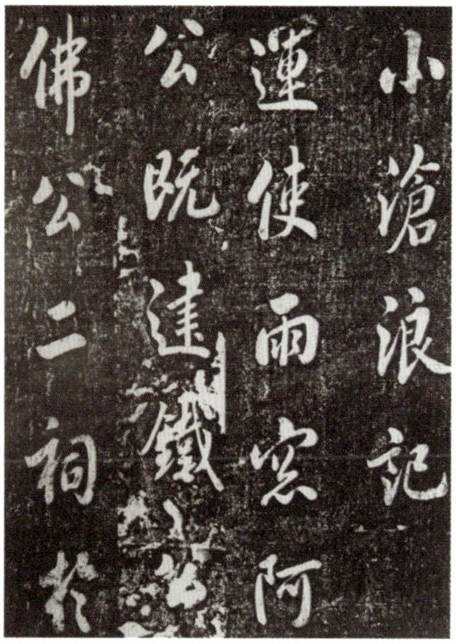

清·《小沧浪记》

9. 清·《潭西精舍记》

《潭西精舍记》，清桂馥撰并书，分两层刻，上层三十二行，下层二十八行，行七字。记后刻《武虚谷跋》，五行，正书，刻于潭西精舍。

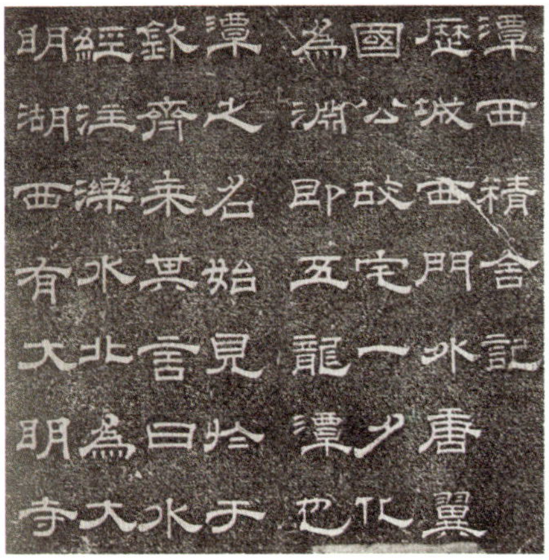

清·《潭西精舍记》

五龙潭泉群，内有泉池二十七处。潭周边历代多有建筑，北魏建有大明寺、客亭，唐时建有秦琼祠堂。相传秦琼显赫后在此建府第，遂有“秦琼府第”之称。潭西精舍，清乾隆年间在济南五龙潭西侧修建，是文人周永年联络桂馥等学者及文人聚会、咏诗之处。

桂馥（1736—1805），字未谷，一字东卉，号雩门，山东曲阜人。清乾隆五十五年中进士，官至云南永平县知县。清代书法家，文字训诂学家，精于金石考证之学。

10. 清·《重修历下亭记》

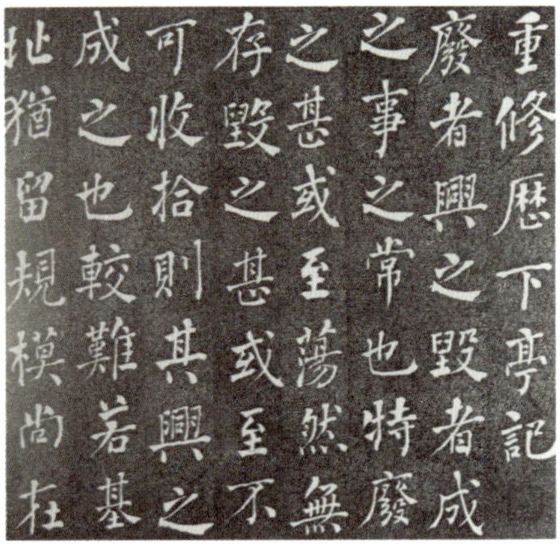

清·《重修历下亭记》

清咸丰九年（1859 年）立，清陈景亮撰文，何绍基书。正书，三十七行，行十四字。在大明湖历下亭。

历下亭，因南临历山而得名，位于大明湖中最大的岛上。因历下亭是闻名遐迩的海右古亭，人们习惯将整个小岛及其上建筑统称为历下亭。

何绍基（1799—1873），字子贞，号东洲，别号东洲居士，晚号蝯叟。湖南道州（今道县）人，晚清诗人、画家、书法家。清道光十六年进士。通经史，精小学、金石和碑版。

11. 清·《新建济南书院记》

清铁保记并书。济南书院在济南藩署西，旧名“寿佛楼”。清乾隆五十九年（1794 年）布政使江兰置湖田数十亩，凿放生池，池上放大士像，又名江园。清嘉庆九年（1804 年），巡抚铁保将其改为济南书院。

铁保（1752—1824），清代书法家，字冶亭，号梅庵，满洲正黄旗人。与成亲王、刘墉、翁方纲，并称为“清四大书法家”。

清·《新建济南书院记》

12. 清・千佛山刻石

清・千佛山刻石

清乾隆五十一年（1786 年）刻在千佛山兴国禅寺西门外南面的山崖上。此刻石为济南历下周永年、张锐、汪镛及阖邑绅士公立，陈霖书写。为保护千佛山环境而镌刻，它是年代最早的石刻告示，不失为千佛山一个独有的景致。

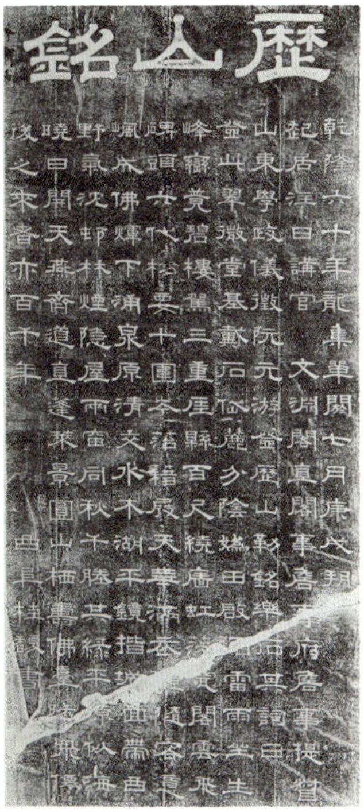

清・《历山铭》

13. 清・《历山铭》

清阮元撰文，桂馥书，刻于千佛历山院西门门坊内南壁上。碑文对千佛山的来历、地势、意境做了精辟的概括和赞美，特别最后两句“山栖寿佛，台降飞仙。后之来者，亦百千年”，堪称绝句。《历山铭》堪称桂馥隶书之代表作。阮元、桂馥两位学者的文笔书法交相辉映，为千佛山增色不少。

阮元（1764—1849），字伯元，号芸台，江苏仪征人。清乾隆年间进士，官至体仁阁大学士，为清代骈文大家。

第二节

历代金石

1. 周·散氏盘

散氏盘，亦名矢人盘，与毛公鼎、虢季子白盘并称为“西周三大青铜器”。此盘的铸造年代约在西周厉王时期。该盘以其长篇铭文著称于世，铭铸于盘内底，作方形，共十九行，行十九字，末行仅八字，共计三百五十七字。铭文记载当时散、矢两国和谈，划定两国国界之事，具有和约性质。散国将约书铸于盘上作为散国宝器。散氏盘于清乾隆年间出土于陕西凤翔，现藏于台北故宫博物院。

周·散氏盘

2. 周·虢季子白盘

虢季子白盘，商周时期盛水器。盘形制奇特，似一大浴缸，为圆角长方形，四曲尺形足，口大底小，略呈放射形，使器物避免了粗笨感。四壁各有两只衔环兽首耳，口沿饰一圈窃曲纹，下为波带纹。盘内底部有铭文八行，一百一十一字。铭文讲述虢国的子白奉命出战，荣立战功，周王为其设宴庆功，并赐弓马之物，虢季子白因而作盘以为纪念。铭文语言洗练，字体端庄，是金文中的书家法本。清道光年间出土于陕西宝鸡，现收藏于中国国家博物馆，为镇馆之宝。

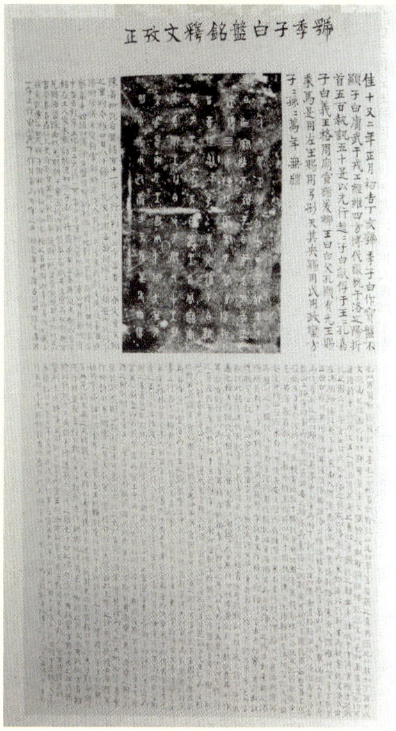

周·虢季子白盘铭文

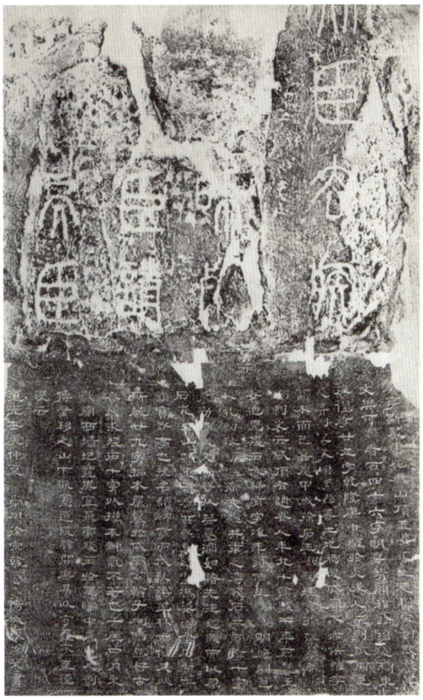

秦·泰山刻石残字

3. 秦·泰山刻石

泰山刻石，为泰山现存最早的刻石。此刻石原分为两部分：前半部分为公元前 219 年秦始皇东巡泰山时所刻，共一百四十四字；后半部分为秦二世胡亥即位第一年（公元前 209 年）刻制，共七十八字。刻石四面广狭不等，二十二行，行十二字，共二百二十二字，两刻均为李斯所书。现仅存秦二世诏书十个残字，即“斯臣去疾昧死臣请矣臣”，又称“泰山十字”，被誉为“天下第一名刻”，现存于山东泰山岱庙。

李斯（约公元前 284 年至公元前 208 年），字通古。战国末期楚国上蔡人。秦代著名的政治家、文学家和书法家。

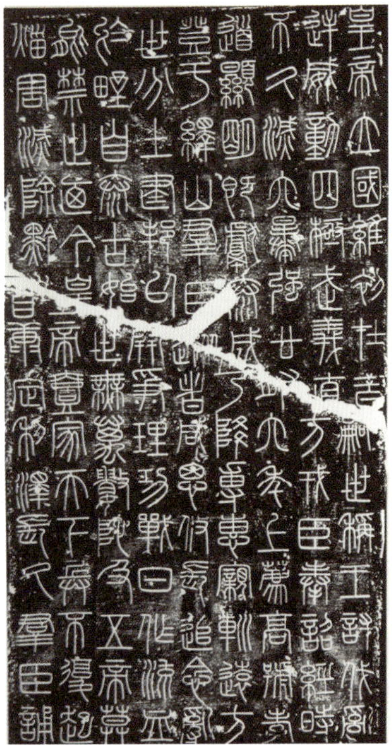

秦・峄山刻石

4. 秦・峄山刻石

峄山刻石，又称元摹峄山秦篆碑。刻石呈方柱形，四面刻字。原石久毁，今所见为宋淳化四年（993 年）郑文宝据其师徐铉的摹本重刻。

5. 汉・鲁孝王刻石

鲁孝王刻石，又名五凤刻石，刻于汉五凤二年（公元前 56 年），隶书，三行，前两行四字，末行五字。金明昌二年（1191 年）出土于今山东曲阜城内的钓鱼台，后移入孔庙，是著名的西汉刻石。

汉・鲁孝王刻石

6. 汉·《石门颂》摩崖

《石门颂》摩崖，东汉建和二年（148 年）刻，汉中太守王升撰文，王戒书，为顺帝初年的司隶校尉杨孟文所写的一篇颂词。《石门颂》是东汉隶书的极品，素有“隶中草书”之称。它与《郙阁颂》《西狭颂》并称为“汉三颂”。原刻于陕西省襄城县古褒斜道的南端石门隧道西壁之上，今保存于陕西汉中市博物馆。

汉·《石门颂》摩崖

7. 汉·杨叔恭残碑

杨叔恭残碑，刻于汉建宁四年（171 年），隶书，碑残，存十二行，行二三字至九字不等。石原在山东巨野，今存北京故宫博物院。

汉·杨叔恭残碑

8. 汉·张迁碑

张迁碑，刻于东汉中平三年（186年），隶书，碑阳十五行，行四十二字。碑阴三列，上两列十九行，下列三行。碑额篆书“汉故榖城长荡阴令张君表颂”，此碑为传世汉碑中风格雄强的典型作品。碑明初出土，移至山东东平州，现存于山东泰安岱庙。

汉·张迁碑

碑额

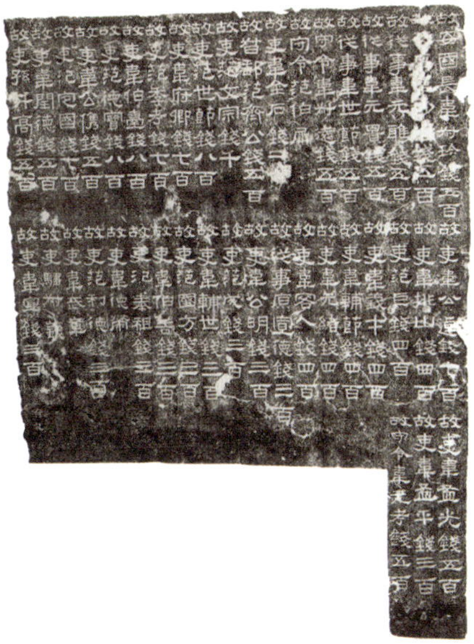

汉·张迁碑

碑阴

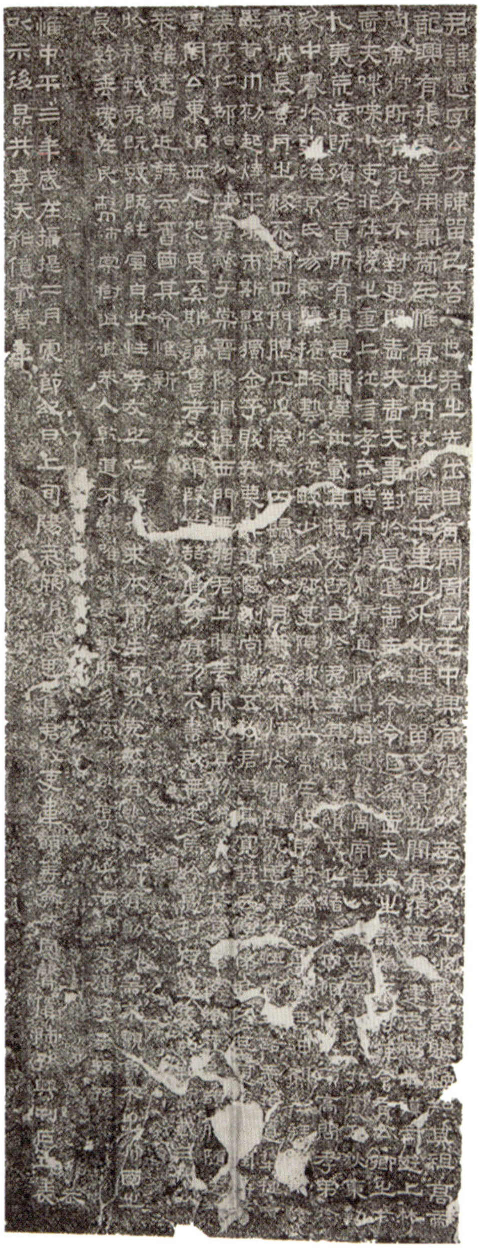

汉·张迁碑

碑阳

9. 魏·汉中“衮雪”摩崖

汉中“衮雪”摩崖，刻于汉建安二十年（215 年），横刻隶书“衮雪”两大字，字径 45 厘米，左侧竖刻隶书“魏王”两小字，传为曹操过此触景而书。原刻在汉中褒斜谷南约半里褒河水中一巨石上，因石门修筑水库，刻石将没水中，人们将“衮雪”二字凿下移入陕西汉中市博物馆内。

魏·汉中“衮雪”摩崖

10. 晋·《兰亭图并序》

《兰亭图并序》是晋永和九年（353 年）暮春，王羲之、谢安等人雅集会稽之兰亭，饮酒赋诗，王羲之乘兴为此诗集作序，共二十八行，三百二十四个字。历代书家推《兰亭序》为“天下第一行书”。北宋画家李公麟根据《兰亭序》的描述，将当时四十二人游宴赋诗的盛况制成一幅画卷，即为《兰亭图》。《兰亭图》又名《兰亭流觞曲水图》《兰亭宴集序图》等。馆藏拓本全长 1640 厘米，宽 32 厘米，共分五部分。第一部分：清乾隆辛丑（1781 年）孟冬序，长 50 厘米；第二部分：明万历丙辰（1616 年）补刻高皇帝御制流觞图记，长 110 厘米；第三部分：朱有炖刻定武兰亭本三，褚遂良摹本一，唐摹赐本一，共五帖，并为之跋，长 380 厘米；第四部分：《兰亭图》，长 372 厘米；第五部分后序题跋，长 728 厘米。

王羲之（303—361，一作 321—379），字逸少，号澹斋，祖籍琅琊（今属山东临沂），后迁会稽山阴（今浙江绍兴）。东晋时官至右将军、会稽内史。工书法，独创圆转流利之风格，兼善隶、草、正、行各体，被奉为“书圣”。正书以《兰亭序》为代表。《兰亭图》既依此序而得，再现了兰亭流觞赋诗之盛况。

李公麟（1049—1106），字伯时，号龙眠居士，庐州舒城（今安徽）人，北宋画家。

晋 · 《兰亭图并序》

11. 梁 · 《瘗鹤铭》摩崖

梁 · 《瘗鹤铭》南北朝摩崖

《瘗鹤铭》摩崖，南梁天监十三年（514 年）刻。原镌刻在镇江焦山后山的岩石上，因被雷轰崩而坠入江中。清康熙五十二年（1713 年）由镇江知府将石捞出，移置山上的定慧寺。正书，文自左至右，石碎，现存五石。碑文存字虽少而气势恢宏，神态灵动，用笔挺括劲健，圆笔藏锋，体法从篆隶中变化而来。结体宽博舒展，上下相衔，堪称书法杰作。北宋黄庭坚认为“大字无过《瘗鹤铭》”，誉之为“大字之祖”。

12. 北魏 · 《郑文公碑》摩崖

《郑文公碑》摩崖，全称《魏故中书令秘书监使持节督兖州诸军事安东将军兖州刺史南阳文公郑君之碑》，又名《郑羲碑》。《郑文公碑》刻于北魏宣武帝永丰四年（511 年），系崖刻，共有内容大体相同的上、下两碑。上碑在山东平度县天柱山，下碑在掖县云峰山。上碑十九行，行五十字。下碑五十一行，字不等，比上碑书写略晚，字亦较大，剥泐较少，因而比上碑更为著名。此碑传为郑道昭书写，字体均为楷书，其结字宽博舒展，笔力雄强圆劲，为魏碑佳作之一。

郑道昭（455—516），字僖伯，自称“中岳先生”，荥阳开封人。北朝魏诗人、著名书法家，魏碑体鼻祖，工书，善正书，体势高逸，作大字尤佳。被誉为“书法北圣”，与王羲之齐名，有“南王北郑”之誉。

北魏·《郑文公碑》摩崖

13. 北齐·《泰山经石峪摩崖刻经》

《泰山经石峪摩崖刻经》，又名《泰山佛说金刚经》，北齐天保年间刻。在泰山斗母宫东北约400米处，为我国现存规模最大的佛教摩崖刻经。经文刻于面积约2064平方米的石坪上，自东而西刻《金刚般若波罗蜜经》四十四行，行字不等，凡刻二千七百九十九字，字径50厘米。以隶书为主，兼有楷书、行书、篆书，世人誉之为“榜书之宗”。

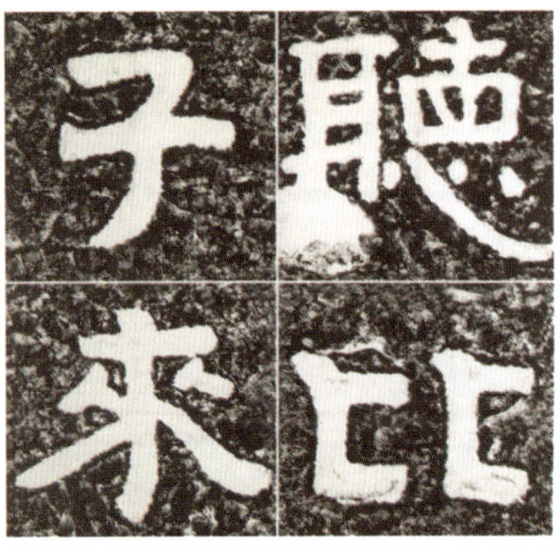

北齐·《泰山经石峪摩崖刻经》

14. 唐·《九成宫醴泉铭》

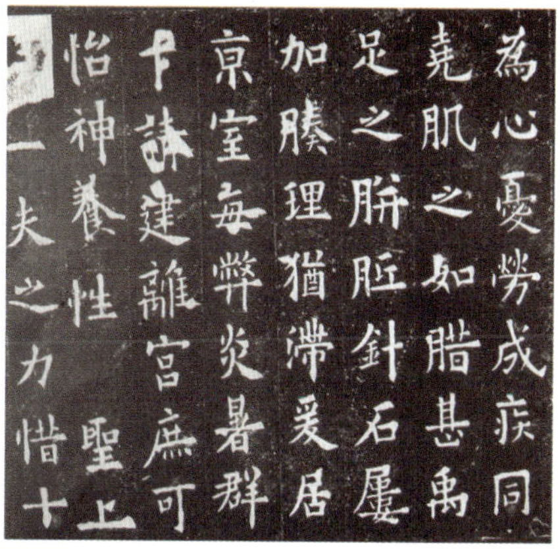

唐·《九成宫醴泉铭》

《九成宫醴泉铭》，立于唐贞观六年（632 年）。魏征撰文，欧阳询正书。二十四行，行四十九字。额篆书二行六字。记载唐太宗在九成宫避暑时发现醴泉之事，是欧阳询的代表作。碑现在陕西麟游县天台山。

魏征（580—643），字玄成，今河北省邢台市巨鹿县人，唐朝政治家。曾任谏议大夫、左光禄大夫、宰相、封郑国公，谥号文贞，为“凌烟阁二十四功臣”之一。以直谏敢言著称，是中国史上最负盛名的谏臣。

欧阳询（557—641），字信本，唐朝潭州临湘（今长沙）人，“楷书四大家”之一。后人以其书于平正中见险绝，最便初学，所以称其为“欧体”。

15. 唐·《怀仁集王右军三藏圣教序记》

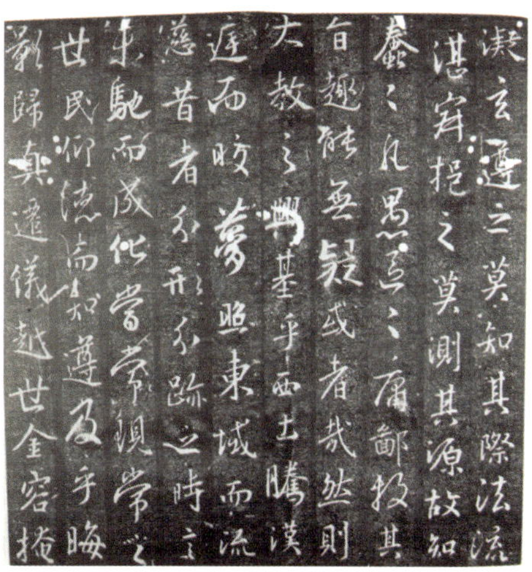

唐·《怀仁集王右军三藏圣教序记》

《怀仁集王右军三藏圣教序记》，因碑首刻有七尊佛像，故又名《七佛圣教序》。由京师弘福寺僧怀仁集皇室所藏王羲之行书真迹成文，唐咸亨三年（672 年）镌刻成碑，三十行，行八十三至八十八字不等。此碑由于直接从唐代所存王羲之真迹中摹出，保留了其书原貌，因而被历代书法家视为临书楷模。碑现在陕西西安碑林。

16. 唐·《争座位帖》

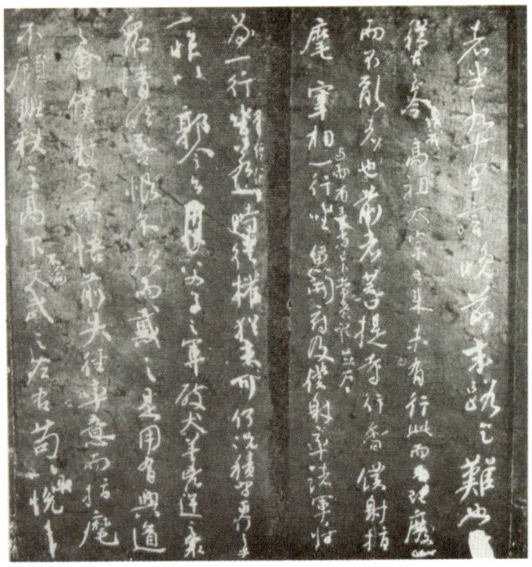

唐·《争座位帖》

《争座位帖》，亦称《论座帖》《与郭仆射书》，颜真卿撰并书。方石，横刻，石分两列，共六十八行，行十至二十字不等，为颜真卿行草书精品。刻石原存西安碑林，今存陕西博物馆。

17. 金·“杏坛”刻石

“杏坛”刻石现存于山东曲阜孔庙的大成殿前。相传此处是孔子讲学之处。北宋天圣二年（1024 年）孔子第四十五代孙孔道辅监修孔庙时，在正殿旧址“除地为坛，环植以杏，名曰杏坛”。至此，“杏坛”始有实物，而孔子“杏坛”设教之说，当肇于此。“杏坛”二字是金代书法家党怀英篆书。

党怀英（1134—1211），金代文学家、书法家。字世杰，号竹溪，谥号文献，冯翊（今陕西冯翊县）人，后定居山东泰安。北宋大定十年中进士，官至翰林学士承旨，世称“党承旨”。擅长文章，工画篆籀，称当时第一。

金·“杏坛”刻石

18. 明·“鲁壁”石刻

相传是孔子第九代孙孔鲋为避秦始皇焚书坑儒的灾难，把《尚书》《礼记》《论语》等几十篇藏在孔府旧宅墙壁中，自己到嵩山隐居，到死也没取出来。后来拆墙取书时，天上有金石丝竹音乐之声，故把其殿堂取名“金丝堂”。明弘治十三年又建“鲁壁碑”作为纪念，谓之“鲁壁藏书”。

明·“鲁壁”石刻

19. 清·《玉虹楼法帖》

《玉虹楼法帖》，又称《百一帖》，是孔子第六十九代孙孔继涑摹刻的书法丛帖。“玉虹楼”是孔继涑的书斋号，故名《玉虹楼法帖》。刻石共 584 块，分为 14 类，编为 101 卷，为民间大型丛帖之最。

孔继涑（1726—1791），字信夫，一字体实，号谷园，别号葭谷居士，第五十八代衍圣公孔传铎的第五子。

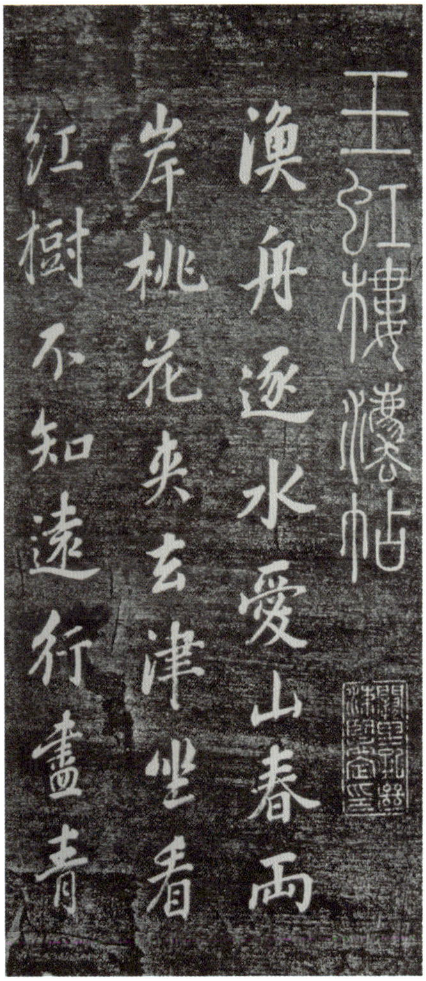

清·《玉虹楼法帖》

清·新修城隍庙碑

20. 清·新修城隍庙碑

新修城隍庙碑，立于清乾隆十七年（1752 年），郑板桥撰并书，正书。碑文二十行，行四十八字，全文计九百二十五字。碑额有行隶参半的“城隍庙碑”四字，由郑板桥以其独创的“六分半书”体写就，因文佳、书好、刻精，该碑被誉为“三绝碑”。郑板桥对其也是极为中意。原石立于城隍庙内，后被埋入地下，于 1962 年出土，现藏于山东潍坊市博物馆十笏园郑板桥纪念堂。

郑板桥（1693—1765），名燮，字克柔，江苏兴化人。清代画家、文学家，乾隆元年进士。“扬州八怪”之一，其诗、书、画均旷世独立，世称“三绝”。

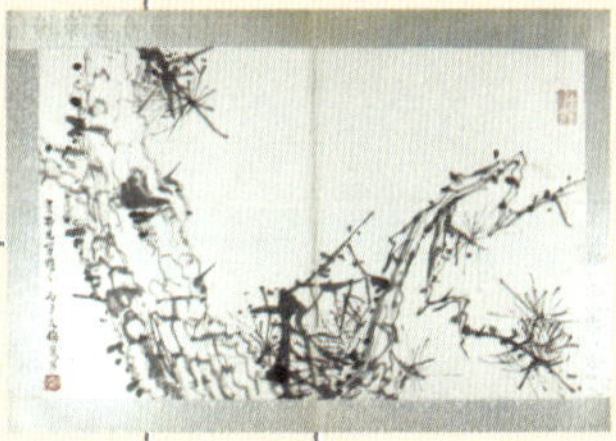

09

第九章 地方文献精粹

济南是一座具有悠久历史的古城，这里曾诞生过一大批历史文化名人，正如唐代诗人杜甫在济南历下亭所留下的名句“海右此亭古，济南名士多”。众多的济南名士著书立说，留下了许多传世之作，这些作品对于了解济南这座历史文化名城具有不可磨灭的贡献。现从馆藏丰富的济南历史名人的著作和地方志等文献中甄选几十部略做简介。

第一节

稀见方志

1.《恩县志》（明）孙居相修（明）雷金声纂 明万历二十六年（1598 年）刻本

该志是现存恩县较早的县志，全国收藏单位较少，现于济南图书馆收藏。

明万历《恩县志》

2.《沂水县志》六卷（清）黄舻登纂修 清康熙十一年（1672 年）刻本

该志是沂水现存最早的县志，仅国家图书馆和济南图书馆收藏。

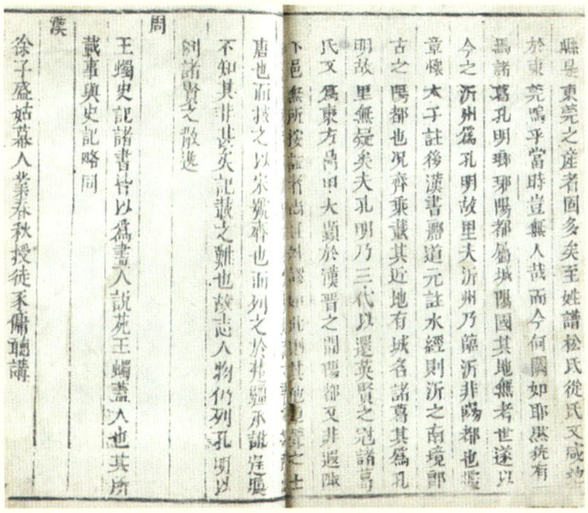

縣曼東莞之産者固多矣至姓譜松氏從氏又咸迹
於東莞嗚乎當時豈無人哉而今何闕如耶然亦有
焉諸葛孔明瑯琊陽都人城陽國其地無考世遂以
今之沂州為孔明故里夫沂州乃臨沂非陽都也漢
章懷太子註後漢書酈道元註水經則沂之南境即
古之陽都也况齊乘載其近地有城名諸葛其為孔
明故里無疑矣夫孔明乃三代以還英賢之冠諸葛
氏又為東方高甲大顯於漢晉之間陽都又非遐陬
下邑無所按[illegible]
唐也而拔之以宋瑯琊也而列之於莊舄不謂淫乎
不知其非其人矣記載之難也故志人物仍列孔明以
冠諸賢之散逸
周
王蠋史記諸書皆以為畫人說苑王蠋畫人也其所
載事與史記略同
漢
徐子盛姑幕人業春秋授徒千餘人聽講

清康熙《沂水县志》

3.《阳信县志》十卷（清）周虔森修（清）张瓛纂 清康熙二十一年（1682 年）刻本

该志是现存阳信最早的县志，仅国家图书馆、济南图书馆收藏。

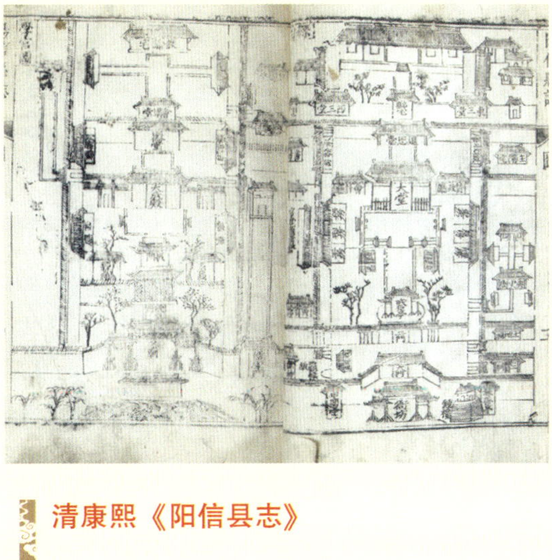

清康熙《阳信县志》

第二节

济南方志

1.《历乘》十九卷（明）贵养性修（明）刘勅撰（1959 年）北京中国书店据明崇祯本影印本

刘敕（1560—1639）字君授，明代历城人。《历乘》在济南地方志编纂史上占据极为重要的地位，它不仅是历城县志中最早的版本，而且在公私各家书目均不见著录。尤其是清军攻陷济南时，其书版遭焚毁，幸遗有孤本一部，才得以由北京中国书店于 1959 年影印行世，其版本价值也因此显得尤为珍贵。

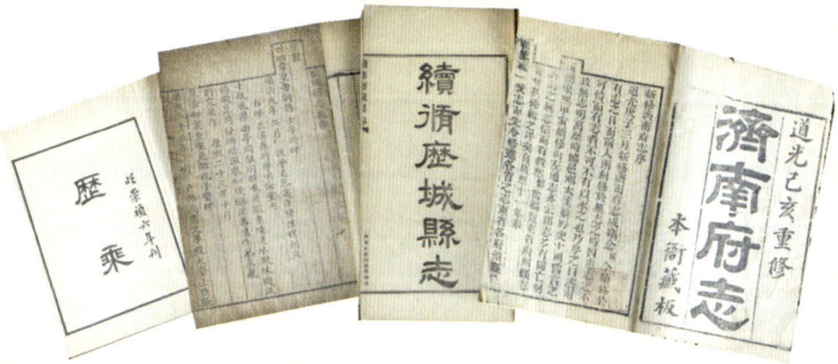

济南四志

2.《历城县志》五十卷（清）胡德琳修（清）李文藻、周永年纂 清乾隆三十八年（1773 年）刻本

该志是清代地方志纂辑体的代表之作。李文藻（1730—1778），字素伯，号石涧，山东益都人，清乾隆二十六年进士，官至桂林府同知，为方志名家，另撰有《诸城县志》。

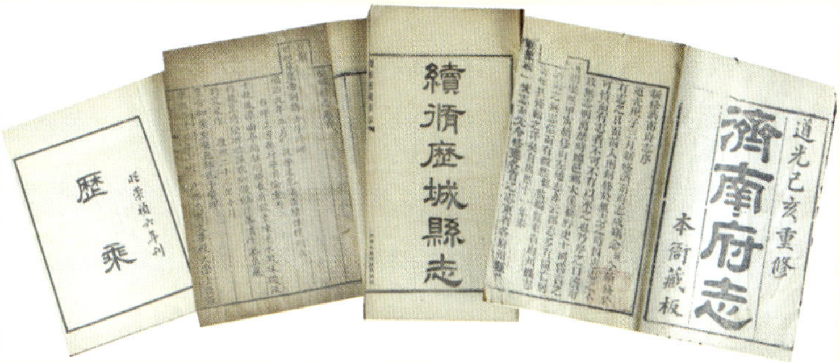

济南四志

3.《济南府志》七十二卷首一卷（清）王赠芳、王镇修（清）成瓘、冷烜纂 清道光二十年（1840 年）刻本

此部志卷帙浩繁，与其他济南现存方志相比，目类和字数大为增加，充分反映了 1840 年以前济南的历史脉络，体例和资料也最完备，是济南现存方志中价值最高的一部。

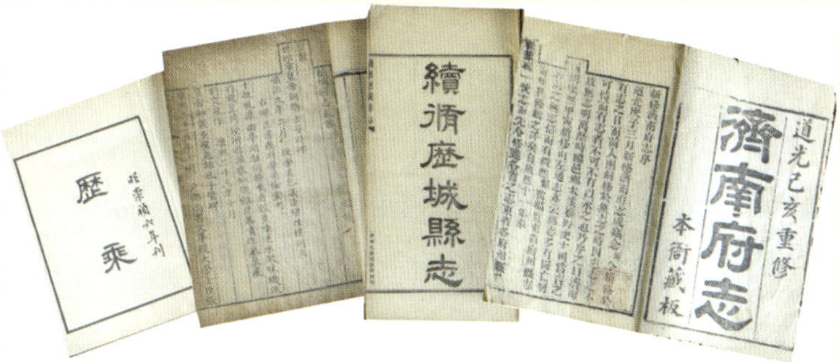

济南四志

成瓘（1763—1842），字肃中，号篛园，清济南府邹平县人，清嘉庆六年（1801 年）

举人。精通经史、文字训诂之学，潜心地方志书的撰述。冷烜（生卒年不详），字芸药，大兴籍胶州人，清代文士、诗人。

4.《续修历城县志》五十四卷（民国）毛承霖纂修 民国15年（1926年）济南大公印务公司铅印本

该方志为研究济南近代史的重要文献，编纂始于1907年，完成于1926年，前后历时20年。其主要记述了自1771年至1911年历城县的历史沿革。

毛承霖（？—1925），字稚云，济南历城人，清两广总督毛鸿宾之子，清光绪十四年举人。

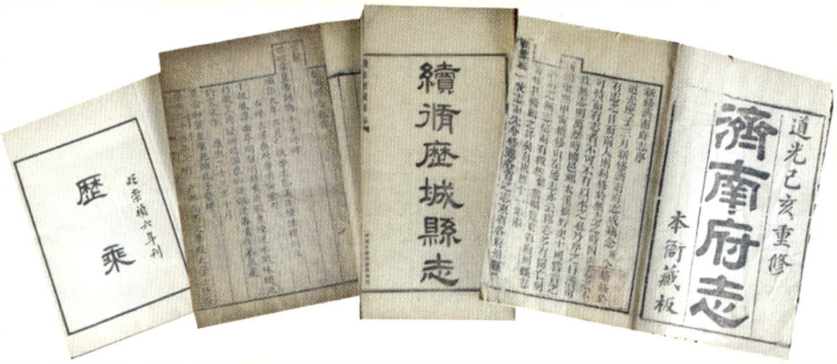

济南四志

5.《平阴县志》四卷（清）喻春林修（清）朱续孜纂 清嘉庆十三年（1808年）刻本

此志由平阴县令喻春林主修，邑人朱续孜主编，卷首有“朱续孜序”“喻春林序”及“泰安知府、阳湖徐日簪序”。

《平阴县志》

6.《长清县志》十六卷首一卷末一卷（清）舒化民等修（清）徐德城等纂 清道光十五年（1835 年）刻本

舒化民（1782—1859），字以德，号自庵，历任山东费县、长清、历城知县，后升德州知州，再后兼任按察使、盐运使等。

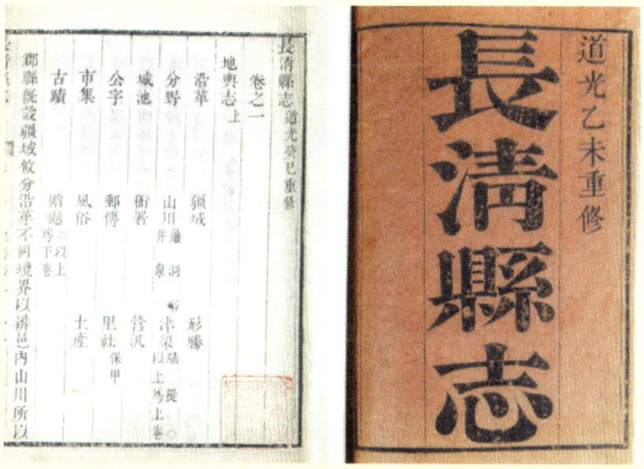

《长清县志》

7.《章丘县志》十六卷（清）吴璋修（清）曹楙坚纂 清道光十三年（1833 年）刻本

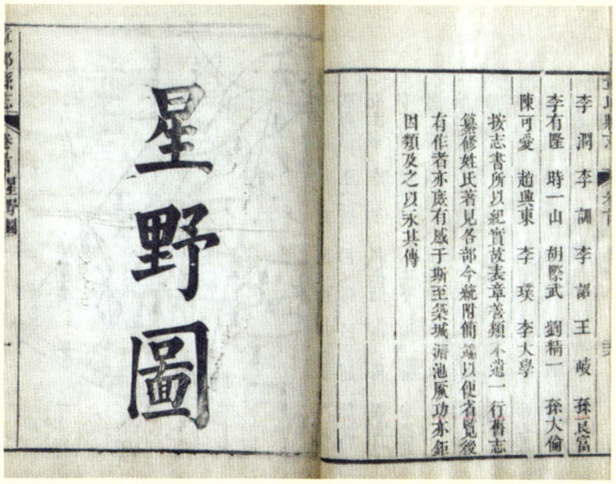

《章丘县志》

8.《济阳县志》十四卷（清）胡德琳修（清）何明礼、章承茂纂 清乾隆三十年（1765年）刻本

该志为济阳县所有旧志中最受推崇的一部。

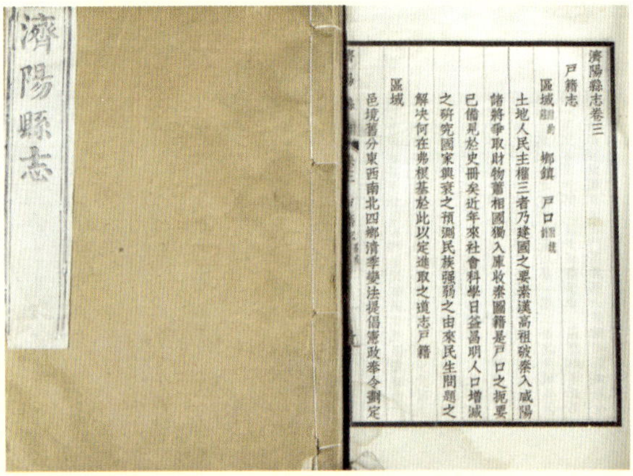

［乾隆］《济阳县志》

9.《济阳县志》（民国）卢永祥等修（民国）王嗣鋆纂 民国23年（1934年）铅印本

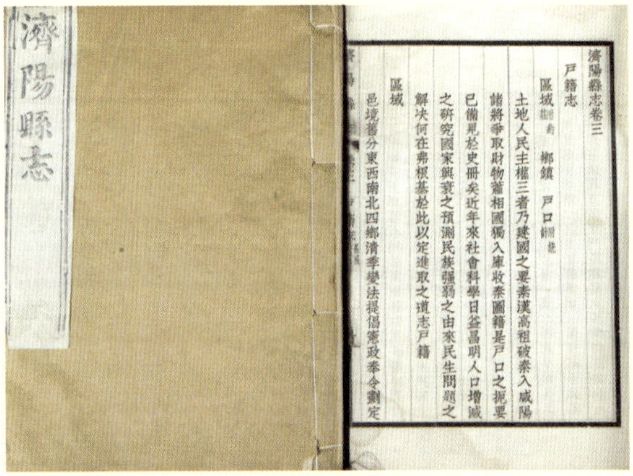

《济阳县志》（民国）

10.《商河县志》（清）龚廷煌等纂修 清道光十六年（1836 年）刻本

《商河县志》

第三节

历代济南名人著作

1.《马戏图谱》一卷（宋）李清照撰（明）王兰芳增辑 清光绪十三年（1887 年）观自得斋刻本

李清照（1084—1155），号易安居士，济南章丘人。宋代女词人，婉约词派代表，有“千古第一才女”之称。

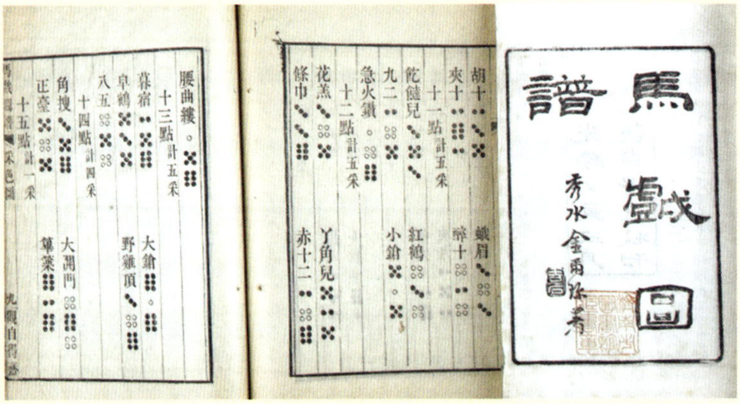

《马戏图谱》

2.《稼轩长短句》十二卷（宋）辛弃疾著 1959 年据元大德三年（1299 年）刻本影印本

辛弃疾（1140—1207），字幼安，号稼轩，济南历城人，中国南宋豪放派词人，与苏轼合称“苏辛”，与李清照并称“济南二安”。

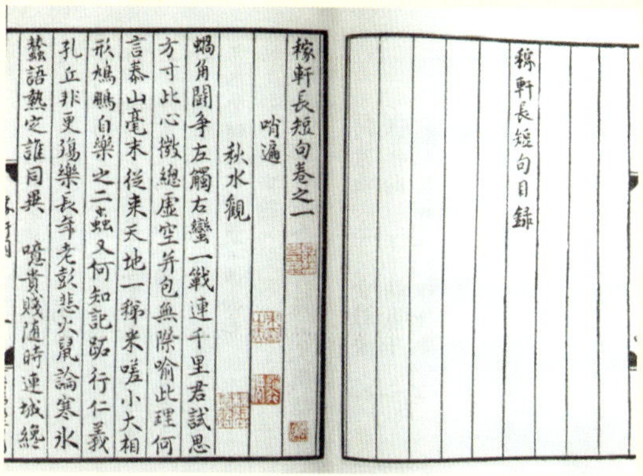
稼軒長短句卷之一
哨遍
秋水觀
蝸角鬬爭左觸右蠻一戰連千里君試思
方寸此心微總虛空并包無際喻此理何
言泰山毫末從來天地一稊米嗟小大相
形鳩鵬自樂之二蟲又何知記跖行仁義
孔丘非更殤樂長年老彭悲火鼠論寒氷
蠶語熱定誰同異　噫貴賤隨時連城纔

稼軒長短句目錄

《稼轩长短句》

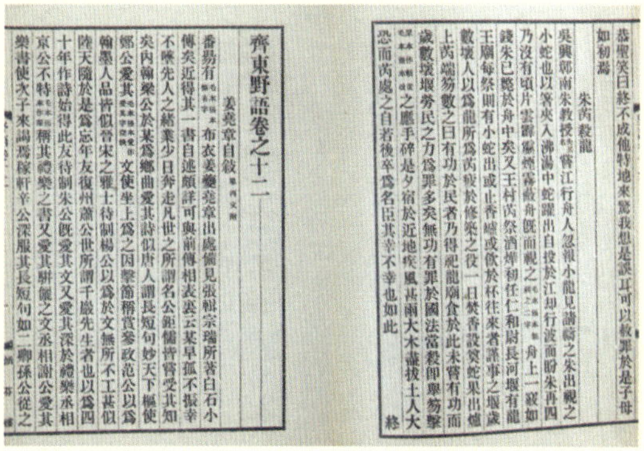

《齐东野语》

3.《齐东野语》二十卷（宋）周密辑民国涵芬楼铅印本

周密（1232—1298），字公谨，号草窗，又号霄斋、蘋洲、萧斋，晚年号弁阳老人、四水潜夫、华不注山人，南宋词人、文学家。祖籍济南，能诗，擅书画。与吴文英（号梦窗）齐名，时人称为“二窗”，著述繁富。

4.《边华泉全集》（明）边贡撰 清康熙四十四年（1705 年）刻，清嘉庆十年（1805 年）补刻，清咸丰元年（1851 年）补刻本

《边华泉全集》

边贡（1476—1532）字庭实，因家居华泉附近，自号华泉子，济南历城人。明代著名诗人、文学家。明代弘治年间，与李梦阳、何景明、徐祯卿齐名，时称“弘治四杰”。明代文学“前七子”之一。《华泉集》为清顺治诗文大家王士禛所集，其中诗八卷，文六卷。

5.《沧溟集》三十卷附录一卷（明）李攀龙撰 明隆庆中刻本

李攀龙（1514—1570），字于鳞，号沧溟，明代济南历城人，著名文学家。继明代文学“前七子”之后，与谢榛、王世贞等倡导文学复古运动，为“后七子”之一。

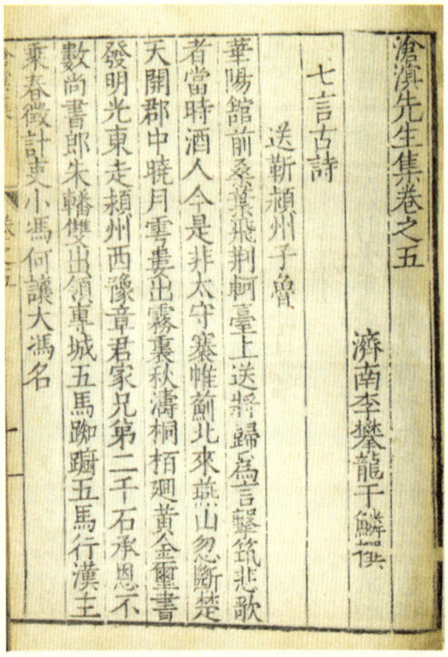
滄溟先生集卷之五
濟南李攀龍于鱗撰
七言古詩
送靳穎州子魯
華陽館前桑葉飛荆軻臺上送將歸爲言擊筑悲歌
者當時酒人今是非太守褰帷薊北來燕山忽斷楚
天開郡中曉月雲中出霧裏秋濤桐栢廻黃金重書
發明光東走穎州西豫章君家兄弟二千石承恩不
數尚書郎朱幡雙出領專城五馬踟躕五馬行漢王
乘春徼討吏小馬何讓大馮名

《沧溟集》

6.《于文定公读史漫录》二十卷（明）于慎行撰（清）黄恩彤订 清道光二十六年（1846 年）存素斋刻本

于慎行（1545—1608），字可远，又字无垢，济南东阿人（今平阴县东阿镇人）。明代政治家，学者、诗人、文学家。明万历年间任礼部尚书、东阁大学士，世称“于阁老”。主持编纂《兖州府志》。于慎行与冯琦被《明史》推为“山左文学”之冠。

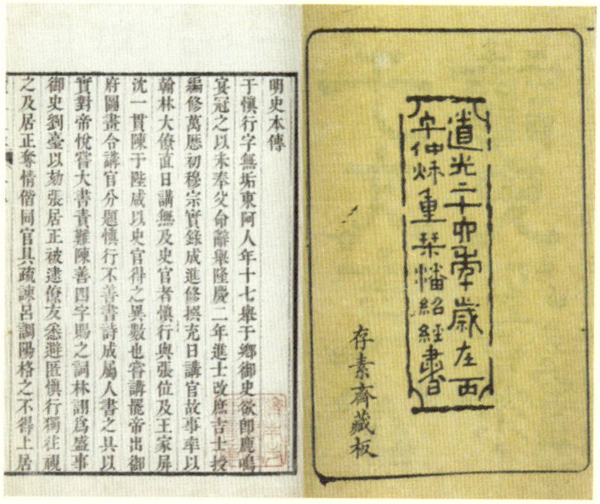

《于文定公读史漫录》

7.《二十四泉草堂集》十二卷（清）王苹撰 清康熙五十六年（1717 年）于熙学刻本

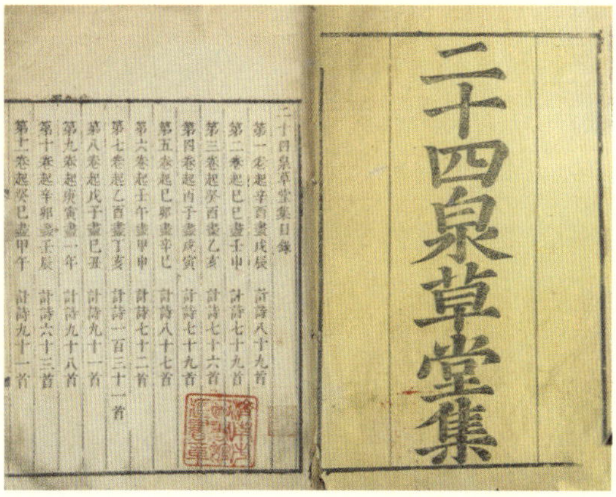

《二十四泉草堂集》

王苹（1661—1720），字秋史，号蓼谷山人，济南历城人，其居所名为“二十四泉草堂”，故自称为“二十四泉主人”。王苹嗜古好学，尤致力于诗歌创作，传世的一千多首诗表达了他热爱济南的赤子之心。

8.《仪礼郑注句读》十七卷附监本正误一卷、石本误字一卷（清）张尔岐句读　清乾隆刻本

张尔岐（1612—1678），字稷若，号蒿庵，济南济阳人，明清之际著名经学家。

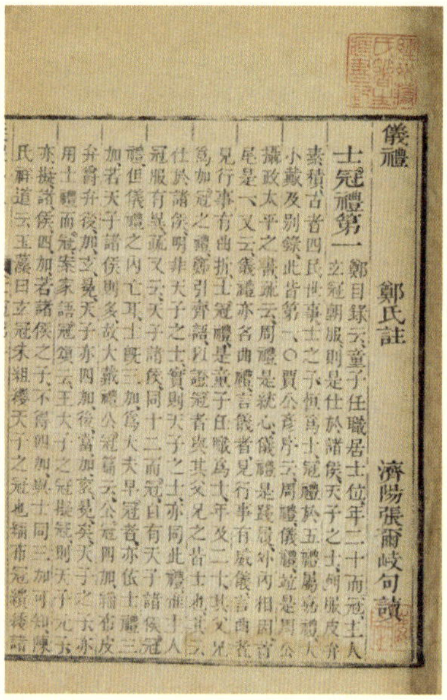

《仪礼郑注句读》

9.《枫香集》一卷（清）朱缃撰 清康熙刻本

朱缃（1670—1707），字子青，号橡村，济南历城人。曾学诗于王士祯。

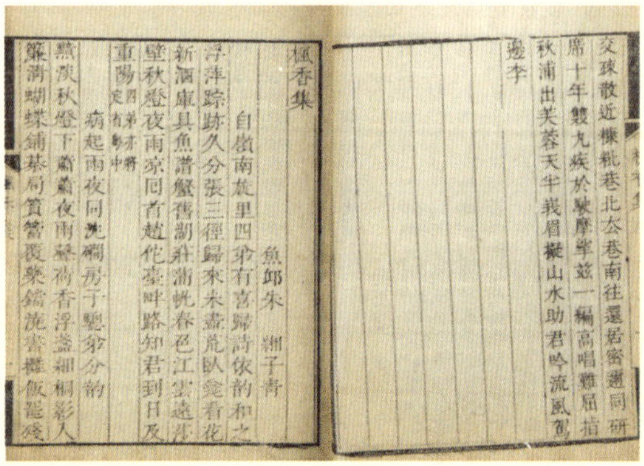

《枫香集》

10.《贷园丛书初集》十二种四十九卷（清）周永年辑 清乾隆五十四年（1789 年）历城周氏竹西书屋刻本

周永年（1730—1791），字书昌，一字书愚，祖籍浙江余姚，迁居济南历城。清代著名目录学家、校勘家和藏书家。清乾隆三十六年（1771 年）进士，与邵晋涵、程晋芳、戴震等人同修《四库全书》，钦赐翰林院庶吉士，授编修。

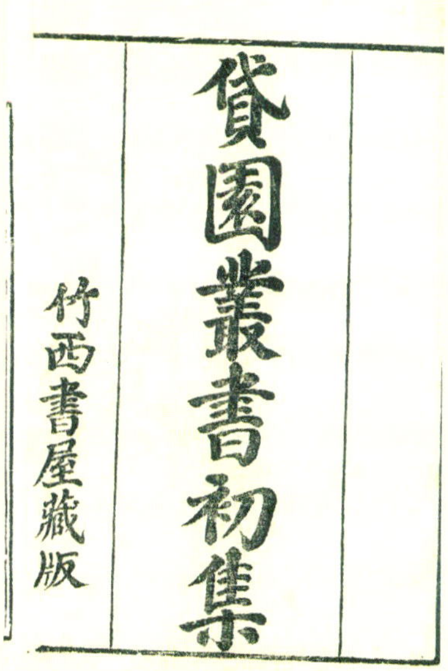
貸園叢書初集
竹西書屋藏版

《贷园丛书初集》

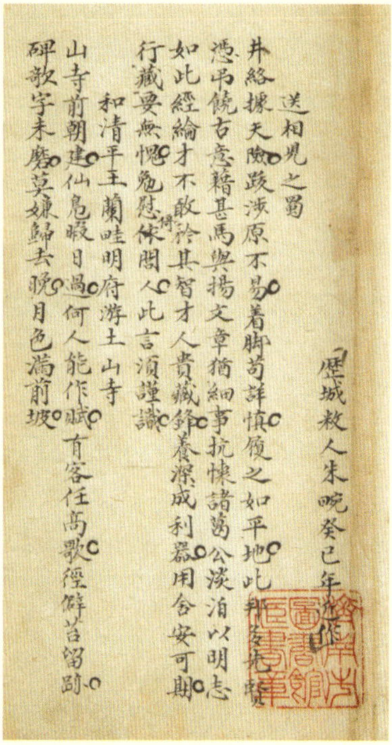

《红蕉馆诗钞》

11.《红蕉馆诗钞》不分卷（清）朱畹撰 清稿本

朱畹（1767—183?），字救人，号虚谷山人，红蕉馆主人，原名朱宁，后避道光帝讳改称“畹”，清代济南历城人。朱畹师承清代诗坛领袖王士祯。

12.《玉函山房辑佚书》七百三十九卷（清）马国翰辑 清刻本

马国翰（1794—1857），字词溪，号竹吾，清代济南历城人。马国翰辑有《玉函山房辑佚书》，此书收书 632 种，是一部规模巨大的辑佚丛书，书版现存山东章丘博物馆。

《玉函山房辑佚书》

10

第十章 本馆出版物

济南图书馆在馆藏文献保存的同时，注重对地方文献的整理与开发。进入21世纪以来，根据所藏文献的史料价值、保存条件及读者利用状况，济南图书馆首先整理出版了3种民国地方文献。同时，在建成古籍书目数据库的基础上，整理出版了《济南市图书馆馆藏古籍书目》《济南历史人物史传辑略》《金石精萃》及《趵突泉志》等。

1.《趵突泉志》两卷

《趵突泉志》，清代任弘远撰，清乾隆七年（1742 年）刻本，由济南图书馆整理，于 2013 年 6 月济南出版社出版。任弘远，字仔肩，号泺湄，清代济南历城人。他一生中最让人称道的著述即《趵突泉志》。

《趵突泉志》是我国自古至今唯一一部记述一处名泉且具有较高史料价值的地方名物专志，数百年来一直得到世人的青睐，被盛誉为“天下名泉第一志”。该书始编于清康熙五十二年（1713 年），历经 29 个春秋，最终于清乾隆七年（1742 年）付梓刊印。全书共分上下两卷，上卷包括宸游、图经、源流、基趾、建置、沿革、古迹、灾异、人物、仙迹、幽怪和传闻十二章；下卷包括艺文、金石和额联三章。而作为该志重要组成部分的“艺文”一章更是因为它收录了历代文人骚客赞咏趵突泉的诗文，被人们视为阅读和欣赏名泉诗文极其珍贵的宝库。《趵突泉志》仅有清乾隆七年刊刻的一个版本，它是地方志中的稀有版本，全国收藏者甚少。关于趵突泉的文献，只在《历乘》《历城县志》中有零星记载，能够全面系统地记述趵突泉历史的只此一部。济南图书馆为了保存稀有古籍的原貌，对《趵突泉志》采用仿真影印的再造方式重印再版。既能将这一善本古籍化身千百，永无失传之虞，又可广泛传播，便于披览研读，从而达到“继绝存真，传本扬学”的目的，解决了古籍善本藏与用的矛盾。

《趵突泉志》

2.《济南指南》

《济南指南》，叶春墀编辑，济南大东出版社于民国 3 年（1914 年）四月出版。济南图书馆整理，2004 年 10 月中国文史出版社重印。

《济南指南》是 20 世纪最早问世的一部全面且详尽地记述济南社会生活各方面情况的便携式手册类工具书。所辑内容包括地势、户口、官厅、公益团体、工商业、交通机关、金融业、游览食宿、杂录 9 个方面的文献资料，尤其是该书所附录的《济南城厢图》和《济南商埠图》反映了当时济南市区行政区域的划分和街巷的分布，这是民国以来济南市区第一份街巷分布图，它对济南街巷地名的研究提供了极为难得且翔实可靠的珍贵资料。书后将明代诗人王象春所著闻名于世的济南竹枝词《齐音》全文载入，这是自《齐音》问世几百年来首次在有关记述济南的史志文献和工具书中发现此诗集的全文。济南图书馆再版《济南指南》按照“尊重历史、整旧如旧”的编纂原则，向广大读者和研究者提供了一本一百年前“原汁原味”真实的完整的《济南指南》。同时该书采用电子版面处理技术，使所收内容清晰度、阅读性均比原书更好。

《济南指南》

3.《济南快览》

《济南快览》，周世铭著，民国 16 年（1927 年）11 月济南世界书局出版发行。济南图书馆整理，2011 年 4 月齐鲁书社出版。

《济南快览》是一部反映 20 世纪二十年代有关济南历史、地理、人口、经济、文化、教育、宗教、社会生活等方面基本状况的快览式工具书，具有典型的手册类工具书的功能。全书共分为总论济南形势（含沿革、物产、风尚、居住、气候、衣食、方言俚语、婚俗等内容）、名胜、古迹、交通、公益团体、军政及民政、司法及警察、教育、各种工商事业、游戏场所 10 编。它汇辑国较为丰富的包括居住、气候、衣食、方言俚语、婚俗等方面的济南民俗资料；概述了济南名泉的来龙去脉和当时的状况；记述了大明湖的蒲菜、章丘大葱等老济南的特产、名产；反映了昔日劳苦大众生活之艰辛。此类记述在其他同类手册中并不多见。《济南快览》一书传世数量非常少，济南图书馆将该书进行标点整理后，采用简体字横排重新出版。

《济南快览》

4.《济南大观》

《济南大观》，罗腾霄编，济南大观社民国23年（1934年）出版。济南图书馆整理，2011年12月齐鲁书社出版。

《济南大观》是一部记述济南社会生活各方面情况的手册，比《济南指南》《济南快览》的记述更全面详尽。其特点在于：一是“务在纪实，所有各项记载均以现时调查为标准”，且叙事简明；二是分类详尽，全书共分为31大类（篇），每一大类（篇）之下，视收录内容之多寡再进一步细分；三是重视对法规性文件的辑录，本书收录当时的法规达16种之多，其中如《市工务局取缔建筑暂行规则》《商品检验法》等法规，对当代城市管理仍有一定的参考价值。

《济南大观》系济南图书馆仅存册，纸张酸化、脆化，损坏严重，一碰即碎，已经无法翻阅。济南图书馆对《济南大观》内容标点整理后，采用简体字横排方式出版，使这一珍贵文献得以化身千百，服务当代济南的文化研究。

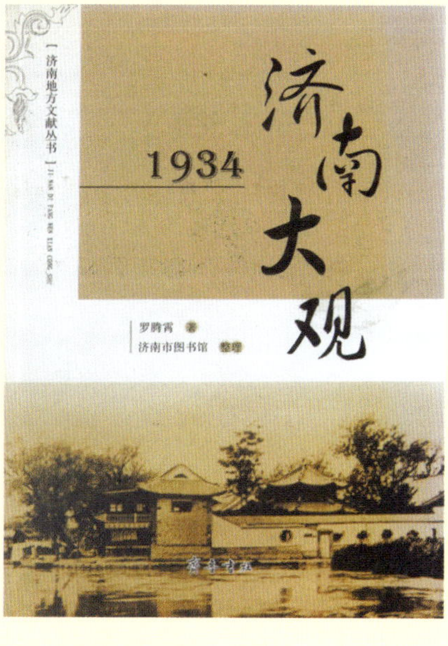

《济南大观》

5.《济南历史人物史传辑略》

《济南历史人物史传辑略》，济南图书馆编，2003 年 6 月黄河出版社出版。

本书从在济南出生或活动过的历代政治家、思想家、军事家、文学家及著名学者中，选择对济南历史发展产生较大影响的人物，包括舜、鲍叔牙、扁鹊等 61 人。人物介绍包括三部分：一为生平简介，介绍该人物的生平事迹及历史影响；二为史传文献，摘录正史中相关原始记录；三为从山东古代方志文献中辑录相关的资料。

《济南历史人物史传辑略》

6.《济南市图书馆馆藏古籍书目》

《济南市图书馆馆藏古籍书目》，济南图书馆编，2005 年 3 月中国文史出版社出版。

济南图书馆在对馆藏古籍进行了全面整理，逐一核对和校订目录卡片的基础上，对每部古籍进行版本鉴定编制了这本书目。书目收入馆藏古籍文献 8000 多部，计 10 万余册，整体介绍了济南图书馆馆藏古籍文献。条目内容有书名、卷数、著者、版本、载体形态、附注及索引号等项。附有书名和著者索引，分别按汉语拼音音序和笔画排序。

《济南市图书馆馆藏古籍书目》

7.《金石精萃》

《金石精萃》，济南图书馆编，2008 年 1 月济南出版社出版。

济南图书馆从馆藏 2000 余件金石碑刻拓本中，遴选出 96 种整理出版。凡篆书、隶书、正书和行书不同字体的金石碑刻拓本各有收录。全书所选碑刻拓本上起西周，下至清代，前 25 种为济南地区的碑刻拓本，后 71 种为全国各地历代金石拓本精选。前半部分刊有拓本的整幅或局部的照片，后半部分为各种碑帖的简介，具有图文并茂的效果。简介部分主要介绍金石碑刻的年代、撰者、书者、尺寸、字数、出土及现收藏地点以及书者、撰者的生平和所涉及的名人和名胜。

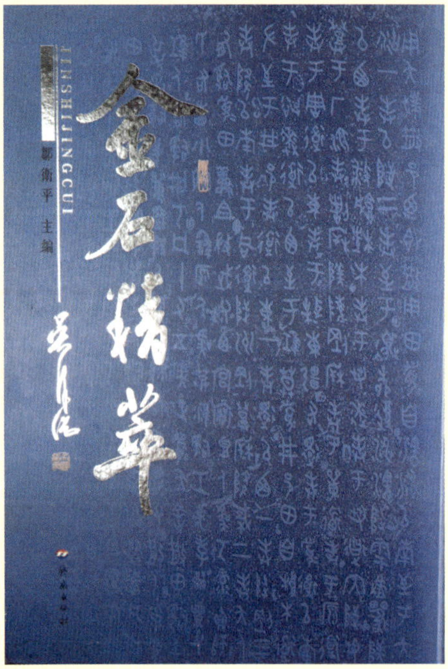

《金石精萃》

后　记

历经一年的写作，这部书稿终于画上句号。

2014 年 3 月，济南图书馆接到天津大学出版社的邀约时就欣然应允。“21 世纪中国城市图书馆丛书”的出版对图书馆界是一件好事，对济南图书馆来说更是展示自我的机会。济南图书馆领导班子非常重视，为此专门成立了本书编委会。

万事开头难，像这样以史书的记述方式的写作，我们没有尝试过，在经过反复商讨确定了写作大纲后，编委们进入收集史料和创作阶段。地方文献部和借阅部的同志们积极为书稿提供了翔实的文献资料。编委们于 2014 年 9 月完成了初稿。

2015 年 1 月在天津大学出版社召开审稿会议后，我馆按照王宗义教授提出的修改意见和出版社的修改要求，无论是在稿件的结构分布还是文字描述上都进行了调整并重新编写部分内容。我馆年轻馆员曹艺和张振康为二稿提供了全新的素材，充实了公共文化服务和全民阅读活动两部分的内容。我们于 2015 年春节前夕完成二稿的改写，并将书稿中的配图一起整理出来。王宗义教授利用春节假期的时间审读了我馆的书稿，并再次提出中肯的修改建议。对此我们表示万分的感激。

三稿的修改历时近一个月，编委们本着历史唯物主义的态度，使历史记录尽量保持完整性，再次查阅大量史料，确保文字叙述的规范，同时网络中心的同志们也提供了很大的帮助。最终我们将书稿内容以简单平实的记述呈现给大家。

济南图书馆新馆的建成为我们开启了数字时代的新征程，未来的篇章靠我们努力去谱写。也许此书尚不能反映我馆的全部风貌，我们也希望尽善尽美，但由于时间紧迫、学养有限等原因，难免有疏漏之处，敬请同行们不吝指正。

《济南图书馆》编委会

2015. 3

Springs City

国学講堂

01

Chapter 1

Urban Context

Section 1

City of Springs

Jinan abounds with springs, which are the finest under heaven

Springs in Jinan, the Best of the World.

Jinan, the capital city of Shandong province, is the world's famous city, which is known for its numerous springs. Jinan, after *Famous Spring Stele* came out in Jin Dynasty, has become renowned as Spring City in the world. Numerous lucid springs, look like bright pearls, inlaid in this beautiful and fertile city. It is so fascinating.

The origin of springs in Jinan was considered to be underground water from Mount Wangwu in Henan. We can find this explanation in *the Dream Rivulet Diary* written by Shen kuo, *The Notes of Rebuilding Spouting Spring* written by Shi Runzhang and *The Note of XianQing Yuan* written by Shen Tingfang. And also poets Hu Zuanzong and Wang Chutong agreed it. While others like Zeng Gong, Yuan Haowen and Yu Qin thought that the springs originated from the mountains in the south. Mordern geologists have testified the second thought with kinds of many studies and experiments. Jinan is located between North China Plain and central area of Shandong province, which is surrounded by mountains in the south and plains in the north. The main cause of the spring formation is the special location, geological structure of gentle slope and peculiar karst landform. The southern mountain area is the natural water tower of the city.

Springs in Jinan are disdinguished from others because of this natural water tower. And they were of unrivaled beauty and spectacularity in Li Daoyuan's eyes in the Northern Wei

Dynasty. Also they were the best in China. So Yu Qin, the geographer in Yuan Dynasty, summarized that the landscape of Jinan was the best in Shandong Province, and the springs were the best in the world.

According to documentary records, Emperor Zhou of the Shang Dynasty who went on a panitive expedition passed Luo, which was Spouting Spring in Jinan. Spouting Spring was the origin of ancient Luoshui River. It was also mentioned in the *Zuo Commentary* as Hua Spring, which was named after Mount Hua.

From ancient times till now, there are countless documentary records of springs in Jinan. *Shui jing zhu* written in Northern Wei Dynasty systematically recorded Spouting Spring, Shun Spring, Hua Spring, Baimai Spring and other famous springs. There were also many records in other literatures.

The latest statistics show that, there are 733 springs together with 136 springs in old town covering an area of 2.6 km^2, regardless of unfamous springs and seasonal springs in street housings or rural cliff. Spring City, Jinan, has numorous springs, which is also a matchless natural karst spring museum.

The highest daily flow of spring in the downtown can be 600 thousand cubic metres. Spouting Spring gushes upward and the riffles are like wheels. Its highest daily flow can be 240 thousand cubic metres, while Black Tiger Spring was famous for its daily flow of 41 thousand cubic metres. Springs come from under rock stratum, and their temperature maintains about 17-18℃. And it has a high degree of mineralization and rich microelements. These springs are colorless and odorless, which are sweet and ideal drinking waters.

There are 733 springs which intersperse among Jinan divided into five spring areas and ten spring groups. Five spring areas from east to west are Mingshui area, White Spring area, Jinan area (Spouting Spring area), Changxiao area and Pingyin area. Ten spring groups are Spouting Spring group, Black Tiger Spring group, Pearl Spring group, Five Dragons Pool group, Baimai Spring group, White Spring group, Hongfan pool group, Yong Spring group, Yu River Spring group and Jiasha Spring group. Spouting Spring and Baisheng Spring are the best of ten spring groups. There are Spouting Spring, Black Tiger, Pearl and Five Dragon Pool in the urban area of Jinan, like downtown area or dwellings in the alley. And there are more spring groups in the mountains and fields, which are famous for its limpidity. So as the saying goes, lofty mountains and flowing water means that a faithful friend is hard to find.

There were "Seventy-two Springs" in total. *Famous Spring Stele* in Song and Jin dynasties was lost. But Seventy-two Springs were recorded in *Qisheng* written by Yu Qin in Yuan Dynasty. Meanwhile, they were mentioned in *Jinan Seventy-two Springs Poems* written by YanBi in Ming Dynasty and *Jinan Seventy-two Springs Notes* written by Hao Zhigong in Qing Dynasty. After thousands of years, about 110 springs have changed. So Jinan reassesses Seventy-two Springs, including Spouting Springs, Golden Wire, Pearl and Black Tiger, which are famous in successive dynasties with Plum Blossom and Jinxin being up-rising stars in recent years.

Spring is Blood of City.

Springs are the eyes of Jinan, which gather the aura of Jinan; springs are the blood of Jinan, presenting its charm. Surrounded by mountains, springs are racing day and night; the luscious and cool springs are just like the magic pen of Maliang, outling a chic, gorgeous and magical painting of region of rivers and lakes, in which plenty of clean and meandering streams are flowing willfully, playing a happy and cheerful sound; streams are flowing together into rivers and lakes, with waves ripping and lotus blooming; the willows by the river side are dancing with the wind, mountains are reflected in the lakes. Mountains, springs, lakes, rivers and the city, combined together, construct the beautiful scenery of the Spring City, Jinan. "Being surrounded by lotus and willows, being full of mountains and lakes". It is not Jiangnan, but better than Jiangnan.

The first generous gift that the springs have brought to Jinan is clean streams. Plenty of rivers and lakes inside and outside of Jinan are made from springs. Wandering in the old urban area of Jinan, streams made from springs can be seen everywhere. Springs flow to millions of households, to every corner of the Spring City. Inadvertently, you can see the beautiful scenery of "springs running over stones".

Besides the Yellow River, the Moat and the Xiaoqing River are the most famous in many rivers in Jinan. The Moat (nickname: Luoshui, Luo River) was originally built in the Han Dynasty. The Moat water originates from E'ying River and Luoshui. And it is the only moat all composed of spring water in the world. In the Hongwu Period of the Ming Dynasty, the Moat circled around the city. The pound is 5 zhang (Chinese unit of length, equalling 3.33 meter) wide, and 3 chi (Chinese unit of length, equalling 1/3 meter) deep. In 1855, the Yellow River captured the old course of the Jishui into the sea, and XiaoqingRiver became straight, thus the Moat had become the upstream of the Xiaoqing River, flowing through Huangtai to Yangjiao Gou into the sea.

After the foundation of PRC, the Moat was reconstructed for several times. From 2007 to 2010, the phase 1 and 2 navigation engineering of the Moat were completed in succession, and the full navigation of the Moat opened up. The renovated Moat gets four spring groups of urban area together and eventually flowed into the Daming Lake. It is an important part of characteristic symbol area of Spring City. The riverway of the Moat is 6.9 km long and 10—30 meters wide, covering an area of 26.3 hectares and a water area of 8.4 hectares. There are greenbelt with a width of 10 — 59 meters on both sides and an area of 12.5 hectares .

Xiaoqing River, located in the north suburb of Jinan city, is the world's only river originating from city, running from the spring to the sea. It is also a man-made channel in Shandong Province. Its history can be traced back to the old Jishui road (the one of the "Four Channels") when King Yu tamed the flood. After Liu Yu, prefecture chief of Jinan surrendered to Jin dynasty in early years of the Nansong Dynasty, he ordered to build Xialuo weir in the south of Mount Hua in Licheng county, and dig the old river channel, which drawing Luoshui into the old course of the Jishui in the east. It was carved after several years and called Xiaoqing River. It is more than 250 kilometers long, flowing through Zhangqiu, Xincheng and Boxin into the sea.

After the dredging of the Xiaoqing River, it quickly became a "golden waterway" in Shandong Province, bearing the trade transportation, flood control, flood discharge, irrigation, aquaculture, and other functions. According to historical records, the shipping on Xiaoqing River was very busy before and was also called as "Xiaoyan River" for transporting salt after the Jin and Yuan dynasties. At the end of the Qing Dynasty, the Xiaoqing River shipping was particularly prosperous. Masts standing along the main docks, the stream of people and piles of goods constituted a busy scene. After the foundation of

PRC, the Xiaoqing River dredged and its shipping was continuous, in which Huangtai wharf reached its peak in the 1970s. At the beginning of 1997, the channel was widened and the course became shallow, so the Xiaoqing River was formally suspended. In 2011, it was dredged to navigation again and became a beautiful scenery in the north of Jinan for running river, clear water, and green shore.

The second gift which spring gives to Jinan is the glassy surface of the lake and the lush lotus. Jinan is a city with many lakes in the history, such as Daming Lake, Queshan Lake, Huashan Lake, Meili Lake, Yangjuan Lake and Zhangma Lake. As for its cause of formation, we cannot ignore Jinan's special geological, geographical and climatic factors, as well as the rich springs. The area and the number of lakes decreased after the opening of the Xiaoqing River, but Daming Lake is still the most bright pearl on the earth in Spring City.

Daming Lake has a long history. According to *Shuijingzhu* wrote by Li Daoyuan in Beiwei dynasty, the north of the Luo River is the Daming Lake, located in today's Five Dragons Pool area. At that time, today's Daming Lake area was called "Li Shui Bei", south to ZhuoYing Lake, north to the Mount Que and Mount Hua Buzhu. Today's Daming Lake area, Wulongtan and Beiyuan were one integrated lake at that time (or including Queshan Lake and Huashan Lake). In Six Dynasties, the lake has been named "Lotus Lake" for growing many lotus, and it was called "West Lake" in the Song Dynasty.

Li Bai visited Jinan and wrote the "Lake is so wide, which reflects green mountains" in the poem *Visit Queshan Lake with Jinan Satrap.* Zeng Gong in Song Dynasty had left the verse of "*Ten hectares of west lake brighten the eyes*" when he managed Qizhou (now is in Jinan), and from the above we can see that grand occasion of lakes in the northern suburbs of Jinan at that time. For flood defense, Zeng Gong mainly built north gate, brought the water into the Xiaoqing River, and built pavilions, terraces, dam and bridge along the lake into the landscape. Daming Lake refered to Neihu District from the Jin Dynasty, while the poet Yuan Haowen started to call the Daming Lake in his poem "*Travel Note of Jinan*". When Ming Dynasty rebuilt the walls, Daming lake had preliminarily formed today's appearance. After successive desilting and planting lotus plant, Daming Lake had formed the beautiful scenery of the "Lotus surrounded on three sides of willow, a city with hills and lakes" in the Qing Dynasty.

Daming Lake is located in the old city of Jinan in the northwest, the lake area was 61.2 hectares in the Ming and Qing Dynasties and today has been reduced to 46.5 hectares, water storage capacity is 830,000 m^3. It is mainly composed of more than 20 springs together, such as Pearl Spring, Xiaogan Spring, Furong Spring, Wangfu Pool. She gathers all the springs of water with the spirit of the springs, the vast lake, the distant peaks, summer lotus waves, spring smoke beauty. Visiting Daming Lake by boat seems like visiting the sweet garden. Hui Bo Wan Zhao, Ming Hu Fan Zhou, Li Xia Qiu Feng of eight sights of Jinan and Fo Shan Dao Ying well known by *The Travels of Lao Can* all gather here.

After the opening in the Xiaoqing River, the outside of the large lake area had been more opened for fertile land, where rice was planted and white lotus root was renowned. Later, with the process of city construction, the former lotus fields were filled to the ground and incorporated into the city. In order to restore the water landscape, Jinan city launched a North Lake area development and construction projects which planned to dig North Lake and Zhongluo River to build golden water line of "Mount Hua—North Lake—Daming Lake". In the preliminary planning scheme of North Lake Park, total area is 27.5 hectares, and water area is about 11.26 hectares.

Mountain brings spring, spring lives mountain. Spring brings landscape wonders to

Jinan. The mountains south of Jinan provide inexhaustible source of water for gushing spring water, while the gushing of springs water is to let north suburb of Jinan city and the "Que, Hua, Kuang, Yao" mountans and so on to be surrounded by cloud and mist. Mountains and waters are reflecting each other, hence the city appears like the gorgeous screen of southern mountains, Fo Shan Dao Ying of Daming Lake and Qi Yang Jiu Dian, "Que Hua Yan Yu" of northern mountains, which make the city have both the graceful and restrained beauty of the Jiangnan and the masculinity of the North.

Section 2

Cultural Jinan

Paint brush draws paintings and historical pen writes history. Jinan, known as the Spring city, is a landscape which is constituted of springs. And it is also a famous historical and cultural city which is infiltrated by springs. So springs are the blood and soul of Jinan. Gurgling springs make mountains, springs, lakes, rivers and city a combination. And it also makes springs and poplars around housings, lotus and willows, mountains and lakes surrounding city. At the same time, springs combine unique temperament and spirit with this city, which breeds successive history and civilization. It is unique and unduplicated in the world. There is no city richly endowed by nature like Jinan, which inherits and develops with springs infiltration.

Jinan, the Spring city, develops and becomes famous because of springs. In Jinan, not only urban planning and development but also basic necessities of life or leisure and entertainment is closely bound up with springs. As a result, spring is the first carrier of inheritance of urban culture in Jinan. Cool and sweet springs breed cultural celebrities generation after generation, which also trigger so many popular poems. In Jinan, every spring and every mountain have their legend and stories. Since ancient times, there are plenty of poems and paintings which praise mountains and water in Jinan. Besides, there are more folk tales and historical legends. In fact, the history of Jinan is also the formation and the development of the history of spring culture. Spring and Jinan's history and culture of organic integration formed the broad and unique "spring culture" and nurtured the city civilization.

Famous city Jinan

Water is the source of life. And it is an initial instinct for human race to migrate to where water is available, which is also a basic rule of living for human society to continue. Jinan with plentiful springs and high quality water had track of ancestor activities in ancient time. So it is one of the important birthplaces of Chinese civilization. In December of 1986, Jinan was listed as a national historical and cultural city by the State Council.

There are many ancient cultural relics around Jinan. Among them, Zhangqiu, Licheng and Changqing areas are concentrated distributions of Houli Culture with 8, 000 years history. People also found 8 Beixin Culture relics in Jinan with 6, 100—7, 300 years history. And there are more Dawenkou Culture relics in Zhangqiu, Changqing and Pingyin, which can date back to 4, 600—6, 100 years ago. Yueshi Culture (Yiren Culture) has more than 10 relics in the territory of Jinan which can date back to 3, 500—3, 900 years ago.

Chengziya relic has China's oldest Longshan cultural city with an area of 200 thousand square metres, whose size ranks first in the country among them, YueShi culture city with an area of 170 thousand square metres is the first Xia Dynasty city site that is found and identified.

Jinan has the Great Wall of Qi Dynasty, which is older than the Great Wall of Qin Dynasty. In Xiaotang mountain, there is a stone shrine of Guo's tomb from Han dynasty which is the oldest ground building relics in China. Liubu Four-door tower of Sui Dynasty is the oldest stone tower of China. In Lingyan Temple of Song Dynasty, there are painted sculptures of Arhats, which are known as "The best famous sculptures".

There are so many historical and cultural relics, and all printed with obvious "spring birthmark". In the ancient time, Shun, which is the leader of Dongyi tilling land in Lixia, has left a number of historical legends, many of which are related to springs. In Houli culture relics, we found some mud-floor calcinated particularly. And it is testified as a measure to avoid ground from moisture in such watery environment in Jinan. People found 26 grains of rice in Changqing Yuezhuang relic, which is the earliest rice remnants in north of China. Black pottery, as an important symbol of the Longshan culture, and more than 10 pieces of clamshells and tools made of clamshells which are discovered in Mount Xiaojin, are the marks of ancient ancestors living around springs.

There are different theories about the history of the city construction of Jinan. Someone believes that it has started 2, 600 years ago, others think it began with the Longshan culture period about 4, 600 years ago. But as the birth of a historical and cultural city, it was built in Lixia District of Eastern Zhou Chunqiu period, which was the foundation for the large eastern city of Central Plains. The construction and development of Lixia were also closely related to the springs.

In Qin Dynasty, Jinan still belonged to Lixia town. Until the beginning of Han Dynasty, Jinan became a county. And it became Jinan State in Eastern Han Dynasty. At the beginning the county was located in Dongpingling, later moved to Licheng. During the Sui and Tang Dynasties, Jinan County was renamed as the Qi Zhou, but the capital of county was still in Licheng. Jinan upgraded from Zhou to Fu in 1116. Jinan still was a prefecture belonging to Shandong Province in Jin Dynasty. In Yuan Dynasty, Jinan was a prefecture belonging to Central Secretariat. In the Ming Dynasty, government set up Shandong Province and Jinan was its capital. Jinan had been the political center of Shandong Province since then.

In Han dynasty, Jinan built Tucheng in the northeast of Spouting Spring. Mountains are around its southern area, while rivers are aroud its north. The wall of Tucheng is made of soil. In 1371, it was rebuilt with bricks. And soil embankment was built outside Tucheng in 1860, while stone embankment was built in 1865. But there was no embankment in the north because of its wateriness.

Pearl Spring is the center of the ancient city of JiBlack Tigernan. Black Tiger Spring is below the turret outside the southeast of the city and Spouting Spring is below the turret outside the southwest of the city, which are connected by a moat. The South Gate, with Daming lake as a north-south confrontation, is in the center of the city, which consists of an isosceles triangle whit Pearl Spring, Black Tiger Spring and Spouting Spring. Water of springs inside of the city flow into the Daming lake, then flow to the north into the Xiaoqing River through Huibo gate. The water of Spouting spring and Black Tiger spring flow to the north into Xiaoqing River along the Luo River. Daming Lake, Spouting Spring. Black Tiger Spring and Xiaoqing River make the north park areas form a unique scenery of "fragrance of lotus".

The ancient city has obvious characteristics of the northern watery place because of the influence of springs, lakes and so on. Road of the city are quartzite based. There will even be flowing spring water on the roads frequently. A avariety of buildings such as residential houses are often designed in the style of water diversion into the courtyard or near the water tower. For this purpose, buildings mostly adopt the stone bases, stone walls with a sunny exposure, such as the folk houses located in Furong Street and Qushuiting Street. Because of the high natural water level in and around ancient city, there is a timing "wooden drawbridge" on the natural moat outside the city. More roads of the city are connected by stone arch bridges. There are a lot of stone bridge relics remaining today, such as Daban Bridge, Xiaoban Bridge, Yingxian Bridge.

As the capital of spring, the names of many buildings, roads and facilities in the city of Jinan are connected with springs, lakes and so on, such as Quancheng Square, Spouting Spring Park, Daming Lake Park, Luokou, Quancheng Road, Black Tiger Spring Road, Qushuiting Street, Wangfu Pool Street, Luoyuan Street, Furong Street, Linhu Street, Huibo Lane, Yongquan Alley. Hearing these names, people can make associations with the springs naturally; if you can place yourself among them, you will have a sense of beauty of kissing spring water.

Famous People in Jinan

The benevolent prefer mountains, while the wise love water. Jinan is an elegant and graceful city. And clear spring water is a gift from Heaven. For thousands of years, people have lived around spring and have lived on spring. Sweet spring water benefits the public and incorporates its quality into peopte's lives, which also raises up generations of Chinese people in a long history.

The historical and cultural city of Jinan has many outstanding figures because of spring water nourishing. They were filial, or intellectual, or virtuous. They had accumulated cultural heritage and left celebrities' demeanours for the city.

Shun repeatedly suffered persecution by his family when he farmed in the Lixia. But he still treated their parents with filial respects and took good care of his brother. Therefore, he was praised by the people. At that time, people didn't fight for fields. After becoming the Emperor, Shun appointed virtunous men and spread politics and education widely.

Therefore, all the people submitted to him and praised his merits.

Bao Shuya, a senior officer coming from Qi, was best known for being good at understanding people. He and Guan Zhong were good friends when he was young. Later, he resigned from prime minister and recommended Guan Zhong to take over the position. Eventually, Qi dominated among the feudal princes. So, futurities call good friends "Guan Bao". Bao Shuya was buried on Mount Bao in Licheng.

Min Ziqian, coming from Lu of the Spring and Autumn period, was one of the seventy-two disciples of Confucius and was famous for filial piety. He was on par with Yan Yuan for virtue among disciples of Confucius. There is a legend of the tomb of Min Ziqian in Hongjialou town of Licheng.

Zou Yan, the founder of the Yin-Yang school, was from Qi of the late Warring States Period and leader of scholars of Jixia Academy. His tomb was in Zhangqiu according to the legend.

Bian Que, a highly skilled doctor, comes from Bohairu (now is Changqing) of the Warring States Period. He invented look, listen, question and feel the pulse—four ways of diagnosis, and he was the first person in the diagnosis and treatment of pulse-taking.

As a learned scholar of Qin dynasty, Fu Sheng was from Jinan who hid Shangshu in the wall desperately and taught Chao Cuo via dictation after the Qin Dynasty. That was "Fu Sheng contributed book" in history. After ages, he was equivalent to Dong Zhongshu, and they were called "Dongfu".

Qin Qiong, Cheng Yaojin and Duan Zhixuan, all these great soldiers of Sui Tang dynasties followed Li Shimin to go on a punitive expedition and made many military exploits. The famous prime minister Fang Xuanling, one of the "Eighteen bachelors" of Tang dynasty, wielded state power with Du Ruhui. So they were known as "strategy of Fang Xuanling and decision of Du Ruhui". The five men mentioned above were the founding fathers of Tang dynasty and ranked in "24 Heroes of Lingyange".

The eminent monk of Tang dynasty, Yi Jing, coming from Shanchi of Qizhou (now the east of Changqing), learnt from Fa Xian and Xuan Zang traveling more than 30 countries in over 20 years; he obtained nearly 400 Buddhist texts, translated 56 and wrote 2, which made him one of the four famous translators of Buddhist scriptures.

Tian Gao, from Licheng of Qizhou in Northern Song Dynasty, was fond of literature and his works were elegant and beautiful. He was the leader of the atmosphere of discoursing on an academic subject. People learning from him frequently reached hundreds, including dozens of the illustrious and the influential.

Li Qingzhao (Yi An Ju Shi) and Xin Qiji (Youan) were "Double Leaders of Song Ci". As "the first talented woman through the ages", Li Qingzhao was master of gracious poetry. Xin Qiji was not only the leader of the bold and unconstrained school and but also combined blandness. Two of them were called "Jinan Er An", interpreted the quality of couple hardness with softness of Jinan.

Generations of literary had composed excellent traditional culture of Jinan in different ways, including Zhang Yanghao (incorruptible, known as his Sanqu and poems), Zhang Qiyan (ordered to repair the history of the Liao, Jin, Song Dynasties), Zhou Mi (the author of *Excellent Selections of Poetry*), Li Gang (honoured as iron Censor). Zhang Nai, Bian Gong, Li Kaixian, Li Panlong, Yin Shizhan, Yu Shenxing, Wang Xiangchun and Liu Chi .

From ancient to modern times, famous cultural persons are all fascinated with Jinan, such as Zeng Gong, Su Zhe, Zhao Mengfu, Yu Qin, Tie Xuan, Xue Suo, Gu Yanwu, Shi Runzhang, Tian Wen, Wang Shizhen, Pu Songling, Gui Fu, Weng Fanggang, Liu Fenggao, Ruan Yuan, He Shaoji, Ding Baozheng, Zhang Yao, Liu E, Wang Jinmei, Deng Enming, Lao She, Ji Xianlin. So their works all have marks of spring.

Springs and Poems in Jinan

The famous springs left sites, literati sang poems. Jinan has been a famous tourist resort since ancient times for springs, which lets the literati for its fame indulged in beautiful scenery without stopping. Scenic visual impact and heart shock inspire literati to create continuously. For thousands of years, these poems and articles have enriched the cultural connotation of Jinan, and Jinan has also become one of the most poetic cities.

Praise poetry of Jinan springs, as early as in " *Xiao Ya*, *Da Dong*" of *The Book of Songs*, was written by the people form Tanguo (now Zhangqiu) in the early Western Zhou Dynasty. The hungry ancients didn't have aesthetic feeling of gushing spring, but "Cool and clear spring water flowing, don't wet wood" term still clearly reflects the actual situation of the spring at that time.

In Han and Tang Dynasties, Jinan was "the world's famous state". Li Daoyuan of the Northern Wei Dynasty had made a vivid description of attractions and described some interesting custom. If you stroll along today's Qushuiting Street and nearby the Qushuiliubei Pool (Wangfu Pool) and see the distinctive style and features of "Spring and weeping willows in every household", you will comprehend the origins of the pleasures of drinking and writing poems among the former literati.

In Kaiyuan, Tianbao periods of Tang dynasty, Li Bai, the Poetry Immortal, Du Fu, the Poetry Sage had a number of tours of Jinan and left dozens of poems. The beautiful landscape let Li Bai write a famous sentences of poetry: "Reflection with a smile, pleased to follow". Deep cultural of Jinan let Du Fu sigh with emotion: "the ancient pavilion of Lixia, too many celebrities in Jinan". In 746, Li Bai, Du Fu and Li Yong, Gao Shi met in Jinan to drink and write poetry. This story is still mentioned nowadays.

In the song and Yuan Dynasties, besides "Double An of Jinan", there were many literati in Jinan. Zhang Yanghao had taken the art of Sanqu to new levels in his eight years of seclusion. Su Zhe had served as prefectural secretary of Qizhou, and it was said he was attracted by springs of Jinan. Zhao Mengfu had left numerous poems and paintings when he was a government official in Jinan. "Cloud and mist of Huabuzhu, the sound of Daming lake" had become the classic poem that praised Spouting Spring since that times, and *The Autumn in Que and Hua Mountains* had become the famous work. Huang Tingjian had not been to Jinan, but also left a sigh of "handsome of Jinan likes Jiangnan". When visiting Jinan, Yuan Haowen said: "Envying landscapes of Jinan, I want to be the people of Jinan".

During the Ming and Qing Dynasties, "Jinan poetry" become famous, and Jinan became the center of poetry. Bian Gong, Li Panlong, Wang Shizhen became the leaders of poetic circles successively. Bian Gong lingered in landscape and wrote poems. Li Panlong created "Lixia poetry", which were so different that they became unique styles in the history of Chinese literature. Wang Shizhen was not only honoured as "maestro of poetry" but also the leader of the literary world of Kangxi period and the advocate of "Romantic School". Wang Shizhen described himself as Jinan's for living in Jinan when he was young. The most famous poems of Jinan were four *Autumn Willow*, which described willows without willows with more than 200 words for this poem. Gu Yanwu wrote specially an article named *Coming from Autumn Willow* for responsory. Since then, many famous literati responded and "Autumn Willow Poetry Club" came up. Descendant named a courtyard on the northeast of Daming Lake for "Autumn Willow Garden", where was the young Wang Shizhen's old home according to legend.

Around three representatives in the literary world of Jinan gathered a large number of local talents, such as Liu Tianmin, Li Panlong and Bian Gong, who were called "3 luminaries of Lixia". Xu Bangcai, Yin Shidan, Bian Gong and Li Panlong, were called the "Bian, Li, Yin, Xu". After Wang Shizhen, there were many famous literati in Jinan, and "Oushe", "Minghuqizi" come up successively. "School of Jinan" had been very prosperous in the mid and late Qing Dynasty. Li Kaixian was very interested in operas, books and friends, his *Foot in the Poem*, *A Sword Story* spread widely; Wang Xiangchun wanted to describe all hills, waters, lakes, springs of Jinan, so he created 107 pieces of *Sound of Qi*; Dong Yun, founder of Jingyan Academy, created *Wide Sound of Qi*, *A Brief History of Landscapes of Lixia* to continue to describe the beautiful landscapes of Jinan, Wang Ping, created more than 3,000 poems during his life, lived in seclusion in Wanzhu Garden after giving up his official position.

After the Romantic School, there had appeared the other schools among Chinese poetic circles, including west Zhejiang school of Ci poetry, the theory of literary style, the theory of personality, the theory of skin texture in literature, Tongguang school, etc. As leaders of these schools, Zhu Xizun, Weng Fanggang, He Shaoji and Ruan Yuan were all officials in Jinan and left numerous poems. Pu Songling, the author of Lake Boat, Foshan Shadow, Quehua Cloud, Spouting Spring, wrote *Ancient Liting* in a thousand words. Liu Fenggao, coming from Pingxiang of Jiangxi Province, was the author of the "Lotus surrounded on three sides of willow, a city with hills and lakes", which was carved in Ancestral Hall as couplets and is still told nowadays. *The Travels of Lao Can*, written by Liu E, left a vivid record of "Every spring, every weeping willow in every household" of Jinan.

There were countless poets, writers and articles associated with Jinan in modern and contemporary times. Among them, the most famous was Lao She. He lived in Jinan for more than four years in 1930s and Jinan had become his second home. Lao She had written a series of prose and essays in poetic words and made panoramic descriptions of four-season landscapes, scenic attractions, product and folk-custom of Jinan. Lao She's researchers said: "Lao She made Jinan, Jinan also made Lao She."

Entering in Jinan

Spring is the blood of Jinan, which bears and extends the life of this city. There are obvious "water mark" on Jinan's urban culture. such as politics, economy, folk customs, and daily life.

Jinan, as a city of stories, its stories and legends have something to do with springs. For instance, stories of Shun and Shun Well, Shun Princess and Pearl Spring, Da Yu and Canglong Gulley, Qin Qiong and Wulong Pool, Guan Sheng and Mapao Spring, Ding Baozhen and Mizhi Spring spread widely. Legends of Yuan Haowen met Lv Zu in dreams, Nan Feng met God Luo at night, Emperor Qianlong met Yuhe, Yangliu with Lotus, Pipa Bridge and Lotus Beauty, Shuangzhong Spring and Shuangzhong Ancestral Temple, Snakes go back to caves and frogs stop croaking, Spouting Spring, Dukang Spring, Luogu Spring, Xiaogan Spring, Rabbit King, Lotus Fairy are popular among every household.

Jinan, which is known as "the sea of folk opera", is as famous as Beijing and Tianjin in respect of folk opera. Folk opera house such as Minghuju and Chenguangshe are famous nationwide. And story-tellers such as Bai Niu and Hei Niu are famous at home and abroad. Folk operas, including Shandong clapper, Shandong story-telling, Shandong Qinshu, Lihua Dagu, Xihe Dagu, once grew up here. Liu E made a vivid description of the Lihua Dagu performed by Hei Niu and Bai Niu in Minghuju in *The Travels of Lao Can*

Jinan is a natural garden city. It is different from the other garden cities because mountains, springs, lakes, rivers and forests are harmonious here, which makes a city. Therefore, the integration of nature and humanity made Jinan a famous tourism city. As a National 5A Grade Scenic Spot, Jinan, composed of "one river (the moat)," one lake (Daming Lake)", "three springs (Spouting Spring, Black Tiger Spring, Five Dragons Pool)", "four parks (Sporting Spring Park, Huancheng Park, Five Dragons Pool Park, Daminghu Scenic spot)", is actually located in the center of the city with the area of 3. 1 km^2.

Besides floating wine cups along flowing water, many folk cultures of Jinan are associated with spring such as drinking in green, digging lotus root in Daming Lake, setting lanterns on the river, setting mana boats on the river, etc. Daming Lake is also known as lotus nut lake, and there is lotus root Shrine on the north of bank. In ancient times, Welcome Lotus God Festival was held on the 24th day of the sixth lunar month while Seeing Off Lotus God Festival was held on the 30th day of the seventh lunar month, which was also called Obon Festival. Lotus' charm is integrated into spiritual world of Jinan people because of its beautiful colors and graceful bearing.

In 2013, Jinan Municipal Gorernment and the Shandong Tourism Bureall jointly launched the Jinan Spring Festival. The sign of Spring Festival is a cursive script of "Quan", which composed of three colors of water lines, and blue, green and red represent the blue sky, green willows and lotus respectively; colorful baby, the mascot of Spring Festival, is made of seven colors with a drop-shaped head. Its originality stems from gorgeous optical spectrum which comes from water drop in the sunshine. The beauty of the connotation and temperament in Jinan are blended into an organic whole.

02

Chapter 2

Urban Literacy

Springs spread to every corner of the city, which have created delicate and unrestrained beauty of this city; reading not only purifies the minds of citizens, but also shapes the temperament and spirit of the city. Jinan has a tradition of reading and loving books since ancient times.

Section 1

Ancient Book Collection Culture of Jinan

Jinan, where the ancient culture of Qi and Lu converge, is influenced by Confucian culture deeply. In the Spring and Autumn period, "Confucius sorted out *Liu jing*, educated with six arts, opened private collection of books." He is both the founder of Confucian culture and one of the earliest private book collectors.

Ancient Collection Career in Jinan

Literati's respect of the book were affected by Confucian culture, so reading and collecting books were popular. The earliest book collectors can be traced back to Fu Sheng of the Western Han Dynasty according to the *History of the Han Dynasty · Rulin Biography. Thanks to Fu Sheng*, *The Book of History* can be spread in the world.

After the Eastern Han Dynasty, Jinan was Jinan State, or Jinan County. In the Sui Dynasty and Tang Dynasty, Jinan was developed as a famous state, and its social and political status promoted dramatically. But the population migrated frequently during wars from Three Kingdoms and Jin period to the Southern and Northern Dynasties. In the Sui Dynasty and Tang Dynasty, Jinan was a state of booming economy and prosperous culture, but the culture of Guanzhong-Longxi was dominant for a long time. So collection career of Jinan developed slowly. So there was not many famous book collectors over hundreds years. But during the period of that time, Buddhism was so flourished that temples increased to 18. And many eminent monks emerged such as Yi Jing and Dao Xi. Yi Jing (635-713) from Qizhou (now Jinan) of Tang Dynasty, entered into Tuku temple at his age of 7, becoming a monk at 14. He learnt from Fa Xian and Xuan Zang to travel more than 30 countries during 25 years; He had obtained nearly 400 Buddhist texts and translated 56 books and written 5 books including *Eminent Monks to the Western Regions in Great Tang Dynasty.* And he was one of four famous translators of Buddhist scriptures.

Book collection ethos in Jinan gradually became popular during the Song and Yuan Dynasties. There were 7 book collectors according to *The History of Book Collectors in Shandong*. Besides Li Qingzhao and her husband Zhao Mingcheng, Xin Qiji was also a book collector just known as his poems; Zhou Mi, from the Southern Song Dynasty, was raised in a family of book collection with 42000 rolls of book and 1500 kinds of inscriptions on ancient bronzes and stone tablets. Zhang Bing, from Jiyang of Yuan Dynasty, bought 80000 rolls of books collected in Wanjuan House and donated 10000 rolls of books to the Jinan government. After ages, Zhao Wenchang from Changqing, Zhao Shouyi from Jinan and Zhang Ze from Zhangqiu, were also famous book collectors at that time.

In 1376, Jinan became the capital of Shandong instead of Qingzhou, and book collection became more prosperous. According to historical materials, there were 10 famous book collectors in Jinan. Besides Wanjuan House established by Li Kaixian, Prince De of Zhu Jianlin had a lot of books presented by Emperor. According to *Brief History of Book Collectors in Shandong* written by Wang Shaozeng and Sha Jiasun, Wu Cao lu Ji printed in the period of Yong Le and collected by Prince De, still spreads nowadays. And many other books were collected in Prince De house. These are typical imperial military governors' collections.

Bian Gong, also known as Huaquan, was from Licheng. He was very smart when he was a child, and had established Wanjuan Tower on the lake with abundant books and inscriptions on ancient bronzes and stone tablets. Many books recorded his experience.

Jinan's private book collection reached its peak in Qing Dynasty. There are not only famous book collectors and masters of compiling ancient books such as Wang Shizhen, Zhou Yongnian and Ma Guohan, but also library theory and management system represented by Zhou Yongnian. Quantity and quality of book collection also reached to a new level.

It was recorded in historical materials that book collectors of Jinan had reached 22 during

Qing Dynasty, for example, Zhang Erqi, a famous scholar from Jiyang. He was knowledgeable, especially skilled in study of Confucian classics, but he lived in seclusion and didn't want to be known. He liked collecting books, and also skilled in emendation. For example, there was a lot of mistakes in exegesis of *Etiquette. So* researchers were mostly based on the note of Zheng Xuan and commentary of Jia Gongyan. However, it was difficult to sort out because the words of Zheng Xuan were primitively simple and those of Jia Gongyan undisciplined.

In the early Qing Dynasty, poet and writer Wang Shizhen (1634-1711), was also named as Yuyang Shanren, born in Xincheng (now Huantai, Shandong Province). He lived in Jinan when he was young, so he claimed he was from Jinan. His father left many books, but lost more than half because of war. After being an official, all his income was used to buy books, or borrowed books to record copies, He did so for more than 30 years. In 1701, he went home to rest with several wagons with books. His student, Yu Zhiding had draw a *Zai Shu Tu* for that. Chibei Stack Room established by Wang Shizheng was as famous as Pushu Ting established by Zhu Yizun. And Zhu Yizun wrote *Record of Chibei Stack Room* that indexed nearly 500 kinds of Song copy, Yuan copy, Ming copy. Wang Shizhen also was skillful in appreciation and possessed dozens of Ex-libris stamps, including Wang Ruanting, Yushi Dafu, Gongzhan Xueshi, HuaguTianshe and so on.

Zhang Junzhe from Licheng were knowledgeable. And books he read were from Qin and Han to Tang and Song dynasties. There were tens of thousands of books in his house, and many of them were local literature.

Library and education has inseparable connection since Confucius sorted out the *Six Classics.* The popularity of official schools and academies of Jinan also brought the prosperity and development of the book collection. Official schools of Jinan included Qizhou County school, Licheng County school, Zhangqiu County school, Jiyang County school, Shanghe County school, Changqing County school, Pingyin County school. Official school libraries were named as "Zun Jing Pavilion" or "Chong Jing Pavilion". The books in official school libraries were bestowed by court, or purchased by government from outside besides private donations. For example, Zhang Bing'eng bought ten thousands volumes of books which were sent to Jinan Prefectural School. After the establishment of the Dongping

Confucian Temple school, Zhi Bi, as its official, put more than 2000 volumes of books in it for teaching.

Academy of classical learning started during Tang and Song Dynasties and developed in the Qing Dynasty. Academy of classical learning collected all kinds of books for students to study. Luoyuan Academy, recorded in *The History of Jinan of the Period of Daoguang*, stored a lot of books.

Ethos of inscribing in ancient Jinan

In the history of ancient books collection, book collectors mostly were also textual criticism and inscription experts. For example, the couple of Li Qingzhao and Zhao Mingcheng who often had textual criticism books stored at home. Zhang Erqi compared and corrected *Etiquette*. And Ma Guohan wrote and printed by himself. They played an important role in conservation and handing down of traditional culture classical books. Woodblock printing in ancient Jinan originated in the Tang Dynasty, formed in the Five Dynasties, thrived in the Song dynasty, continued in Yuan, Ming and Qing Dynasties, which could be divided into three kinds: official edition, family edition and book-shop edition.

In the Qing Dynasty, Jinan's official printing institutions mainly were Shandong Publishing Bureau, Shang Zhi Tang, and other official colleges and schools. Shandong Publishing Bureau (original name was Huanghuaguan Publishing Bureau, also called Shandong Official Publishing Bureau, Shanzuo Publishing Bureau, Houzaimen Official Publishing Bureau), the biggest publishing bureau in Shandong at the time, was established by Shandong's grand coordinator Ding Baozhen in the Reign of Emperor Tongzhi during Qing dynasty, addressed in the South Houzaimen Street. Its main business was publishing and distribution of books from official printing institutions, including 300 kinds of books such as the *Thirteen Confucian Classics*. According to the catalog of books compiled by the bureau in 1936, books distribution in Shandong Publishing Bureau was up to more than 4500 kinds. According to *The History of Publishing in Jinan*, the bureau published a book , which was *named* as China's first boutique in the Panamanian and won special prize — a silver medal.

Shang Zhi Tang was the name of the publication of Shangzhi Academy. Shangzhi Academy, addressed in Mapaoquan Street (now Spouting Spring Park), was founded in 1869. Books of Shang Zhi Tang were accurate and excellent, so they gained high reputation.

Private engraved books of the late Qing Dynasty were mostly marked with house name or nickname (such as Tang, Zhai, Wu, Lou, Ge), which had high quality. The number of private book printers who had been up to 60, included Ma Guohan, Li Tingqi, Zhou Le. Books could be generally divided into two categories: one was the works of collectors and poems of saints; the other was series of books that were collected, compiled by book collectors. *Books Compiled in Yuhan Shanfang* was engraved by Ma Guohan in eight years which left precious materials for future generations. With the support of provincial governor Ding Baozhen, the dean of the Luoyuan Academy, Kuang Yuan borrowed woodblock from Li, proofread the Han, Sui, Tang histories, sorted out and compiled into a catalogue with *Mu Geng Tie* wrote by Ma Guohan, which was issued by Huanghuaguan Bookstore in 1871. This book was re-cut into pocket edition by Hunan Si Xian Bookstore, was republished by the Changsha Langhuanguan in accordance with the original edition, which caused a common concern of the scholars at home and abroad. In 1889, Li from Zhangqiu also reprinted it according to the edition of Ma Guohan. The works of Ma guohan include *Yua Han Shan Fang Shi Ji*, *Yua Han Shan Fang Wen Ji*, *Xia Xiao Zheng Shi Zi Zhu*. In 1844, Ma Guohan proofread *Four Books Notes wrote by* Jia Xuan from Licheng. His works were mostly published by "Zhang Qiu Xiangjiang Lishi". Ma Guohan and Li Tingqi were relatives in laws. Their books were tagged with words of "Zhangqiu Li Tingqi " or "Zhangqiu Jiang Li Shi" on inscribed books.

In the late Qing Dynasty, famous bookshops were believed to be up to nearly 60, which were mostly concentrated in Houzai Gate and Chief Secretary Streets. Block-printed edition were marked with the name of bookshop, including Enxi Tang, Juhe Tang, Shuanghe Tang, Shuye De, Shancheng Tang, Chengwen Tang. Juhe Tang and Shuanghe Tang, both located in Big Chief Seretary Street (now Shengfu Front Street), were run by the Li Chengzhi's. They published a lot of books. And they was closed in 1934. Shuye De was branch shop of Liaocheng, which was one of biggest shops located in No. 85 of Big Chief

Secretary Street and closed in 1928. Shancheng Tang was branch shop of Chongqing, which was located in Big Chief Secretary Street. The type of their books included history, novel, and medical books. Besides it was closed in 1921. Chengwen Tang, which was opened in the late period of Tong Zhi and closed in October in 1935, had abundance inscribed books like Confucian classics and history books. The head office of Yide Tang was located in No. 70 of Big Chief Secretary Street. There was the first branch shop on the north of street and Yiwen Book Hall in front of Extraction Market, which mainly published books and inscribed old books. It was recorded in *Jinan Kuailan* that Yide Tang had the most capital and books, which were almost seasonable. And it was closed in 1931.

Besides official edition, family edition and bookshop edition, some social organizations and religious organizations also inscribed books, such as Gongshan Tang, Xingshan Tang, Hunan Hall, the Association of Saving the World of Jinan, the Globe Moral Association, Circulation Department of Sutra.

Famous Book Collectors and Libraries in Ancient Jinan

In ancient time, there were many collectors in Jinan. Collections of books were up to a certain size and had a great influence on later generations. Many historical materials recorded that books collectors and libraries mainly included: Guilai Tang established by Li Qingzhao and Zhao Mingcheng, Wan Juanlou established by Li Kaixian, Jishuyuan established by Zhou Yongnian, Yuhanshangfang established by Ma Guohan. They have been spreading through the ages not only in Jinan, but also in the history of Chinese book collection.

1. Li Qingzhao, Zhao Mingcheng and Guilai Tang

Zhao Mingcheng (1081-1129), who styled himself Defu and was born in Zhucheng of Shandong, was specialist of epigraphy and books collector in Song Dynasty. He was educated at Imperial College and engaged in politics relying on his father's achievements. He used to be the magistrate of Laizhou and Zizhou and official of Huzhou. Li Qingzhao (1084-1151), the wife of Zhao Mingcheng, styled herself Yi'an, was famous as Yianjushi and came from Jinan. She was a famous poet and was good at painting and calligraphy collection in Southern Song Dynasty. Mingcheng was fond of collecting previous stone inscriptions and respected *Ji Gu Lu* written by Ou yang Xiu. He believed that epigraphy was a great help to the following researchers, so he set his sights on epigraphy. Meanwhile, Li Qingzhao was intelligent and diligent when she was young, and her poems were well-known. After their marriage, they were dedicated to the study of ancient inscriptions. What's more, they pawned their clothes to exchange inscription rubbing and books during the school years. After being an official, his wages were all used to study. And they focused on collation, sorting out and titling everytime when they got a book. Li Qingzhao had widely learning and a retentive memory, so she could point out sources of all poems and articles. …

Li Qingzhao and Zhao Mingcheng established Guilai Tang in Qingzhou to treasure up inscription and ancient books, including 20000 books and 2000 kinds of bronze and stone inscriptions. In 1127, Jin invaded into Southern Song Dynasty, they migrated towards south with selected books in fifteen carriages, the rest of the books had been destroyed in the war.

2. Li Kaixian and Wanjuan Lou

Li Kaixian (1501-1568) was a book collector, litterateur and dramatist of the Ming Dynasty. He styled himself Bohua, and was also named as Zhonglu and Zhonglufangke. He was born in Zhangqiu (now in Shan dong Province). He had been a successful candidate in the highest imperial examinations in 1529. He was dismissed from office, because he criticized the affairs of state. He was very famous for book collection, poems and Yuanqu. On the literature, he was called "Jiajing eight gifted scholars" with Wang Shenzhong, Tang Shunzhi, Chen Shu, Zhao Shichun, Xiong Guo, Ren Han and Lv Gao. He liked books, and was called "two north and south specialists" with Jiao Hong from Jinling. Li Kaixian had a far-reaching impact on offspring book collectors. And features of his collection were full of operas; concentrated on the ancient inscriptions; careful collation and exquisite binding; collected separately for safe keeping.

Most of Li kaixian's books were good editions, especially Chinese poetries accounted for most of them, which was called "the sea of Chinese poetry". He built Wanjuan Lou and wrote *Record of Collection in Wanjuan Lou.* His books were put in 6 places in order to prevent accidents. The books of Confucian classics and current affairs were put in Wanjuan Lou, and the rest were put in other places. His collections included *Arithmetical Classic* of Song Dynasty edition, *Ji Gu Suan Jing*, *Zhou Yi Ding Yi* of Song Dynasty edition, *Meng Zi Yin Yi* and so on. He compiled a bibliography of books: *Bibliography of Li Zhonglu.*

Books collected by Li Kaixian were carefully collated and decorated. At the beginning of Wanli Era of Ming Dynasty, some of his books were turned over to member of the royal clan, the others were scattered in the Kangxi period of the Qing Dynasty. The Chuanshi House of Xu Qianxue obtained half of the books, Zhu Yizun had seen the books and said: Books were very sophisticated, few northern scholars could get such fun. Maoshi from Changshu also obtained 200 books collected by Li Kaixian that were all treasured private copies of rare books. Wang Yuyang was very concerned about Li Kaixian's books. Xu Zhangzhong, the son of Xu Qianxue, sent total of 8 volumes of *The Valley Excerption* of Song Dynasty edition to Wang Yuyang. Wang Yuyan saw Zhong Lu Yin Ji on its preface and said: "This book before hid in Jinan, later in Jiangnan, now back to Jinan, this was heavenly". Li Kaixian's books were to be totally dispersed gradually at the end of Kangxi years.

3. Zhou Yongnian and Jieshu Yuan

清周永年像

Zhou Yongnian (1730-1789), styled himself Shuchang. He was from Licheng of Jinan. He represented himself as Linjishanren for living on the bank of Linji Spring. He had been a successful candidate in the highest imperial examinations in 1771, accepted the emperor's order to compile *Complete Collections Of China* and granted the Imperial Academy editing. His house were named as Shuixi Book House, Linji Mountain House. His seals were Jie Shu Yuan Ben, Lin Ji Shan Fang Cang Shu Chuan Zhi Qi Ren.

Zhou Yongnian studied in Luoyuan Academy when he was young, and he often pawned his clothes to buy books. He had built Shuixi Book House and Linji Mountain House, collected 50000 volumes of books, compiled *the Catalog of Collections in Shuixi Book House*, *the Catalog of Jieshu yuan*, *the Catalog of Collections in Jieshu yuan*, written 3, 000 kinds of books. Zhang Xuecheng had visited his collections and wrote *Zhou Shuchang Biography* to describe deeds that he compiled and collated ancient books in Siku Pavilion; Shen Qiyun had given a preface and postscript for *the Catalog of Collections in Shuixi Book House* and said: "He didn't have any other interests but loving books".

Zhou Yongnian and Li Wenzao, Gui Fu were good friends. Li Wenzao had printed more than 10 kinds of books, original manuscripts mostly from Zhou Yongnian; after Li Wenzao died, Zhou Yongnian printed *Series of Books of Daiyuan*; Gui Fu wrote *Biography of Zhou Yongnian. And he* had put forward the "Confucian collection theory", and he practiced the idea of Confucian possession of public use. He had sold his estate to buy the field to built Jieshu Yuan with Guifu together. The accumulation of both ancient and modern books were up to 0. 1 million volumes. He encouraged teachers and friends to promote the circulation of books. They had built Tanxi Jing she on the banks of the Five Dragons Pool. Gui Fu wrote *Record of Tang Xi Jing She*. It was carved in a stone beside the pool and still exists.

Zhou Yongnian's *Confucian Collection Theory* had changed the traditional view of library. But limited to the social and historical conditions, view of library was ahead of itself. Books of Jieshu Yuan had started scattered when Zhou Yongnian was alive. Zhou Yongnian lent 1, 000 books to compile *Complete Collections of China*. After came back, the books were borrowed. Later, the property of the man borrowing the books was confiscated, his family was exterminated, and the books also were confiscated. He gave lectures in Dezhou with books of 5 carriages. The books were stolen when they were placed in the home of friends. His books, in folk house, were flooded when he went to Jining. His books, collected at his hometown, were stolen and sold. By the time when he died, his books were all lost.

4. Ma Guohan and Li Tingqi

Ma Guohan (1794-1857) was an expert in literature, book collector and bibliographer in the Qing Dynasty. He styled himself Cixi and his assumed name was Zhuwu. His ancestral home was Zhangqiu and emigrated to Licheng. In 1832, he had been successful candidate in the highest imperial examinations and was appointed as magistrate of

Luochuan, Shiquan, Jingyan and Fucheng County. He resigned from his job because of illness in early of Xianfeng years. He loved book, so he was named "Shuchi". After being an official, his wages were all used to buy books. In 1849, the number of books in his library "Yuhan Mountain House" had reached 57, 000 volumes. He wrote *The List of Collection in Yuhan Mountain House* of 25 volumes and a *Continuation.* It was a valuable bibliography; his works also included *Farmer's Proverb*, *Note of Xiaozheng*, *Yuhan Mountain House Collected Works* and so on. Ma Guohan deeply deplored the scattered historical document, and dedicated to the compiling of Chinese ancient books. In 1844, he compiled a book of *the Books Compiled in Yuhan Mountian House*. It was the largest private book of gathering of scattered writings in ancient time including 594 kinds of lost books. Jiang Shixing and Wang Zhongmin highly praised Ma Guohan's performance.

Li Tingqi (1789-1849), styled himself Jimen and his assumed name was Ecun. He was born in Zhangqiu. And he was a successful candidate in the imperial examinations at the provincial level in 1828 and was a successful candidate in the highest imperial examinations in 1829. He was appointed as magistrate of Xincheng, Yutian, Wanping county and as other official positions successively. He had built a library named "Renxiang Humble Cottage". He had quite a collection of books, and was the author of *Renxiang Humble Cottage Poetry*, *Renxiang Humble Cottage Wenchao and Renxiang Humble Cottage Shiyu*.

Li Tingqi and Ma Guohan were relatives by marriage and had the same hobbies as collection, compiling ancient books, etc. Ma Guohan had no sons, so after Li and Ma died, all the books and the versions of books were collected in the house of Li. Woodblock of *The Books Compiled in Yuhanshanfang*, written by Ma Guohan, was hid in the wall by offspring of Li. Around 1936, Wang Xiantang and his friend Xing Lantian had been to Ezhuang village to collect books for six times, and collected 90 pages of the manuscript written by Ma Guohan, 724 pieces of woodblocks, several books and calligraphy works. Under the guidance of Wang Xiantang, Xing Lantian also wrote "Searching Books in E zhuang" published in *Shandong Provincial Library Quarterly*" (1936, 1st Volume, 2nd Issue), at the same time, copied letters of Ma Guohan, which became the evidence that rectified the name of Ma Guohan (at the time, some people thought that Ma Guohan's collections were piracy).

Autumn was rainy in 1999, the old house that collected woodblock-printing was suffering from water leakage. In order to prevent damage, Li Yingshun, the 5th generation son of Li Tingqi, put the woodblock-printing out and donated to the government in May 2000. The total of woodblock-printing were 5, 966, each block was 28 cm long, 18 cm wide, 2 cm thick, involving 558 books, about 4. 2 million words, of which nearly ten kinds of books have never been seen before. Woodblock-printing of Ezhuang is a miracle in the history of compiling and editing scattered documents and manuscripts. It not only makes Ma Guohan's "Collection Injustice" completely rehabilitated, but also fills the many gaps in the history of ancient literature.

Section 2

Modern Librarianship of Jinan

The Process of Modern Library Activity in Jinan

At the end of the Qing Dynasty, modern library activities of Jinan began to rise. The activities can be divided into four periods by 2014.

1. The emergence and hard development of the ten librarianship

In 1904, the opening of Jinan started the historical process of open-door to the outside world of modern city. And Jinan area library also started a new beginning. In 1908, Luo Zhengjun proposed to build Xia Yuan like Tianyi Pavilion.

In 1909, the Shandong library was set up. This was one of the ten earliest provincial-level comprehensive public libraries. In the beginning of foundation, Shandong library was a typical building, where garden and library was combined. There were spring and willows in the library. The center of library was Haiyue Tower with 60 rooms, which was the place for books; in front of the Haiyue Tower was Hongya Pavilion that was used to collect inscriptions and antiques. At that time, the library funds was abundant and with fixed 15 staffs, it was given 6, 000 liang of silver every year, there were 4, 000 liang of silver used to buy books. The increase of library collection was fast, according to the *Shandong Library Collection Directory In Xin Hai Years*— the first book catalogue of Shangdong library compiled by Bao Lidong, the collection of library had reached more than 91, 000 books by 1911.

In the early Republic of China, Shandong library developed sustainably. Collections and substance had been enriched. According to the survey report of the Ministry of Education in 1916, the monthly average reception of readers was about more than 2, 000. In 1929, it was renamed the Shandong Provincial Library, the famous scholar Wang Xiantang took up the post of curator, and he carried out the reform of the management system, such as the open-shelves service, opening exhibition room, free tickets for men and women.

Beginning in1930s, the national librarianship suffered a catastrophe during the period of the Japanese War of Aggression Against China. In the Japanese ruling period, cultural facilities in the region of Shangdong were mostly destroyed and a large number of documents were looted. To avoid Japanese looting ancient books and records, Wang Xiantang transported them to the Dafo Temple of Leshan in Sichuan for preservation, and the books were carried back in 1950.

From 1909 to 1949, the books of Shandong Provincial Library had reached 114, 650 volumes after accumulation of 40 years. After the victory of the Anti-Japanese War, including celebrities Xin Zhujiu, Miao Lanting raised money 3, 000, 000 yuan and purchased about 70% books of Haiyuan Pavilion of Liaocheng, a total of 50 boxes, more than 2, 540 sets and more than 33, 600 votumes; the books were all donated to the provincial library which have become the treasure of the library, and the library set up a special storeroom to enshrine.

In 1915, the first county-run library of Zhangqiu County— Common Library was established, and later renamed Zhangqiu Public Library, annual fund was 1, 080 yuan around 1929. Its annual fund reached 3, 048 yuan from 1932. The library possessed the most fund among Shandong county libraries. In 1919, Licheng county library was completed, located on the south bank of Daming Lake, had more than 3, 000 copies, annual fund was 864 yuan, it was one of the oldest county libraries in Shandong province. In July 1, 1931, Jinan City Library was established in the People's Park (now Zhongshan Park).

The predecessor of Shandong University Library is the Library of Shandong Academy founded in 1901, which was one of China's early modern libraries. In the process of its development, many famous scholars, experts and scholars of library such as Pi Gaopin, Liang Shiqiu, Lu Kanru, Wu Fuheng, Sun Changxi, etc. had chaired the work of the library.

The affiliated library of Jinan Guangzhi Institution was one of the main libraries run by foreigners in Jinan. In 1905, the British Baptist missionaries Huai Enguang established

Guangzhi Institution outside the south gate of Jinan, whose predecessor was Bogu Hall established by Huai Enguang in Qingzhou in 1887. The library and reading room were set up as affiliation of Guangzhi Institution. In 1909, the number of readers in the library had reached 37, 966 people and the number was about 27, 000 in 1912.

2. The development period of librarianship career (1949-1978)

After the founding of PRC, Jinan's librarianship has experienced a period of rapid development. Every districts of the city have set up reading rooms in People's Cultural Center, e. g. , Zhangqiu County government set up a "people's cultural center" in 1951, including a library with five houses and ten thousands copies of books. In 1953, a library was established in Shizhong District. A Library in Huaiyin District of Ji nan City was built in 1953 and was named as "the sixth People's Cultural Center Library of Jinan". In the same year, Jinan City Library, rebuilt based on the Fifth People's Cultural Center Library, was located in the People's Park (now in Zhongshan Park). In 1950, Shandong Normal college Library was Completed. Jigang Library was established in 1958, the library of the trade union system in Jinan area was also set up in the 1950's, Many trade unions, enterprises, schools, hospitals, factories, military and so on had established a library or reading room. According to statistics, by 1965, there were 750 libraries (reading rooms) at various levels in Jinan.

During the ten years of "Cultural Revolution" movement, a large number of the libraries were closed, a large number of books were sealed, equipment and books in the library were subjected to different degrees of loss, a lot of backbones of library were shocked, business of libraries were suspended.

3. The thriving of librarianship in Jinan (1978-1990)

After "Cutural Revolution", the public librarianship in Jinan area has been under rapid development, the scale and quantity of library continues to expand. From the beginning of 1977, some county libraries, incorporated into the local cultural centers, were resumed construction gradually. Part of the original blank counties such as Changqing, Pingyin, Lixia, Shanghe generally established new libraries. In 1985, the number of all the city's libraries (rooms) reached 2, 030, full-time and part-time library staffs reached 5, 183 people, total construction area of libraries (rooms) was 857, 794 square meters, the number of collections was more than 19. 92 million. By the end of 1990, the total number of libraries in Jinan was 3, 400, with 25 million books. Among them, Shandong Province Library had more than 3. 4 million, 500 seats, more than 40, 000 readers of library card, the annual reception of readers was 240, 000, lending 320, 000 books and periodicals; Jinan Library has 880, 000 books (with 110, 000 volumes of thread-bound books, 500 volumes of rare books), 27, 000 readers of library card, the whole year received approximately 220, 000 visitors, lending 250, 000 books and periodicals; Children's Library had 80, 000 books, the number of annual reception of readers was 230, 000, lending 250, 000 volumes of books. All the libraries took measures to serve the reform and opening up and the scientific research and production. Some libraries established science and technology service department and related library card of science and technology; some libraries revised the library service planning according to the local scientific research plan; some libraries sorted out the scientific literature systematically and gave priority to readers of the science and technology; more libraries used their rich collection and information retrieval advantages to provide the document service and information tracking service for readers, to solve the technical problems of enterprise development and the achievements of science and technology, which played an important role in the literature and information resources.

4. The glory and turn of librarianship: computer technique application and overall opening era (1990-)

At the end of the twentieth century, national libraries entered into the computer information management. The new library was built in 2002 in Shandong Province in High Tech Development Zone, the new library covered an area of 65 acres, a total construction area covered 50000 square meters. In order to adapt to the requirement of informatization and open library in modern times, the new library has achieved automation in business and office relying on modern computer network equipment. Purchasing books, cataloging, lending, literature searching, information consulting service have achieved computer management and gradually established a collection of bibliographic databases, secondary document databases and full-text database with rich, accurate contents and efficient work.

The utilization and management of the books and periodicals were gradually transformed from closure to open. Library carried out open shelf service, Open-shelf books were up to more than 1, 500, 000 books. In order to meet different needs of readers, the reading seats increase to 2, 000, service projects have greatly increased.

At the turn of the twenty-first Century, the librarianship of Jinan area is booming and increasing rapidly at the level of modern management. On June 1st, 1998, activities of Jinan Library and Children's Library began to use computer management. On August 6th, 1999, the province's largest and most advanced, most sophisticated facilities of the multimedia electronic reading room was built and opened in Jinan Library. In the middle of December 2001, the Jinan library website was opened. The county library entered into the computer management era around 2000. The computer management freed librarians from manual labor, facilitated and met the demand of library readers, promoted the rapid development of library service level. During this period, acquisition funds, building area, number of readers, collections, lending volume increased rapidly.

On June 26th, 2013, Press, Publication, Radio, Film and Television Bureau and the Municipal Finance Bureau of Jinan jointly issued *Opinions on Promoting the Free Open of City's Art Galleries, Public Libraries, Cultural (Art) Center, and Culture Station*", 11 public libraries in Jinan were opened free of charge, the number of readers surged.

Table 1 Jinan Public Library Development list (2007 ~ 2012)

	2007	2008	2009	2010	2011	2012
The number of institutions (a)	11	12	12	12	12	12
Employees (person)	407	417	420	423	426	421
Total reserves (thousand volumes)	7, 882	8, 761	9, 084	9, 412	9, 890	10, 764
Construction area (1, 000 m^2)	67	72	69. 7	69. 7	70	70
Area of book stack (1, 000 m^2)	23	25	24	24	25	25
Area of reading room (1, 000 m^2)	20	22	21. 1	22	22	22
Number of reading seats (thousand)	4. 2	4. 3	4. 5	4. 4	4. 6	4. 5
Number of readers who loaned books (ten thousand person-time)	110	135. 5	98	101. 2	123	136. 4
Number of loaned books (ten thousand book-time)	213. 5	215. 2	192. 2	203. 9	230. 2	251

Data from *Statistical Yearbook of Jinan* (2013)

Important People in the History of Librarianship Development of Jinan

1. Luo Zhengjun (1855-1919)

Luo Zhengjun was one of the important promoters and planners to create libraries of Shandong Province. He, styled himself Shunxun, was born in Xiangtan, Hunan Province. In June 1908, he served as Shandong Provincial Education Chief Executive. At the end of 1908, he petitioned the Shandong governor Yuan Shuxun to build a library, and attach an institute to save inscriptions. He said, Shandong was the birthplace of Chinese civilization for thousands of years, so the classical literature should be preserved to be read; This paper emphasizes, the western developed countries and other provinces in China had built the library, which played a positive role in enlightening; Jinan, as the capital of Shandong Province, ought to build a library. He emphasized the role of the library from the significance of library and the experience from the western and, he drew carefully on many specific issues, for example, location, size, and other features. The library, founded by Luo Zhengjun, had written the first chapter in modern library in Jinan. A large collection of books and stone inscriptions in library had made outstanding contributions to the protection of cultural relics, inscriptions on ancient bronzes and stone tablets in Shangdong.

2. Wang Xiantang (1896-1960)

He was epigraphist and archaeologists in modern China. His old name was Wang Guan, assumed name was Feng Sheng. He was born in Rizhao county, Shandong Province. He was born on September 24th, 1896 and died in Jinan on November 16th, 1960. Wang Xiantang was especially diligent and learned, he was very fond of epigraphy and bibliology. He devoted himself to studying, collection, protection of the ancient cultural relics. From 1929 to 1948, Wang Xiantang had served as director of Shandong Provincial library and presided to carry out a number of literature collection and research activities, in addition to publishing *Shandong Library Quarterly*, also extensive collecting of native literature and sages, posthumous works. He published *Manuscripts of Sages in Shandong* in collaboration with others. He played a unique role in receiving and reserving tHe collection of Liaocheng Haiyuange. In November 1930, Shandong Historical Site Research

Association was founded, Wang Xiantang was appointed as a member of the association and served as secretary. He participated in the excavation of Chengziya Longshan cultural sites and other relics protection project investigation, laid the foundation for the archaeological work in Shandong area. During the Anti-Japanese War, he invested and removed the collection of books and cultural relics to Sichuan in extremely difficult conditions, and he made an important contribution to the protection of Shandong and the Chinese ancient cultural relics. He served as the central country museum deputy general compiling post and wrote National *Records of Bronze and Stone*.

After the founding of the People's Republic of China, Wang Xiantang was appointed as deputy director of Shandong Provincial Cultural Relics Preservation Committee and the bronze researcher of Imperial Palace Museum. He still often went to the countryside to investigate sites and arrange newly unearthed artifacts when he was old. Wang Xiantang was indifferent to fame and fortune, but he was fond of ancient coins, cultural relics, books collection activities, often investing heavily in buying. After the founding of PRC, he donated more than 8, 000 pieces of precious cultural relics, 50, 000 ancient books to the state, including Goujian sword, Li Zicheng stamp, etc. He played an important role in the construction and development of the national museums and libraries.

3. Wang Shaozeng (1910-2007)

Wang Shaozeng, styled himself Jieren, was born in a farm family in Jiangyin, Jiangsu Province in 1910. He graduated from the Wuxi Ancient Chinese Literature Research academy in 1930. During the period of the Republic of China, he served as the editor of the Shanghai Commercial Press and assisted the bibliographer Zhang Yuanji to collate *Twenty-Four Histories of Patched Edition*. After 1949, he served as deputy director of library in Shandong Institute of Machinery Industry and Jinan Institute of Technology, librarian and researcher of Shandong University Library, postgraduate tutor of China Classical Literature, professor of Institute of Ancient Books of Shandong University. He had a preference to the Shandong literature. He explored the cultural heritage of Shandong. He promoted Shandong literature. He was known as "the first person" in Shandong literature. He had concentrated on studying collections in Haiyuange of Yang in Liaocheng, and he wrote the book of

Corrections and Supplement to Five Kinds of Bibliography of Haiyuange. This book not only improved the bibliography system, but also set up the model of bibliographic research. He also wrote books including Brief History of Book Collectors in Shandong, Shandong Bibliography, History of Chinese Culture Knowledge Series, The Modern Publisher Zhang Yuanji, Draft History of the Qing Dynasty Yiwenzhi Supplements, Record of Textual Criticism to Twenty-Four Histories of Patched Edition, Bibliography Textual Criticism Essays, Shan Zuo Traditional Opera. His works have played a great role in promoting the development of the librarianship.

尼山書院
國學講堂

03

Chapter 3

Memory of Library

Jinan library, one of the largest "fountains of knowledge", has more than 60 years of history and it was created in 1953. For more than 60 years, she experienced wind and rain, also witnessed brilliance, but always like sweet spring water with knowledge and wisdom moistens the city to enhance the people's wisdom, purify people's hearts, leaving a deep cultural memory in the hearts of people.

In October 2013, the new Jinan Library was opened in the West of New City. It is a modern library with advanced facilities, complete functions. It is built around the concept of "Luo Yun Quanyong". Its architectural design, interior decoration, library service are full of rich spring culture traits to build a new highland of spring culture. Starting with that, Jinan Library opened a new chapter of inheriting history and culture and creating contemporary scholarly city.

Section 1

Trials and Hardships in Sixty Years

Initial Shaping and Exploring Period (1931-1976)

In June 1931, the Jinan Municipal Library was built. The library was located in the JingLiu Road Wei'er Road with more than 10 rooms, 438 yuan annual funding, 6 staffs, 2, 000 kinds of books, over 100 readers daily. In the end of 1937, Jinan was occupied by the Japanese invaders, Jinan Municipal Library was destroyed in the war. In the autumn of 1938, Jinan City Commission set up a municipal library based on books of Jinan Provincial School for Girls. After the victory of the Anti-Japanese War, it was received by the national government and renamed Municipal Public Education Center Library, with three Staffs, and the collection included less than 5, 000 copies.

At the end of 1948, the Jinan People's Government took over the Municipal Public Education Library, and renamed it as People's Education Library in 1949, the site was moved from Jingliu Road to the People's Park (now Zhongshan Park). The reading room, with more than 8, 700 copies, was located in the side of Simian Pavition of the park. There were 4 reading rooms, 5 stack rooms; 5 staffs who were responsible for acquisition and cataloging of books, reading, cashier, promotion work. In the same year, the library received more than 30, 000 readers and lent more than 50, 000 books.

In 1950, People's Education Palace Library was renamed as The First People's Cultural Center Library. With the development of culture and education, the work of library also was rapidly developed, the number of readers was increasing, service level was gradually widened, then the readers of the library were up to 53, 000 people, lent books were up to 16, 201 copies. The library had established 420 collective groups of borrowing books, including 2, 070 readers. In 1951, the readers reached 62, 000 people, lent books reached 31, 000 copies. The number of groups of borrowing books increased to 405 with 5, 281 readers. At the same time, 10 mobile book service stations were opened, expanding the library services radiation surface .

In 1952, the city's districts generally established cultural centers. The First People's Cultural Center was renamed after the district where it was in, i. e. , The Fifth District People's Cultural Center Library. At that time, business was developing and the original library had been unable to use, resulting in no fixed places, hence they submitted to build Jinan Library. On August 18, 1952, the Jinan Municipal People's Government approved to build the Jinan Library based on the Fifth District People's Cultural Center Library in the People's Park.

In April, 1953, the new library of Jinan was completed. On June 30th, Municipal Bureau of Culture and Education invited relevant units of the provincial and municipal leaders to hold a forum to solicit opinions on library principles, tasks and specific practices in the library reading room. On the morning of July 1st, 1953, the opening ceremony was held in the People's Park Hall (then Youth Theatre), and the library was officially opened in the afternoon. At that time, the library had 324. 28 square meters, 10 staffs, 17, 000 books. Its annual fund was 10, 000 yuan, the monthly fund was 158 yuan. Business activities were mainly scientific and cultural knowledge. The library carried out opening access system, changed the library group mode into personal borrowing. New books were focused on popular books, and People began to collect local documents. At the same time, in the field of the city's cultural center libraries, in order to make full use and effective allocation of the city library literature resources, the city library purchased, catalogued, distributed uniformly.

In January, 1956, according to document of Jinan Government, Jinan Library was upgraded to the sevond grade. At the same time, the Third District People's Cultural Center was canceled, its library rooms were incorporated into the city library, staffs increased to 15 people and books to 81, 000 copies. At the same time, in the process of social cultural relics census, Jinan library collected more than 4, 000 copies of thread bound Chinese books from folk, including rare books of Yuan and Ming Dynasty, a small number of books of Liaocheng Haiyuange, and part of the treasures of the original activity of the Qing Dynasty court photos (unfortunately, during the "Cultural Revolution" they were scattered).

According to the spirit of "Marching forward to science" and National Library Work Conference held by Ministry of Culture, the focus of library work in Jinan gradually was transformed to serve the scientific research, the library tried to use social forces to carry out advisory services, supplied the specific service for municipal projects and municipal factory and mining enterprises by way of inter-library loan. At the same time, combined with the acute problems existing in the small and medium-sized factories' technical innovation, the library held a series of technical seminars which effectively coordinated with the local enterprises' technology innovation movement.

In 1963, Jinan People's Committee allocated parts of the civilian housing to the library, library area was increased to 427 square meters to temporarily alleviate the shortage in activity area at that time. In May 1966, the library was expanded based on the the original library, the area was increased to 1, 000 square meters. At this time, collection was increased to 400, 000 copies, and there were 36 staffs and 50, 000 yuan of fund. The annual reception of readers was 100, 000 people, lent books was 150, 000 volumes.

Because of "Cultural Revolution" starting in 1966, the social and cultural undertakings were seriously damaged, library activities were seriously impacted. Most of books in Jinan Library were banned and sealed, previous works were all negated. More than half library staffs were criticized, one-third of people were deprived of right to continue to work; the work of the business was basically in a standstill, only newspapers and periodicals reading room barely were opened to the outside world; readers were few every day; reader forums, seminars, lectures and other activities were completely abolished. All effective rules, established previously, were almost completely abolished.

From July, 1970, Jinan Library opened the newspaper study room and Chairman Mao's works study room firstly. To the December in the same year, the departments of services fully were restored and opened. In April, 1971, after the Jinan Library Work Meeting, the city's public library business gradually began to recover. The city's basic level libraries (rooms), organized by Jinan Library, "reviewed" books that would be to opened.

Beginning in the end of 1976, all kinds of banned books of Jinan Library were gradually opened. To match with the social learning heat, the library issued library cards to community, readers borrowed books and periodicals actively unprecedented, reading room were packed. At the same time, Jinan Library actively helped the factories, schools and other units to restore and build new library (rooms), collaborative groups composed of partitions, which built a strong foundation for restoration of the city library network.

Reviving and Construction during the Reform and Opening Up (1979-1998)

After the Third Plenary Session of the Eleventh Central Committee of CPC, national libraries showed a new atmosphere. In 1983, Jinan Library's collection of document reached 670, 000 copies, the staff was increased to 48, annual fund was 80, 000 yuan. Under the supporting and cooperating of the Municipal Trade Unions, the Municipal Education Bureau and other relevant units, the library network was established with the center of Jinan Library, and the award of "Advanced Library (Room)" was founded and had been granted for many years, which effectively promoted the development of libraries in the city. In the field of library construction, library expanded the natural science books, especially the basic science books and reference books. At the same time, it began to rescue ancient literatures on the shelve, cataloguing 15, 000 sets of books, 104, 000 copies.

In April 1983, the State Council approved the Jinan City overall planning of urban construction, thus the Jinan Municipal Government decided to construct Jinan Library and Jinan Children's Library in the northwest of the People's Park, that project would be listed as one of the Jinan City's ten key construction projects. In the same year, according to documents of Government, Province and City Planning Commission approved to merge the construction of two libraries , with an area of 7, 569 square meters, total investment of 1. 65 million yuan. Then, it was designed to add a layer of 948 square meter and an additional investment of 1, 500, 000 yuan. It was designed by the Shandong Architectural Design Institute and constructed by Jinan No. 4 Construction Company.

In November 1984, the construction project was started officially, which lasted 17 months and was completed on May 30th, 1986. The two libraries covered 2, 350 square meters, the total construction area was 8, 899 square meters, a total investment was 3, 800, 000 yuan. In accordance with layout idea of high stacks and low reading, 12 base layers of stacks were the backbone of library, east and west side wings were attached by 6-layer adult lending building and 5-layers children's lending building; three parts were into a whole and mutual penetration. The facade was "山" shape, scattered orderly, beautiful and generous.

On June 1st, 1986, Jinan Children's Library was opened firstly. In the winter of the same year, the entire staffs carried more than 700, 000 copies of books and main equipment to the new library in only 25 days. At the same time, by "sorting out one room, opening one room", since April 1st, 1987, the service departments opened continuously, Jinan

Library entered a new historical period of development.

In September 1986, the Jinan Library Association was established. By the end of 2013, it had organized 17 symposia, received a total of more than 2, 000 papers, a large number of research results with certain academic value and practical value emerged . At the same time, it fully played a central role and actively carried out professional training in the grass roots libraries (rooms) and grass-roots staffs. It had improved the city's grass-roots personnel's professional quality and promoted the development of the city's library at the basic level of the work of the business by organizing business seminars, business competitions, "Readers" photography exhibitions and carrying out academic education and job training and assessment of the library.

Jinan Library attached importance to strengthening the library science education. In November 1987, it founded the Shandong Province First Library Staff Secondary Professional Correspondence School, which opened library science, archival science, recruited student throughout the province, set up the teaching guidance stations successively in 16 regions (cities) in Shandong province and Henan Zhongyuan Oilfield. By 2001, it had trained more than 2, 000 secondary specialized personnel and more than 150 university graduates of Library Science. In 2002, secondary school was correspondence into Department of social work and renamed as the Department of Education and Training.

In 1994, Jinan Library participated in the national public library evaluation grading and inspection, obtained 843 points in this assessment, and was named as secondary municipal library by the Ministry of Culture.

In 1996, the Municipal Finance Bureau allocated special equipment cost of 600, 000 yuan. Next year, it introduced Shenzhen Library developed the ILAS integrated library automation management system devoloped by shenzhen Library, and took the lead in the introduction of automation and computer network management in public libraries across the province. In August 1998, it opened the first multimedia electronic reading room in the public libraries.

Development and Triving Period (2000-)

In August 2000, Jinan Library DDN line was operated. In December, the library set up its own professional social service website. Application of computer information processing technology enhanced professional ability of library in the literature collation development, special database construction, professional information services and so on. At the same time, as the city's central library, Jinan Library also made great progress in organizing public library system to organize and participate in social mass reading activities and other aspects.

In 2002, the total amount of books in Jinan Library was 1, 140, 000 volumes (pieces), staff were 95 people, internal organization was divided into 9 departments, 1 room, 3 sections. Annual fund was 4, 880, 000 yuan, including purchase cost of 1, 000, 000 yuan. It catalogued 15, 000 kinds of books more than 40, 000 copies, dealed with library cards more than 4, 000, established 30 mobile services. The annual reception of readers were 300, 000, lent books were 200, 000 copies. Various activities were held for more than 80 times, including lectures, readers, writing, various exhibitions, service week.

In 2003, in order to meet the third assessment of Ministhy of Culture, the library sorted out 230, 000 copies of its 60, 000 types of books, and all were input into bibliography database; the online library also was opened to provide bibliographic retrieval, remote consultation, Encyclopedia of life, famous springs in Jinan, Jinan personage, Tsinghua academic journals, VIP Chinese science and technology journals, Founder electronic books, digital resource service for the reader. At the same time there were built a bandwidth for 100m LAN, and Network with Shenzheng Library Catalogue Center, Shandong Provincial Library Catalogue Center to Download bibliographic data and realized the catalogue data resources sharing.

In August 2003, Jinan Library signed an agreement with the National Cultural Information Resources Sharing Project Center and Sharing Project of Shandong Province Center, and established Jinan sub-centers for the National Cultural Information Resources Sharing Project.

After its establishment, Jinan sub-centers fullly used National Center and the provincial center of resources, as well as focused on the construction and development characteristics of various types of digital resources such as local literature. By 2005, 12 databases with 70 GB data had been built, including Jinan springs, Jinan celebrities, famous rubbings of library. At the same time, Jinan Library bought large CD library and digital resource with 1. 3 TB data, including Tsinghua Tongfang, Founder, Chongqing VIP. Jinan sub-center built grass-root cultural resources sharing engineering services network based on the libraries of the county (city) and district, town / street、cultural stations, and schools, businesses and others. It signed a "document and information resources sharing agreement" with the city's 10 counties (cities) and districts. Since then, the grass root service sites can use digital literature resources in Jinan Library though network retrieval and borrowing.

In April 2005, Jinan sub-center started the "Sharing Project into the Campus" activities. Jinan Library has set up service points of sharing project in Jinan Normal School, Yuxian Primary School, Shandong Province Experimental Middle School, Weisan Road Primary School. By the end of the year, grassroot services were extended to 12 schools, enterprises, communities and institutions. Sharing project construction had made real progress.

In 2006, Jinan Library established the automobile library in order to ease the difficulty of public in remote area and special group of readers in reading. There were more than 3, 000 books and modern equipment in automobile library, including portable computers, printers, scanners, projectors and others. Automobile library can be networked with Jinan Library automation management system to process library card and provide books to borrow, literature information retrieval query and download service, it also could realize "inter library loan" through a wireless network. Automobile library, created conditions for developing the door-to-door service, had regularly set up more than 10 fixed mobile service points to carry out on-site service in the units of China National Heavy Duty Truck Zhangqiu Industrial Park, Sunshine Community, Jikong 12th Division. By 2014, automobile library traveled more than 50, 000 km, and carried out nearly 500 times of services, lended more than 100, 000 copies in the communities, enterprises, rural areas, barracks and other grassroot units.

On January 1st, 2008, Jinan Library cancelled basic service charges such as readers' library card fee in public libraries across the province firstly, while implementing "One Card Pass" service model. A reader's card in hand not only can borrow books from the adult Library, but also can borrow books from Children's Library, all family members can use the same card. In 2009, the Jinan library launched new initiatives by using a second generation ID card to substitute a variety of Library cards and family cards. In February 2011, the electronic reading room was opened for free. So far, library facilities were opened to the public free of charge, which laid the stable foundation on barrier-free, zero-threshold social services of library.

In April 2009, Jinan Library integrated former reading cultural activities to create a Scholarly Spring City reading festival, with the theme of "Taste Rich Scholarly, Build a Beautiful Spring City", including a series of activities. including "Book Rhyme in Spring City-Book Exchange Festival in Jinan", famous lecture auditorium "World Springs", elementary and middle school students essay contest "Reading a Good Book in Summmer Vocation", "Sinotruk Cup" Jinan readers'photo competition and exhibition, Jinan reading recitiation contest (i. e., Jinan selecting match in provinciat reading and recitiation contest

), old people's practical skills training. There were a hundred reading activities, nearly 3. 5 million readers' participation. It has been the largest and most influential reading activity platform in Jinan.

In November 2010, Jinan Library first successful introducted the intelligent libraries management system based on RFID in the libraries of the province and let the automatic borrowing books become become a reality.

In October 2011, Jinan library set up the first 24-hour self-service library in the province. Self-service library set radio frequency identification technology, network technology and automatic control technology into one. It usually contained 450 books, and used intelligent circular orbit to automatically put the books on / off the shelves. Readers can complete self-help services such as bibliographic query, borrowing books , returning books at any time , renewals and appointments. The construction and development of 24-hour self-service library created a new space of public library service, and reader service was transformed from fixed finite time mode to all-weather service which was not restricted by time.

In 2013, staffs of Jinan Library had reached 150 people, and staffs of the provision were 127 people. There were 10 departments in it. Annual fund was 42. 23 million yuan, including acquisition fee of 10 million yuan. The total collection of books were 2. 93 million copies (pieces), it received 1. 02 million readers and lent 0. 935 million copies of books.

In the end of 2013, it was assessed as "First Class Library" by the Ministry of Culture.

Section 2

The Completion of the New Library

The construction of Jinan library is a turning point after sixty years of difficulties. Since then, Jinan Library has been a multifunction, full open library with the application of advanced contemporary technology and management。

The Process of Construction

On April 30, 2009, the Shandong Provincial Government applied to the Ministry of Culture for undertaking "The Tenth China Art Festival" (hereinafter referred to as the "Tenth Art Festival") of 2013, and obtained the approval of the State Council in November 4. "China Art Festival" is a national art festival. After Shandong Province obtained the permission to undertake, this project became a powerful engine that drove urban and rural cultural construction and caused the cultural construction to a climax. Jinan City became one of the main cities to host "the Tenth Art Festival".

In 2010, the Jinan Municipal Government decided to build three projects in the construction of the New West City, including cultural center, exhibition center, business center, referred to as "three centers". The cultural center included the Grand Theatre and the "Three Museums Project". Three Museums were library, art gallery and public art museum. In the first half of 2010, planning' bidding and other preparatory work of the project were completed. "Three Museums Project" was one of the "Tenth Art Festival" key projects. Municipal Government established the leading group of planning and construction for the "Museum" project , AS Architecture Studio from France beared the project design,

China Construction International and Shandong Tong Yuan Design group respectively beared the early expansion and construction design.

On September 23, 2010, the "Three Museums Project" was laid a foundation near Lashan river. On October 22, the project was officially started to construct. On October 10, 2012, the main concrete structure of "Three Museums Project" was completed. In September 2013, three museums were completed. A total area of "Three Museums Project" is 8.71 hectares, the total construction area is 189, 200 m^2. The library is 40, 800 m^2, investment fund is 0.6 billion yuan.

On November 11 of 2013, Jinan Library started trial on the opening of "Tenth Art Festival". In just one year, it dealt with 50 thousand pieces of the new library card and received more than 1, 200 thousand readers. Jinan library has become a knowledge temple of the public.

Construction and Decoration Design

The new branch of Jinan Library is located in the west of Jinan City's core area, on the east bank of Lashan River, about 2 km away from Jinan West Railway Station, so its geographical location is extremely advantageous.

The new Library and Art Gallery, Public Art Museum are three-in-one, and they form the largest cluster of cultural facilities in Jinan. Architectural design is "Foshan reflection" and "Luo Yun Quan Yong" for the concept, the ups and downs of building shape reflect the smartly flowing spring. Building facade effect is from spring shade and floating microwave images, vertical surface is through projection and pixel numbers which fuse the Spouting Spring image. It is the fine arts building which combines springs culture and modern science and technology.

The new library is an ecological, intelligent library. The principle of interior design is energy-saving, environmental protection, and economically applicable. The public reading and local cultural elements are merged. Interior decoration, following the relevant national design codes and standards, uses new materials and technology of the environmental-protection, energy-saving, anti-slip, wear-resistant. In order to ensure the user's comfort and a sense of security, interior decoration uses shallow warm color tone with lighting, ventilation, heat preservation, fire prevention, anti-dust, anti-noise and other protective measures. The entrance and exit channels, bathroom, etc, all use barrier free design to provide personalized service for disabled readers. Library's interior wall is decorated with celebrity's reading proverbs and local characteristics, such as "Ode to Springs City" of Ouyang zhongshi, "Quehua Autumn Map" of Zhao Mengfu. It organic ally integrated springs history and reading culture to create elegant, delicate, bright, and wise cultural atmosphere. For example, a high imitation painting of "Quehua Autumn Map", which is 18 meters long, 7 meters tall, is Considered as the visual highlight of the new library, reflecting the rich heritage of the historical and cultural city of Jinan and a long history of the historical context.

Function and Room Layout

The basic function of the library is "modern library, public school". Therefore, there were a large number of trials and exploration in the space layout, function design, facilities, equipment and so on, striving to embody "equality, free, no difference in services" of core philosophy of modern library.

New library building is composed of central 5 high spatial storeys and reading space on the north and south sides, one underground layer, and five layers. The total height is 34. 3

m, total design reserve is 2. 6 million copies, the number of reading seats is 2, 200. When it is opened, there will be 1, 000, 000 copies of document the number of and daily reception capacity is between 5, 000 and 8, 000 people. To realize open management, one-stop service and create new home like reading experience, the new library implements "soft isolation" in a larger borrowing service area with shelves or furniture, let the public gain sufficient experience in the "High Academy".

The main function of the divisions and service facilities are as follows:

The ground floor is mainly composed of entrance hall, reception desk, children's borrowing area, newspapers and periodicals reading area and others. The main entrance, with 1, 200 square meters, is the visual center and the reader's center of the new library. The imitation wood wall of books on both sides and auditorium in the west of the main entrance with 600 seats are the highlights, the atrium roof skylight brings adequate lighting to the entire space. The most striking is four-floor high (1 ~ 4 floors) "book wall" of the east side wall, which is separated by 7 layers by wooden partition, it can be placed 70, 000 books. Both sides of the wall are attached with staircases, meaning "books are the ladder of human progress", readers can access themselves from the floor.

Books of the children's borrowing area are 50, 000 copies, periodicals are about 540 kinds; newspapers and periodicals reading area are displaying more than 200 kinds of newspapers, more than 1, 000 kinds of periodicals, 20 sets of electronic newspaper reading machine and reading machine for visually impaired readers, respectively. The north side of ground floor is digital reading area, with 64 computers, 5 search engines, 4 touch resources display screens, 4 electronic reading machines, 2 virtual page flipping machines and 4 automatic card opening machines.

The second floor is the natural science and social science literature borrowing area, storing about 450, 000 copies, and there are 12 retrieval machines and 16 self-service machines ; the third floor is the natural science, social science literature reading area, storing 350, 000 copies, and there are 12 retrieval machines and 350 reading seats ; there are 260 reading seats in the rim of second and third floors, and the east side is the readers' rest area with a large TV screen.

The fourth floor is mainly readers' self-study area, with 1, 000 reading seats; electronic reading room, with 30 computers; audio and video materials area, with 20 seats, thousands of species of headphones and CD literature; new technology display area, such as mobile reading, touch screen display, e-Book downloads.

The fifth floor is the ancient book readers' service area with ancient stacks, ancient local literature reading room and 4 special study rooms. There are 20 professional showcases to display the most precious treasure of Jinan City Library in the reading room.

The first underground floor, in addition to the office area, are 1, 635 square meters hall, a lecture hall with 580 seats, a small report hall with 160 seats. It also includes a reception room, a training room, a reader restaurant, a cafe, and a tea bar, which is a good place for readers to enjoy a relax and leisure time.

Also, there is a 24-hour self-service library in the southeast of the first floor, where readers can access freely, self-help for accreditation, query, borrowing and returning books and other services at any time.

Digital Library Construction

Digitization, networking and informatization are changing the mode of production and lifestyles of the human society with a kind of unprecedented strength, which brings brand-new life experience to human, i. e. , digital survival. In order to conform the trend, Jinan Library has carried out construction in digitization, networking, informatization of the new library.

In order to promote the construction of digital library, the library of Jinan applied for a special fund of more than 14 million yuan to introduce 100 T high capacity disk memory, Wan 10-Gigabit three-core-layer switches and Melaleuca switches and other facilities, and established the desktop system network and server clusters system (Jinan City Public Library Cloud Center) based on 10-Gigabit optic fiber (backbone of Gigabit). On this basis, Jinan

Library has established many kinds of new service platform, such as RFID self-service system, electronic reading room system, wireless Internet system, information resources display system, "one card pass" system, sharing engineering services platform, digital music library.

Jinan Library has achieved the comprehensive self-service, the number of lent literature has reached 1 million copies (pieces), so Jinan Library has become one of the libraries with the highest degree of readers openness. At the same time, in order to realize the seamless link of the website system and automation management, it strengthened the construction of the portal and established the green network; it implemented wireless network coverage and established a public library cluster of the unified self-service management platform; it constructed the characteristics of the knowledge resources group by deep processing and multi-dimensional integration of paper documents, electronic resources and cyber source, which improved data access of digital resources; it opened scholarly springs digital reading platform, so readers can read free e-book and 650, 000 copies and other self-built resources in any area of Jinan; by means of mobile communications, radio and television, Internet and VPN modern network technology, the library established a joint cataloguing system, and formed the digital library service network covering the city, promoting the construction and sharing of resources and services between the city's digital library system.

Book Collection, Management and Service

Before starting the construction of "Three Museums Project" in 2010, Jinan Library had proceeded with the new literature reserve. It developed a special planning of library collection, it made overall arrangements about library literature resources construction at all levels of city, district (county) from 2011 to 2013 on the city's public library curators' joint meeting, and applied for 10 million yuan as special literature fund for purchasing library books.

There are three main sources of Library Literatures: one is from new books purchased in 2010 - 2013, which reserves 100, 000 kinds of more than 300, 000 copies (pieces) literatures; the second is more than 700, 000 books existed in old library. When the new library was opened, there were 1, 000, 000 copies of documents in circulation service. The third is Chongqing VIP, Founder, CNKI and other large outsourcing databases, and digital platforms such as "Scholarly Springs", which provide more than 2 million kinds of electronic litcratures to readers for free.

The new library implements open management and one-stop service. Through entrance on the north side of the ground floor, readers can freely roam in different service areas, It is convenient for readers to get all sorts of paper literature and electronic literature or audio-visual document, reading, borrowing and reference of "one-stop" services, or walk through sunken plaza entry hall on the southern and northern sides of the ground floor to enter places like lecture hall and exhibition hall, etc, where readers can enjoy leisure services provided by the lectures, exhibitions and reports, etc.

The new library brings a new reading experience for readers: 1 million books are fully implemented on open shelf, each card's readers can borrow ten books; the bibliographic retrieval machines, self-service machine, electronic resources display screen, client terminal, which are distrbuted on every floor, can make readers realize independent book borrowing, Internet browsing, electronic resource downloading, and many other services. This management mode allows the reader to have the greatest degree of freedom; as long as one card in hand, you can enjoy the rich collection of books. Relying on the new platform and massive information resources, the library also provides various forms of information services, such as online reading, online library, online retrieval, on-demand resources and information customization and pushing.

After the completion, Jinan Library has become the city's literature information security center, National Reading Promotion Center, Digital Library Service Center and Cultural Benefit for the People Service Center. Jinan Library will play its core and the pivotal role, continue to improve general-branch library system composed of Children's Library, county district libraries, community and enterprise branches, mobile libraries, 24-hour self-service libraries, optimize and integrate the city's literature information resources, open the city's "One Card Pass" service, and promote the library's public cultural services.

Literary Springs City

04

Chapter 4

The Construction of Public Cultural Service

Section 1

General-Branch Library Construction

The Development of General-Branch Library

In 2004, Jinan Library tried to carry out public service model of "general-branch library system" based on the advanced experience of domestic and foreign city libraries. On the premise of not changing the administrative subordination relations and financial management system, with the goal of supporting network, sharing resource, improving the level of service, Jinan Library made district (county) libraries, enterprise (industry) libraries and street (community) libraries with required hardware and software facilities as branches , formed a four-class management mode that made Jinan Library as a general library, the district (county), community, rural libraries as branch libraries; by using cluster management of the library system (Interlib), the general library and each branch were connected by network, co-construction and sharing of bibliography and literature resources were provided, unified retrieval and "One Card Pass" Service were realized.

In 2004, Jinan Branch was set up, which was the first attempt of general-branch library construction in Jinan Library. After ten years of continuous exploration and practice, a new library consortium with resouree-sharing and mutual advantages was basically formed. Until the end of 2014, 65 branches (and mobile stations) of Jinan Library had covered many institutions, enterprises, schools, communities, the army and the rural areas, the total collection of branch libraries had reached 150,000 copies, the total number of library readers had exceeded 30,000 people, accumulated borrowed / returned books reached

200, 000 copies. Network digital resource database of the general library has been opened to each branch library freely, all readers can benefit from them. Especially, the establishment of rural libraries and mobile stations, not only effectively serves the book reading and information technology needs of villagers, but also benefits the local economic development and the building of spiritual civilization.

Tabe 1 Branch libraries of Jinan Library (service points) list

Number	Name of branch library (Service point)	Established time	Address	Attribute of institution
1	Nanshang Street Primary School	2003	291st Jingqiweiyi Road	Service Point
2	Tibetan Middle School	2003	88th Yuhan Road	Service Point
3	JiaoXiao Road Primary School	2003	No. 2, JiaoXiao Road, Tianqiao District	Service Point
4	Qilishan Community	2004	Qilishan Neighborhood Committee	Service Point
5	Weier Road Primary School	2005	No. 54, Jingsiweier Road	Service Point
6	Yongchang Street Hui Nationality Primary School	2005	No. 25, Yongchang Street	Service Point
7	Jinan Normal School	2005	No. 23, Shifan Road Tianqiao District	Service Point
8	Wujiabu Xibu Primary School	2006	Wujiabu Town	Service Point
9	Branch Library of Dougou Village	2006	Dougou Village, Dangjia Town, Shizhong District	Branch Library
10	Shiwei branch of Armed Police Detachment	2006	Jingqiweiliu Municipal Party Committee	Service Point
11	Yangguang Shuncheng Community	2006	Chonghuayuan, Yangguang Community	Branch Library
12	Sunshine 100 Mobile Library	2006	Huaiyin Yangguang New Road	Branch Library
13	Luoer Primary School	2007	Luocr Village, Dangjia Town	Service Point
14	Jinan Iron and Steel Group Corporation	2007	No. 21, Gongye North Road	Branch Library
15	52 Unit of 72463 Force	2007	Zhonggong Town, Licheng District	Service Point

(续)

Number	Name of branch library (Service point)	Established time	Address	Attribute of institution
16	Linqiao Community	2007	Luokou Zijinshan Garden, Tianqiao District	Branch Library
17	Shandong Province Experiment Middle School	2007	No. 73 Jingqi Road	Service Point
18	Jingwu Road Primary School	2008	Jingwu Road, Jinan City	Service Point
19	Weisan Road Primary School	2008	Weisan Road, Jinan City	Service Point
20	Xiying Middle School	2008	Xiying Town, Licheng District	Service Point
21	Wenzhuang Primary School	2008	Qixian Town, Shizhong District	Service Point
22	72463 Force	2008	No. 142 Jiwei Road	Branch Library
23	Nanjiao Cadre's Sanitarium of Jinan Air Force	2008	Langmao Mountain, Shizhong District	Branch Library
24	Zhangqiu Procuratorate	2008	Mingshui Town, Zhangqiu City	Branch Library
25	Zhangqiu Industrial Park of SINOTRUK (NO. 3 Branch Library)	2008	Industrial Park, Zhangqiu City	Branch Library
26	NO. 1 Branch Library of Chemical Protective Regiment, Tinan Military Command	2008	Dajin-zhuang, Huaiyin District	Branch Library
27	Dangjiazhuang Industrial Park of SINOTRUK (NO. 2 Branch Library)	2008	Dangjia Town, Licheng District	Branch Library
28	72790 Force	2008	Jiwei Road	Branch Library
29	Jinan Toll NH309	2008	Entrance of Jinan of NH309	Service Point
30	Lixia Procuratorate	2008	Lvyou Road	Branch Library
31	Gucheng Middle School	2008	Duandian Town, Gucheng District	Service Point
32	Little Sun Feicuijun Kindergarten	2009	Feijun Community of SINOTRUK	Service Point

（续）

Number	Name of branch library (Service point)	Established time	Address	Attribute of institution
33	Finance Bureau of Jinan	2009	Shizhong District Caishui Building	Branch Library
34	12 Division of Jinan Air Force	2009	West of Zhangzhuang Road	Branch Library
35	Changqing Industrial Park of SINOTRUK (NO. 1 Branch Library)	2009	Industrial Park, Changqing District	Branch Library
36	Aircraft Repair Shop of Jinan Air Force	2009	Lashan Town, Huaiyin District	Branch Library
37	Branch Library of Chang-qingtai Village	2009	Diantai Village, Wande Town, Changqing District	Branch Library
38	Branch Library of Lijia Village	2009	Lijia Village, Xiang-gongzheng Town, Zhan-gqiu City	Branch Library
39	Weijiu Road Community, Zhenxing Street	2009	No. 2 Xiaojingjiu Road	Service Point
40	First Cadre's Sanitarium of Jinan Command	2009	No. 5 Liulishan Road	Service Point
41	Jingwu Road kindergarten	2009	No. 139 Jingwu Road	Service Point
42	No. 4 Branch Library of Chang-qing Industrial Park of SINOTRUK	2009	Changqing Industrial Park	Branch Library
43	Jinan Acrobatics Troupe	2009	No. 855 Jingqi Road	Service Point
44	Zhengzhuang Village, Dangjia Town	2009	Zhengzhuang Village, Dangjia Town, Shizhong District	Service Point
45	The Regulatory Branch of Jinan City Public Security Bureau	2010	Zhonggong Town, Licheng District	Branch Library
46	Liuguangzhuang Village	2010	Liuguanzhuang Village, Pingyin County	Branch library
47	Siliqu Community, Shizhong District	2010	No. 7 Yingxiongshan Road	Service Point
48	Jinan Procuratorate	2011	No. 166 Aotixi Road	Branch Library
49	Municipal Office	2011	Longao Building	Service Point

（续）

Number	Name of branch library (Service point)	Established time	Address	Attribute of institution
50	Municipal People's Congress	2011	Longao Building	Branch Library
51	Spring City Square	2011	No. 69 Luoyuan Street, Lixia Distrct	Service Point
52	Jinan Policy Research Center	2012	Longao Building	Branch Library
53	No. 3 Middle School of Jinan	2012	No. 206 Jingliu Road, Jinan City	Digital Resource
54	Kuangshan Village	2012	No. 112 Jiqi Road, Huaiyin District	Huaiyin Distnct Digital Resource
55	Minghu Primary School	2012	Shuitun Road, Tianqiao District	Digital Resource
56	the Association of Science & Technology of Jinan	2013	No. 53-2 Yingxiongshan Road	Branch Library
57	Jingshi Road Cadre's Sanatorium Jinan Garrison Commands	2013	Jingshi Road, Jinan City	Service Point
58	Huaiyin Public Security Fire control	2013	Zhangzhuang, Jinan City	Service Point
59	Chenzhuan Village, Wangde Town	2013	Changqing District Wangde Chenzhuan	Service Point
60	Jinan Public Security Fire Control	2013	Jisiweiwu Road, Jinan City	Service Point
61	Provincial Unions Retired Cadres Center	2014	Qilishan Road, Jinan City	Service Point
62	The City Personnel Bureau Examination Center	2014	Liulishan Road, Jinan City	Service Point
63	Branch Library of Jinan Commission for Discipline Inspection	2014	Longao Building, Jinan City	Branch Library
64	Dazhandong Village, Meigui Town, Pingyin County	2014	Dong Village, Meigui Town, Pingyin County	Branch Library
65	Xingfusi Road Police Station	2014	Xingfusi Road, Jinan City	Service Point

Note: a branch library stores more than 2000 copies , while a service point stores less than 2000 copies.

Since 2011, to build scientific and reasonable security system of document and information resources, Jinan Library has built the radial service network with Jinan Library as the core of the center hall, with the community, industry branches as branch center, with auto mobile libraries as links and carried out a series of works.

Jinan Library has set up 24-hour self-service libraries in the Quancheng Square, Cabernet Square, Longao Building, Lingxiu City Community, Capital Cultural Center and others. There has been set a library's service network of literature and information resources sharing with complementary means and advantages, which are composed of city library (as general library), branch (mobile station) library, mobile library, 24-hour self-service library composition (as complements).

Starting in 2013, Jinan Library started with the standardized and institutionalized construction of branch library (mobile station), then launched a series of initiatives to improve. It established and perfected access system of branch library (mobile station). A set of scientific quantitative evaluation index system has been set up, aiming at the branch funds, condition of the premises, software and hardware facilities, staffing and others. Jinan Library formulated unified management system and service standards, and further clarified their respective rights and obligations of the main library and branch libraries according to a new cooperation agreement that signed with branch libraries (mobile stations).

On the basis of the construction of strengthening business management automation, networking and sharing project platform, Jinan Library opened the library " One Card Pass " service, carried out interlibrary loan between the general and branch libraries and used unified library card, providing unified management software, service platform and search portal.

"One Card Pass" service has been upgraded roundly, based on the interlibraries loan, bibliography search and book reservation among general and branch library, launched a variety of network database resources, such as VIP, Tsinghua Tongfang electronic journals, Founder electronic books and self-built characteristic databases etc. Branch Libraries have realized remote intelligent management, the general library can realize long-distance operation with the library management. The RFID self-service system, has realized interlibrary loan among general library and branch libraries. Jinan Library stipulated the branch to extend business hours, namely, not less than 3 days everyweek and not less than 8 hours every day.

Through organizing public lectures, reading activities, essay recitation contest, etc, the branch exchange and communication were strengthened. Rural branch and mobile station were established to provide services for the development of local economy and the construction of spiritual civilization. Based on maintaining the original SINOTRUK Zhangqiu Branch, Armed Police detachment of Jinan, Sunshine 100, mobile libraries focused on the development in project site for migrant workers, special education schools, municipal and rural cultural model village, supermarket branch. With "Scholarly springs City" 24-hour self-service libraries as points and branches as lines, the number of self-service library is , and the service radius of the general library and branch libraries are expanded, initially forming the city " 15-minutes reading circle".

So far, the "General and branch library system" service model of Jinan library has been basically formed.

Section 2

Characteristic Branch Library

Chinese SINOTRUK Branch Library

"The First Branch Library of SINOTRUCK of Jinan Library" in China National Heavy Duty Truck Group rubber manufacturing department was founded in 2005. It is located in the Changqing Economic Development Zone, Jinan. The existing collections are more than 4,000 books, and its books are renewed by the Jinan Library every half year. By the end of July 2014, Jinan Library in SINOTRUCK had established four branches. The location of SINOTRUCK Rubber Manufacturing Department is relatively remote, so Jinan Library first chose this remote area, and set up a special branch to alleviate workers'problems in borrowing books.

In the construction of "The First Branch Library of SINOTRUCK of Jinan Library", Jinan

Library integrated the site management implementation with Rubber Manufacturing Department. In conditions of limited funds, SINOTRUCK Rubber Manufacturing Department efficiently cooperated with Jinan Library. It expanded the using area of the original library, the library area were increased from 20 square meters to 40 square meters, configurated eight kinds of books including more than 4, 000 copies of political theory, literature and history, science and technology, manufacturing technology, computer application, social encyclopedia, home life, health care, and more than 20 sets of video CD. The library area was divided for reading books, audio and video playback, special study area. The update of books on shelves, purchase of electronic equipment and organizations of reading activities are detailed planned and arranged to ensure that the First Branch's scientific, reasonable and orderly operation. Web line is laid, a national science and technology journals network query platform was opened, an enterprise internal newspapers borrow area was established for enterprise employees to understand the dynamics of the group company and its domestic and foreign counterparts. For the convenience of enterprise workers, First Branch Library electronic library specially designed the guide page, which linked Jinan Librang, Shandong Province Library, and all the major portals of reading channel for enterprise employees to select Chinese and foreign classics, current affairs, politics, history, literature, popularization of science , general encyclopedia and other electronic books according to the personal interest .

After establishing "The First Branch Library of SINOTRUCK of Jinan Library", they still opened the cultural corridor, corridor of newspapers and periodicals, reading corner, and set up interest groups including 3D design, wire harness production research and innovation, and art design in enterprises, which expanded service functions that can improve the staff quality, such as employees' political theory learning and job skills training.

Pinyin County Liuguan Village Branch Library

In 2009, the first branch of rural library was established in Liu Guan village, Pingyin County. Liu Guan village is located in the north of the county in the South Bank of the Yellow River, and there are 330 households and 1, 390 people in the village, with arable land of 1, 600 acres. It is the provincial outstanding science community and municipal "Eco Civilized Village". Interplanting of fruit and watermelon with sweetpepper, bean production are the two pillar industries in the village. "Xianping" apple and "Liujuanzhuang" watermelon, sweetpepper, beans won the national "Organic, Green and Pollution-free" certification.

In the construction process of Liuguan village Branch Library, first of all, a leading group headed by branch secretary and director of village of 7 people was set up in the village. "Regulation of the library", "Reguation of book reading" and "Computer notice" were implemented, Deposit is needed to apply for a library card, and the damaged or lost books must be compensated. The branch is opened half a day in every day for the villagers to read books, understand agricultural technology in Internet, and understand the market situation. It makes the detailed requirements for branch managers, i. e. , they must procide good service for peasant readers, and help them borrow books and access information.

Liuguan Village Branch library is equipped with 11 computers, 3, 000 books, 200 volumes of periodicals by Jinan Library. Agricultural service function has been further strengthened. For example, in 2010, pepper seedlings accidentally were infected with stem rot, and cross infected watermelon. The village committee went to village library for scientific and technical literature. According to *Diagnosis and Treatment of Vegetable Plant Diseases and Insect Pests*, the disease was diagnosed as stem rot. Then, the problem was solved. In the watermelon and apple harvest, the villagers searched for the market situation on the Internet in the electronic reading room. In 2010, they learned that the economic benefit of greenhouse potatoes is higher from the network, then they adjusted the varieties to

100 acres of greenhouses and changed watermelon to potatoes. The single season benefits reached more than 8, 000 yuan, which drived the economic development of the village.

Linqiao Branch Library

On December 19, 2008, Jinan Library and Linqiao Community's neighborhood committee signed the agreement about building Jinan Library Linqiao Community Library. Lin Qiao Community Library turned out form a basic library, to a branch library of Jinan Library.

Area of Qiao Lin Community Library is about 80 square meters, and it was divided into the library, press room, wich a collection of more than 5, 000 copies, 20 kinds of newspapers and periodicals, and 5 Internet computers, which can meet the basic needs of community residents. There are specialized librarians in Linqiao Community Library, who catalogue books and audio-visual material according to the provisions. Library is open to the community residents in 2: 00-5: 00 pm on every Tuesday and Thursday, 8: 30-11: 00 a. m. on every Sunday. Residents can enjoy the cultural enjoyment through the digital library network services, video on demand, but also access to distance education and other information services. By the end of 2014, Linqiao Branch issued 120 borrow cards, received more than 90 people daily on average, The borrowing books are nearly 3, 000 copies.

After the opening, the management mechanism of Linqiao Branch Library is innovated frequently. Volunteers from Linqiao Community regularly go to the library to help work, tidy books, upkeep computers, do cleanings, etc. Every year, there is an activity of book donation, over the years more than 1,000 copies are donated to the library, which are registered and set in a special counter for display. Community managers defined August 11th as the "Community Reading Day". Community Library held reading activities, including "Autumn Reading", "Reading Life, Development", "Staff Business", Morality and Culture" the theme of the reading activities, in order to improve the quality of resident and staff capacity, at the same time, it also contributed to the development of the library itself; every year, on June 1st (Children's Day), Linqiao Branch united Community Kindergarten to carry out singing contests, children's fun quizl; it also united community health station regularly to explain health knowledge for the elderly. These initiatives continually expand the influence of Community Library.

Linqiao Community Library is not only a study place, but also a platform for mutual communication among community residents, which plays an irreplaceable role in urban community culture.

Tibet Middle School Book Mobile Station

Jinan Tibet Middle School is the only minority nationality boarding school in Shandong Province, and there are more than 600 students at present. Because of the particularity of

the school, the students have more free time in studying and reading every day. In 2003, Jinan Library set up the book mobile station in Tibet Middle School to provide a variety of books and magazines for Tibetan students.

Children's Library of Jinan Library replaces books, magazines for Tibet Middle School at any time to ensure that the students can see the latest books and periodicals. Every summer, "Reading a good book in summer" activity is jointly organized by the school and library, which plays a role in promoting reading, Every year, students participate the essay contest and win the prize. This activity also exerts an positive effect In the hometown of students in Tibet.

Jinan Library regularly organizes various reading activities and invites Tibetan students together to participate in, such as visiting Jinan Library, listening to expert lectures, attending the book signing, invitation to the gala performances. The activities of library also received good feedback from the Tibetan Middle School. Every year, the school invites Jinan Library to participate in the Losar, (the Tibetan New Year) celebrations and graduation ceremony, etc.

Library with 24-h Self-Service

In October 2011, Jinan Library began to set up a 24-h self-service library in the Quancheng Square and Cabernet Square, which coordinated with "ten-minute cultural circle" construction requirements of the Jinan City public cultural service system.

This resembles a convenience store, as operating book borrowing and returning as ATM machine, has "never close the public library" reputation. After the new thing just settled in the city of springs, it spread rapidly through the streets. At all levels' management organizations went to the square to observe the operation of the library at the first time, and raised the development requirements on the books, application promotion and other issues. Citizens experienced the convenience of self-service library, or offered advice in order to perfect. Many more enthusiastic people provided the explanation, demonstration and information dissemination voluntarily during the test running of the self-service library. *People's Daily*, *Chinese Cultural Newspaper* and the media in major provinces and cities wrote comprehensive tracking reports.

Self-service library is a complete automation system of library service, compared with the ordinary library, with less investment, quick effect, flexible location, convenient service and other advantages. Self-service library gathers RFID and other automatic control technologies, initially possesses the intelligent specific, known as "the third generation of the library".

Self-service library breaks through the limitation of library buildings in the city, expands the extension of urban large library of public cultural service, improves the library borrowing rate. It is not only the innovation of library service model, also contributes to the integration of high technology and cultural life, has a positive effect on the construction of urban public cultural service system. As of December 2014, the city had 7 self-service libraries and put them into use in the city square, residential area and cultural and artistic center.

Automotive Mobile Library

In 2006, Jinan library began to build a modern automotive mobile library. Automotive mobile library is a modern science and technology to build the upgrade edition of mobile library car.

Mobile libraries use medium-sized passenger cars as the carriers, including a set of automation management and service system with built-in portable computers, printers, scanners, and other advanced equipment, as well as open shelf, movable reading tables and chairs, etc, It can load more than 3, 000 copies (discs), and through wireless network card and Jinan Library network, it realizes free interlibrary loan in enterprises, villages, communities, schools, barracks and other grassroot units and the places the car can reach, It can provide for readers a full range of convenient services such as card registration, borrowing and returning books and periodicals, query, download information. Since the opening, the mobile library has been regularly carrying out activities to send books home, successively set up fixed service points in more than 40 units, such as SINOTRUK Zhangqiu Industrial Park, Sunshine 100 Community, Jikong 12 Division 40 multiple unit. At the same time, it held lectures, exhibitions, film screenings, etc. It becomes the beautiful scenery of carrying forward the advanced culture, disseminating scientific knowledge, advocating people to read. It is known as "Nearby study", "Moving cinema". Some people have lamented that, the home is too far from the library, borrowing books is not easy from the library, it will be convenient if the library were near home. The birth of the automotive mobile library makes the service from the city to the suburbs and rural areas, eases the limitations of the coverage of the regional library to some extent.

In September 2006, the opening ceremony of Jinan mobile library was held in SI-NOTRUK. After that, it provided document service for employees twice a month in SI-

NOTRUK Zhangqiu R&D base, Changqing Industrial Park and No. 1 Bus Company. At the same time, it also held "From Oracle to computers", large Chinese culture exhibition, "Readers" outstanding photography, etc.

To enrich the cultural life of the community residents, Jinan mobile library regularly entered the community, sending the books to 16 communities, such as Sunshine 100 Community, Qilu Garden Community, Lingxiu City Community, Workers New Village South village. At each borrowing returning time, community residents early rushed to the scene to wait the arrival of the mobile library. Readers carefully selected their favorite books and reluctant to leave. The mobile library car has become indispensable part of community residents' daily life.

In December 2006, the start ceremony of Jinan mobile library into armed police camps was held in No. 12 Squadron of Jinan armed police detachment, and a service agreement was signed to serve Jinan armed police detachment under six squadrons. Jinan Library signed service agreements with Jinan Air Force No. 12 Division, Jinan Chemical Defense Warehouse, Aviation Repair Factory one after another. It sent books to these troops monthly and regularly, simultaneously, it held film screenings, lectures, cultural exhibitions and activities, which enrich the cultural life of the troops.

Auto-mobile service of Jinan Library continually extends to rural town. It has gone to Shiliulihe Town Dougou Village, Dangjia Town Xiaozhuang Community, Zhangqiu Diao Town Lijia Village, Baiyunhu Town, Guanzhuang Town. In addition to providing borrowing books and showing video resources of agricultural science and technology to the farmer readers, it also directly sends various resources and information of agricultural science and technology compiled by library to farmers, which provides the support of science and technology literature resources for the development of agricultural production.

Mobile library expanded public library service area and service groups, promoted the nationwide reading, achieved a service target of "limited book, unlimited flow", made the library service function be multi-level and omni-directional propagation, made more readers enjoy the public library and information services, played a role in promoting to spread advanced culture, and met the cultural needs of the masses.

Section 3

Nishan Academy in Library

The Construction of Nishan Academy

Former address of Nishan Academy was located in the birthplace of Confucius in Qufu, which was built in the Song Dynasty and rebuilt in Yuan Dynasty. It was one of important symbols of the buildings in Chinese traditional culture. There are natural ties between the ancient academy and modern library, they jointly carry forward functions of book scollection, heritage enlightenment. Shandong is the hometown of Kong Meng and a state of ceremonies, whose excellent traditional culture is profound. In May 2014, Shandong Province Cultural Department launched a library academy mode of public cultural activities in the province and named specific libraries at all levels after "Nishan Academy", dug deep historical and cultural resources to strengthen the function of educating people, which made the library further to build excellent traditional culture in the spirit of the hall on based of providing the service of traditional culture.

According to the construction standards of Nishan Academy, Jinan Library purchased related equipments and facilities and books of traditional Chinese culture. It set up "Four rooms and one hall" in the library, namely Chinese Classic Forum, Chinese Classic Biography Room, Traditional Culture Experience Room, Ancient Books Reading Room," Four rooms and one hall" was specially configured with antique furniture and related facilities. Chinese Forum can accommodate 120 people to organize academic lectures, parent-child reading classes, traditional culture learning exchange activities; Chinese classic Biography Room can accommodate 80 people, which can hold calligraphy training, painting art training, etc; there are a statue of Confucius and a Gu Qing in Traditional Culture Experience Room, which can accommodate 30 people to participate in collective communication activities such as tea experience, chess game, music appreciation, calligraphy and painting creation.

On August 22, 2014, Jinan Library held expert seminars, invited 16 Chinese experts who have different professional directions to offer advice and suggestions for construction of Nishan Academy together. These experts were from Shandong University, Shandong Finance University, Jinan University and other social groups. They also become the first expert members of the traditional Chinese culture expert database of Nishan Academy, who provide intellectual support for the subsequent development of Nishan Academy.

National Culture Education

Chinese Classic Forum, operated by Jinan Library Nishang Academy, is a major cultural heritage place, where scholars explain the traditional culture to readers. Since its extabishment, there will be arranged one or two lectures of ancient Chinese literature every week.

On September 13, 2014, the famous traditional culture lecturer, philanthropist Wang Hongqi visited Chinese Classic Forum and dedicated a stirring speech *Consciousness of Life* for readers. In the speech, Wang Hongqi combined his experience, with filial piety as the core, elaborated Chinese ancient sages' self-cultivation to everybody, and we should take what kind of attitude and value view to face life. On the same day, seats of the hall of the library were occupied, and even the aisles and underneath were filled with people.

In Chinese Classic Forum, lecturers dedicated classic cultural feast for the audience. The *Book of Changes*, *Analects of Confucius and The Great Learning were explained in depth*, and the topics around the filial piety, family education, calligraphy, tea ceremony, and reading were illustrated.

For more than half a year, Chinese Classic Forum has trained a group of loyal listeners of who love the traditional culture, As long as they have free time, they will regularly come to the library to listen to lecture. There was a 60-year old aunt who went out after her first time of listening to lectures, nagging: "Oh, I originally thought to go back home after going around the library. However, after I listened to a lecture, I found it really enjoyable. I did not know there were such kind of lectures in the library. I'll come back often together with my husband.

Class for Family Reading Classics

"Is it not a pleasure to review frequently while learning? Is it not delightful to have friends coming from afar? Is it not a gentleman to not be resentful while be unknown?" Every Saturday afternoon, you will hear bursts of sound of loud reading from the Chinese Classic Forum in Jinan Library.

In the middle of November 2014, the first "Parent-child reading classics class" was opened in Jinan Library Nishan Academy, Every Saturday afternoon, there will be many parents Coming to the library with their children. Under the guidance of classics teacher, they carefully read Chinese classics such as *Analects of Confucius*, *Great Learning and Disciple Gauge*. The oldest of these children was 9 years old, while the youngest was only

4 years old. A lot of them have never contacted with classics, but now through reading they can skillfully recite *Analects of Confucius* and part of *Disciple Gauge*. Let the children feel the strong national culture from childhood, and there will be a major positive impact on their lives. This is a useful attempt of the Jinan Library to spread the excellent Chinese traditional culture.

In an interview with the media, a parent said: "I think the library has done a very meaningful thing. When we were young, there was no such a historical background at that time. Through reading the classics and the teacher's explanation, I found that my children start to understand that parents are not easy and they consciously help us to do the housework. I want to represent the parents and children who have benefited to praise our city library."

Recitation Competition

In 2014, using resources in the Jinan Library Society, Jinan Library jointly organized the "I love Chinese classics" with the county libraries, the first parent-child recitation competition of Jinan City. Parents brought their children to participate in the team.

Parent-child reading competition was divided into preliminaries and semi-finals. The preliminaries were trials, which were held by the district (county) library and city library separately. Each library selected 3 groups of athletes to participate in the semi-finals in the city library. Due to the active participation of the district (county) library, preliminaries attracted more than 200 families and caused great effect in the society.

On June 14, 2014, 19 preliminary qualifying players from all over the city of Jinan participated in the semi-finals in the Jinan Library. The final scene was brilliant because of intentions of parents and efforts of children. In the Chinese short stories show, the players vividly presented stories such as Kongrong RangLi, Fu Jing Qing Zui, Mao Sui Zi Jian through different forms of performance. The youngest was a three-and-a-half-year old girl. In all participating children, she and her mother presented their carefully choreographed story Ya Miao Zhu Zhang. Although her voice was still very young, her action was not in place then, but this did not affect the surprise and move she brought to the judges and the staff. A judge said, "this activity was so simple as a match. These kids are still young, and perhaps they are yet unable to understand the meaning of their own reading of the classic and the performance of the small story. An important thing is let parents know what guidance should be given to the kids. Joining in such activities is like planting the seed in the heart of children. The seed will sprout with the children's growth, bringing inestimable impact to life."

Calligraphy Training Class for Children

Calligraphy, known as "Wordless poetry, invisible dance; no-figure painting, silent music" in ancient times, is a unique performance art of culture of the Chinese nation. In different periods, the art of calligraphy present the performance of different people's value orientation of social era. So the practice of calligraphy is practicing the traditional culture and inheriting the traditional culture.

In 2014 Summer vacation, Jinan Library Nishan Academy began to organize children's calligraphy training, which was divided into hard pen class and brush class. Children from 5 to 15 years old can enroll in free learning. It was opened every Saturday, and there were more than 500 children participating in training for more than half a year.

Jinan Library hired a senior calligraphy teacher Zou Zhiguo to teach children. Teacher Zou liked children and understanded children's psychology. Under his patient guidance, many children fell in love with calligraphy. Some of the children who had never touched the brush, have written very beautiful brush character after the training of a few months.

Nishan Academy also hosted many traditional culture experience activities, such as worshiping Confucius and tea art experience, allowing participants to experience the charm and essence of the traditional culture in the activities.

金石精華

05

Chapter 5

Nationwide Reading Activity of Jinan

In Jinan, abundant collection of literature resources of library like lingering endless springs, en riches and moistens the cultural life of the people of the city.

Have You Read Today?

According to the list of love-reading cities in China released by authoritative online bookstore sales data, Jinan is ranked fourth throughout the country, which proved the heritage of Jinan as a historical and cultural city. "The history in Jinan is long and people in Jinan love reading."

In South Korea, there was a writer Er Zhicheng who was once destitute. He read more than two thousand books within a few years at an amazing speed, i. e. , nearly one book a day. His book, *Do You Want to Succeed Even You Cannot Read Efficiently*, were sold a million. Of course not everyone can do as he did so luckily, and not everyone can be a writer. However, you can choose to read according to your own interest or major, and make your work more comfortable. Apply what you have learned actively and neatly. The more you read, the more you practice, the more confidence you will have.

Jinan people love reading, the library will naturally become their own large study. "Reading is the noble move with the lowest threshold". From January 1, 2008, Jinan Library launched a full range of free services in public libraries across the province, and truly realized the zero threshold to enter the library. It replaced library automation service system to achieve "One-card Pass" borrowing and short message services, which was convenient for the readers to self borrow and return books.

"Reading can't change the life length, but it can change the width and thickness of the life" is engraved on Jinan Library book wall, which constantly reminds every reader: "have you read today?"

Extend Service: Reading is Everywhere

National reading was included at the national legislative level, the promotion and protection of public reading were promoted to the national level.

Reading Festival: every April, library readers are looking forward to participating in library activities. With World Book Day coming up, "Scholarly springs" City-wide Reading Festival was held as scheduled, which become a large-scale and influencial popular reading activity platform.

Book propaganda week: Reading can make readers forget ambient world, and feel joy, sorrow, anger and peace with the author, which is an irreplaceable life experience. Early, Jinan Library led the public reading through the organization of the reader forum, reading club, reader salon and other activities. From 2005, the Jinan Library launched activities of Book Propaganda Week. They will hold seminars and exhibition, call for papers, conduct readership survey, send books with love, etc in the last week of May, and will organize reading activities around the year's specific subject.

Weekend lectures: At the weekend, the library organized lectures to be close to the masses, which were welcomed generally by the public, including the World Springs

Auditorium, Successful Parents Big Classroom, Nishan College Chinese Classic Forum. Every weekend when people enter into the library, they can choose to listen to their favorite lectures. The content involving multiple domain and multiple levels, including the current social hot issues, academic knowledge, Chinese culture on everybody's lips, which not only carry forward the Chinese traditional culture, but also meet the needs of public leisure, learning and education. Listening to lectures in the library has gradually become people's normal life.

Essay: "Reading a good book in summer" essay contest is one of the reading promotion activities held by the Jinan Library for nine years. It is a reading activity for the city's elementary and middle school students to guide and encourage more readers to go to the library, use the library, read more books and read good books. The campaign has already attracted hundreds of thousands of students to participate in, becoming the city's famous brand. In 2011, the project was included in the reading festival series of activities of "Literary Springs City".

Serve Society, Share Reading

Jinan Library provides topic tracking service for researchers from the City Academy of Social Sciences, provides special order books, online reading card issuing, offers special training class for library digital resources, recommends library network resources that can be used, provides full range of information consulting services; relying on the rich collection of bibliographic information resources, it provides information services for government decision-making of social development with traditional consulting methods and the modern information technology. By compiling thematic information, it provides a strong documentary information support for the NPC and the CPPCC.

Glory and Dreams

For sixty years, human has entered the old age, but for the career of Jinan Library, it just becomes an adult. In 2013, the library ushered in its own glory, along with the opening of the "Tenth Art Festival". The library people witnessed the building of a monument of the new library.

In 2005, it was awarded with the "Provincial Civilized Units" by the Shandong Provincial Spiritual Civilization Commission.

In 2008, it was awarded with the "Advanced Unit of Nationwide Reading Movement" by Library society of China.

In 2008, it was awarded with the "Advanced Unit of Cultural Information Resources Sharing Project of Shandong Province" by Shandong Province Cultural Department.

In 2009, it was awarded with the "Advanced Unit of Culture System" by Ministry of Culture.

In 2010, it was again awarded with the "Advanced Unit of Nationwide Reading Movement" by Library Society of China.

In 2012, it was awarded with the "Advanced Unit of Reform of Cultural Administrative System of Shandong Province" by Shandong Provincial Party Committee and Shandong Provincial Government.

In 2012, "Reading a good book in summer", Mobile library, "SINOTRUK Cup" Jinan "Readers" Photography Contest were respectively awarded with the First prize, Second Prize and Third Prize of "Classic and Innovative Cases in Nationwide Reading Movement" by Library Society of China.

In 2013, in fifth assessment and inspection work of the National Public Library of the

Ministry of Culture, the practice of Jinan Library was highly appraised, and was promoted to the National First Class Library.

In 2013, reading festival series of activities of "Scholarly Springs City" was awarded with "Galaxy Award" of the 10th China Art Festival of Ministry of Culture.

In 2014, Jinan Library was evaluated again as the "Provincial Civilized Units" through the review , maintaining this glory for nine consecutive years.

In 2015, it was awarded with "National Civilized Unit" by Central Steering Committee for the Building of Spiritual Civilization.

Section 1

Nationwide Reading Ceremony of "Literary Springs City"

When "World Book Day" came in April 2007, Jinan Library made a response to the initiative of "Nationwide Reading Activity" launched by the Central Propaganda Department and other 17 ministries, and launched a series of reading activities with various forms and rich content. "Literary Spring City" Nationwide Reading Festival i. e. , the first "Rhyme of Books in Springs city · Jinan Book-exchange Festival" activities, was held in 2009, which opened a new era of "Literary Spring City".

Each April, "Rhymes of Books in Spring City · Jinan Book-exchange Festival" activities are held by Jinan Library and *Shandong Business Daily* jointly in the park or large square. So far, they have been held for five terms (six times), public who participated in the activities have reached more than ten thousands, and a total of 100, 000 books have been exchanged, provided a platform for the public to share the reading experience and exchanging idle books.

In 2011, Jinan Library established special leading group of "Literary Spring City" National Wide Reading Festival. On April 23, opening ceremony of "Literary Springs City" National wide Reading Festival i. e. , Zhongshan Park Reading Square, was held, and the first starting ceremony of "Literary Spring City" National wide Reading Festival was officially opened.

"Literary Spring City" National wide Reading Festival, composed of more than 20 series of more than 300 activities, is a large-scale comprehensive reading activity. It has been held for four consecutive sessions with a determined theme for each session, and the book reading activities are carried out around the theme. In the community, it advocates reading, improves the cultural quality of the city people and creates a learning community in forms of "Science Caravan" popular science exhibition, "Masters teach you to identify and collect treasures", cultural resources-sharing project square projection and video broadcasting,

mobile library into the community volunteer service, "law by side" legal advice and other activities; in the school, it carries out "Read the Same Book in Urban and Rural Areas", "Hand in Hand with Warmth" books donation and other activities to improve rural poor students' reading conditions. With in the school, it held a series of "Successful Parents Big Classroom" lectures for minors to create a good atmosphere of growth; in the enterprise, it carried out service activities for migrant workers such as computer application skills training, mobile library and culture-sharing project. "SINOTRUK Cup" Jinan City "Readers" photography contest and exhibition were held to create the reading atmosphere in branch libraries of SINOTRUK. In the countryside, based on farm bookroom and cultural information resources-sharing project grassroot service points, "Tour in farmer's bookroom", the agricultural science and technology knowledge to the countryside and other activities were carried out to meet the cultural needs of the masses of farmers and improve their cultural literacy. In institutions along with the additional reading festival "Scholarly Springs City", 24-hour self-service libraries were added. Activities such as culture-sharing project service in the state organs and speech contest were carried out and other activities, which give full play to the advantage of "World Springs Auditorium". Reading activities and lectures were held to preach the classics, and promote good learning atmosphere of love reading and reading good books.

In October 2013, Shandong Provincial Cultural Arts Center was formally put into operation, which further optimized the city's public cultural service facilities, stimulated the national reading enthusiasm and the new demand of people's happy reading. In April 2014, with Jinan Library as the main venue and the theme of "Reading opens the wisdom of life, books transfer urban civilization", the launching ceremony of the fourth session of the "Scholarly Springs City" National wide Reading Festival was held in the Culture and Art Center, Stars Plaza. The 29 reading activities were started from April to December throughout the year. Main contents of the activities included "Scholarly Springs City" Jinan Book-exchange Festival, integrity exhibition on the the first generation of party and state leaders, "Law by side" legal advice, "Science Caravan" campaign, issuing of Nationwide Reading Festival recommended bibliography and "Reading opens the wisdom of life" prize quiz activities. Many different activities were also held, such as "Masters teach you to identify and collect treasures", "I love Chinese culture" Children's Classics Reading Contest, Reading and Recitaction Contest, "World Springs" auditorium, "successful parents" Big Classroom and other public lecture series, "SINOTRUK Cup" Readers Photography Contest and Exhibition, "parents can read", "Sunset red" series of public computer training, migrant workers training in computer Club, Colorful Spring Reading Bar, "Swim in the books of sea" City Library Experience Day.

Section 2

The Future of Springs City: Read a Good Book in Summer Vacation

Since 2004, together with schools and family education, has carried out "Read a good book in Summer Vocation" essay contest for 10 consecutive years in primary and middle school students in Jinan City, which was hosted by the Jinan Municipal Bureau of Education, Jinan Municipal Bureau of Culture, Jinan City Working Committee for the Care of the Next Generation, undertaken by Jinan Library, co-organized by Tomorrow Publishing House. "Read a good book in Summer vacation" activities, guide and encourage students to read more books in the summer, read good books. Experts are asked to list the fine books which are suitable for the students of different grades to read, thus the students have the choice of the outstanding children's books and periodicals. At the same time, the famous children's literature writers and readers communicate face to face and interactively, which further stimulates students' reading interest.

Explicit Theme, Catering to Children's Interest

Since June, essay activities last for six months, including plan, comprehensive deployment, organization and implementation of the essay award. Jinan Library has done a lot of detailed work, such as the notification issuing, calling for essays, manuscript selection, certificate implementation and awarding. The excellent children's books edited by the world fantasy literature master Dahl, the famous children's literature writers Yang Hongying, Shen Shixi, Qiu Xun, Mei Zihan , et al, are selected by the organization committee for students to head. By the end of the summer, the schools will recommend outstanding essays (or individuals) to the organization committee, and the experts will make a review of the manuscripts. They will select the first, second, third awards' and the award of outstanding guidance from primary and middle school students. At the same time, according to the school's organization

and implementation, as well as the distribution of awards, they will select outstanding organization award. The annual awards ceremony is held in November or December. They had invited children's education experts, such as Yang Hong ying, Wu Meizhen and yujun, come to participate in the ceremony, interact with students, talk about reading experience, and share writing experience, which benefit students a lot.

Recommended Books with Distinct Features

Essay contest organization committee recommend books around the theme of "Healthy, Scientific, Interesting". Considering the proliferation of children's books today, the recommended bibliography presents ideological, scientific and interesting books in front of the Children.

The books recommended fit students with different ages and grades. Based on experts' opinions, since 2009, the organization committee readjusted the recommended bibliography from an initial set to elementary school's low grade group, and primary high grade group' and middle school group, which made the recommended books more targeted and attractive. *Classic books such as Boy*: *Tales of Childhood*, 39 *Letters To the Daughter* (*View*) *Junior Encyclopedia* let students fondle admiringly.

Advertising by Media

In order to let more and more students understand the activities, participate in the activitie, Jinan Library's Children Department issued notice soliciting contributions and recommended bibliography to Weisan Road Primary School, Jingwu Road Primary School, Yuxian Primary School, Mingzhu Elementary School, Jingiqiyi Road Elementary School, No. 27 Municipal Middle School, Municipal Experimental Middle School. Children's Department combined "Reading a good book in summer vacation" activities and the school reading activities together, which let teachers and students all know and join, and then enhance the participation of the reading activities. At the same time, it united with the Bureau of Education, Which issued administrative documents to education bureaus of the county (city) / districts to motivate schools' enthusiasm. They also used provincial and municipal newspapers, radio, television and website to launch publicity, created a good social reading atmosphere, and promoted reading activities jointly.

Tibetan Middle School is the only one school for Tibetan students in Shandong Province. Chinese is their second language. During the summer vacation, the student cannot return home to reunite with their families, but only stay in campus. "Reading a good book in Summer" activities add much fun for their long holiday life. Over the years, they participated in the activities and won again and again. In each essay contest, librarians made a special trip to school, and collected articles through the organization of the school library. The school will also carefully arrange the summer activities. The essay activities not only stimulate the Tibetan children's reading interest, but also improve their Chinese reading and writing level.

Famous Writers Introduce Books

During ten years, each session of the awards ceremony, essay contest organization committee will organize children's book writers and children's reading promoters to meet with young readers and interact with them, and share their experience of reading and writing. Yang Hongying is a famous writer of children's literature, Zhu Ziqiang is Professor and Dean of College of Literature and Journalism in the Ocean University of China, Director of Children's Literature Study Institution. Zhou Rui won the National Award for Outstanding Children's Literature, Song Qingling Children's Literature Award, First Prize for the Outstanding Juvenile Literature Books, in New Period, Sixth Xia Yan Movie Prize and other major awards. Liu Xianping is a famous writer of children's literature, "Sun Sister" Wu Meizhen, "Braids Sister" Yu Yujun and Shang Xiaona. The above people all told the significance of childhood reading, taught writing knowledge, talked about their writing from the inspiration of life, and interacted with students about hot issues of concern on the scene.

During ten years, tomorrow, Publisher donation books for "summer reading a good book" whose value is one million yuan, value of donation of books for school of obtaining outstanding organization award have amounted to 500,000 yuan, school of obtained outstanding organization award most harvest more than ten thousand yuan books. In November 2005, *The Book That Touched Me*, Which was published by Tomorrow publishing

House, is a collection of "Reading a good books in summer vocation" essays. The works of children meet with young readers, which naturally inspires the city children's reading and writing passion. in Summer 2012, "Reading a good book in summer vocation" was assessed as the classic and innovative case of nationwide reading promotion activities by Library Society of China, winning the first prize.

Ten Years of Grinding Sword, Honed out High Quality Goods

During ten years, of "Reading a good book in summer vocation" activities the number of essays recommended by bureau of Education of counties (city) District and schools increases from 5, 000 in the first session to more than 18, 000 in 2014. The number of Primary and middle school students who participated in the essay contest is more than 5 million people, which effectively motivates the students, reading initiative and stimulated their enthusiasm for reading. For example, Ni Cang from Tibetan Middle School, won the first prize in the fourth session of contest, Afterwards, his interest of study was stronger, and his Chinese level was improved quickly, He entered into a key high school in Dongying City with the second place in the entrance test in 2008, again with honors entered Beijing University in 2011. In 2009, Liu Yi won the second award in the sixth session of contest, and she was admitted to Shandong University of Finance with honors in 2013.

Section 3

Attend a Lecture in Library on Weekends

Jinan Library's public lecture, since its launching in 2001, has been held for more than 700 times by the end of 2014. The total audiences have reached 0. 35 million during 13 years and the number of participants is increasing year by year. Listening to public lecture in the library on weekends has become the choice of many people.

Auditorium of "World Springs City"

Auditorium of "Springs City" is one of the brands that are carefully crafted by the Jinan Library. The auditorium, sponsored by the Jinan Municipal Propaganda Department of the CPC, Jinan City, undertoken by the lecturers' group of Jinan Municipal Committee of the CPC and Jinan Library, is an important platform for the city's theoretical propaganda, education and policy focus interpretation, is also a new attempt by which Jinan Library improves the public forum to city services. Since the start in 2011, auditorium of "Springs City", has been Successfully held more than 80 large seminars, and the audiences have reached 30, 000. Top-level instructor and the incisive detailed interpretation made auditorium of "Springs City" become readers' favorite cultural projects.

Auditorium of "Springs City" is held monthly, and the place is mainly in Jinan Library Report Hall and extends to the communities, schools, institutions, enterprises and other units. It has invited Shanxi University professor Ni Ning, the youngest celebrity "Altar Lord" of CCTV "100 forums" Wei Xin, National Defense University's famous military expert Li Li, famous education expert Sun Yunxiao, Heilongjiang Province's deputy commander, general

Jin Enxiang to speech. The lecture topics are closely linked to the politics, economy, culture, military affairs, health and education, etc, which impart facts and theories to readers and answer people's questions.

In 2011, the first lecture of auditorium of "World Springs" was successfully held in Jinan Long'ao Building Auditorium. Professor Ni Ning from Department of Military Science, Shanxi University gave a lecture of the *Analyzing Our Country's Perimeter Security and Hot Issues* to nearly 300 staffs and obtained good social effect. Since then, the auditorium had started.

The auditorium is closely linked to the pulse of the times and social hot topics, such as the issues in the East China Sea and Yellow Sea of China on the surrounding security of China, the historical significance of the activities of the 1911 Revolution, the timely interpretation of the spirit of the Third Plenary Session of the 18th Central Commitee of CPC. Though speakers are from different areas, they have profound knowledge, insights. In the limited time, they freely dedicate concentrated knowledge and insights to the readers. Therefore, the listeners not only get the latest knowledge and information, but also shorten the distance with the library.

Due to the limitation of time and place, audiences who can listen to the experts and scholars on the spot are numbered. In order to solve this problem, the Jinan Library elaborately made CDs and launched a "digital classroom". Every Saturday afternoon, there will be held an important lecture video screenings in the report hall on the sixth floor of the old library, which has broadcasted the history and traditional cultures for the readers. It also becomes an important initiative that library attracts readers from society.

"Successful Parents" Big Classroom

In 2001, the Jinan library began to organize thematic public lectures. More than 600 screenings have been held, and the audiences have been more than 300,000. In 2005, around the theme of Jinan City public cultural service system construction, the library colleced public opinion and understood their learning intention through the form of questionnaire and the reader discussion, then made lecture activities to be closer to the needs of the public. The library integrated their resources, gathered all advantages through joining with the *Shandong Business Daily*, Jinan education TV and other news organizations. They jointly organized a series of public lectures with the center of "Construction of a Harmonious Culture". "Grow together with the children — successful parents big classroom" is aimed to guide parents to establish a rational concept of family education, improve the scientific level of family education, form an atmosphere of "harmonious development and common progress" for socialized education, achieve the goal of "excellent children, successful parents, harmonious family".

Two seminars were held every month and national and provincial famous experts of education, psychology, literature, art and other fields served as speakers. For example, well-known education expert Dr. Dong Jinyu was invited to hold a "How To Cultivate Outstanding Children, Stimulate Their Learning Motivation" report in Lishan Theater in Jinan; Professor Sun Wanru of the Chinese Academy of Sciences made a scientific lecture "Science is Everywhere in Life"; Dr Liu Jun hold a seminor of "Green Network Life — The Proper Use of Internet Resources". Since 2005, they have been 216 lectures, and the audience have reached more than 46, 000 people.

Section 4

Focus on Fantastic Moment of Reading

In June 2006, Jinan Press, Publication, Radio, Film and Television Bureau, Labor Union of SINOTRUK Group Co., Ltd., Jinan Library, Library Society of Jinan, Jinan Photographers Association jointly launched a citywide reading activity — "SINOTRUK Cup" Jinan "Readers" photo graphy competition and exhibition. It has been successfully held for eight times, and its scale and influence continue to expand. In 2011, this activity was included in the "Scholarly Springs" nationwide reading activities, becoming a popular brand in the minds of the people of Jinan and photography enthusiasts.

Make Springs City More Literary

Objects of "SINOTRUK Cup" Jinan "Readers" Photography Competition and Exhibition activities are ordinary readers and photography enthusiasts. Activities aim at showing the touching scene and the spirit of people reading books, loving books, cherishing books by the form of photography art. Through competitions, exhibitions and other forms, it can stimulate public consciousness of reading and creative passion, carry forward the fine tradition of reading and studying, and guide the public to share the joy of reading, build fresh air of learning society.

Jinan "Readers" Photography Contest activities are funded by the SINOTRUK Group Co., Ltd, so it was named "SINOTRUK Cup". Around the theme of "Readers", activities attract public and readers' sustained attention through the photography collection, evaluation, award and excellent works tour and other multiple links. Many parties are involved, and have their own advantages. The advantage of organizations of municipal management ensure that the authority and appeal of the activities, SINOTRUK group provides fund for the activities to carry out, and the professional knowledge of Photographers

Association effectively ensures the quality of the works in the exhibition and award-winning level, Jinan Library and Library society of Jinan establish a cultural atmosphere for the promotion of activities. The organization committee also established a long-term cooperative relationship with the university for old people, the Old Cadres Home and some schools, which provided the stable guarantee for the activity.

Photography competition is held every year. From the end of August to the end of March of the next year is time for entries collection. In the early of April, experts will review the entries. Presentation and exhibition activities are on the annual World Book Day, that is, they are officially reading festival. Photography contest set a grand prize, 2 first prizes launched in the nationwide, 3 second prizes, 8 third prizes. Winners will get bonus ranging from 300 yuan to 3, 000 yuan in addition to award certificates. In addition, they also set 20 outstanding awards and 30 finalist works. The finalists can also get certificates and souvenirs.

In the eight " Readers " Photography Contests and Exhibitions that have been organized, the Organization Committee received a total of nearly 6, 000 pieces, of which more than 112 pieces were rewarded with the first, second and third prizes, more than 240 pieces were named as outstanding awards or selected works. These works were closely around the theme, from different points of view and showed people's reading books, loving books, cherishing books, gave people wisdom and inspiration. For example, Yuan Hansong's group photos, *The Earthquake Cannot Break the Dream of School*, represent the Wenchuan earthquake with strong artistic expressive force. Yu Qing's *The World Thing* was also recommended to participate in the National Book Reading Joy photography contest, and won the first prize.

Photography is an elegant cultural activity, and it is also popular in the public. " Readers " Photography Contests integrated two different cultural activities —reading and photography in one, guided the city civilian to use lens to focus and read about the person and thing. This activity is in a novel form, is easy to cause the sympathy of the public, can enhance the the attention and participation of activities. The unique expression can promote nationwide reading topic using of the art of photography. The organic combination of reading theme, photo contest and exhibition, etc., has established a diversified platform for mass culture activities, photographic art appreciation, etc.

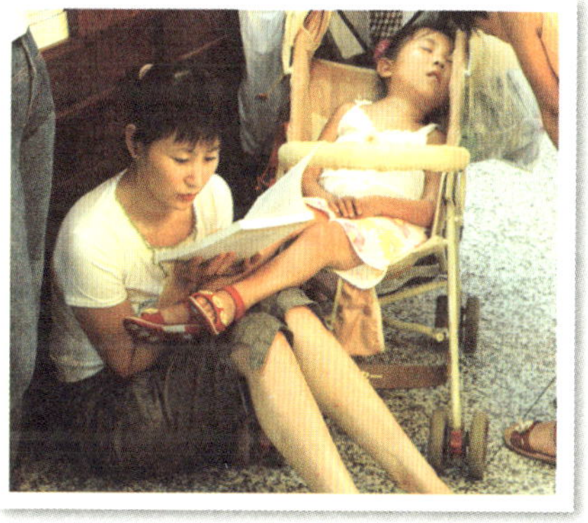

Organizing the annual "Readers" Photography Contest has a strong continuity. At the same time, it echoes with other forms of reading activities, which builds a social atmosphere of reading, promotes nationwide reading activities further. After every award was announced, the organizers of the event timely made all winners and selected works into a unified edition of the exhibition according to the standard specifications. So far, more than 500 exhibition versions have been made, forming 8 sets of resources for exhibition. During

World Book Day, the organization committee carries out excellent works tour through the organization and coordination of the Library Society of Jinan. During eight years, they organized the exhibition activities for more than 30 times, the audience were more than 100, 000 people. These exhibitions coordinate with the promotion of nationwide reading. The public not only appreciate photographic art, but also have a new experience of reading.

After eight years of carefully building, the "SINOTRUK Cup" Jinan "Readers" Photography Contest brand effect increases continously, and its scale and impact are expanding, which not only attracts the people of Jinan and even the Shandong Province, but also attracts photography enthusiasts from Hubei, Jiangxi, Liaoning, Shanghai and other places.

Section 5

The Birth of "Communicate-Share-Read" Group: Reader Salons

In the second half of 2012, Jinan Library began to hold reader salons in the original site near Zhongshan Park. Every Saturday afternoon, chief reporter of *Shandong Business Daily*, Zhang Xiaoyuan will be punctual, and shares her interview experience and reading comprehension with readers. The activity of salon have obtained the reader's wide attention since its launching.

In October 2013, the Jinan Library began to plan to readjust the Reader Salons activities, in order to widely mobilize the enthusiasm of the readers to participate in the activities, and realize the purpose of nationwide reading promotion.

How to position the Reader Salons' style? What kind of forms can increase the degree of participation of the readers? Problems immediately exist before the eyes. After readers' questionnaire investigation, collection of literature, expert consultation and repeated discussions, the library decided that the circulation department preside Reader Salons.

Re-orientation of Reader Salons: interesting, modernity, high participation degree.

Interesting — pay attention to ordinary people's reading preferences, be close to readers interested topics, tell a story as based form, ask the host to use the popular language to interpret the classic masterpiece, thus forming relaxed, lively and vivid atmosphere; modernity — each Sharon theme is related with social hot topics closely, let every participant have something to say and get involved, jointly explore the cultural connotation of the classic books; high participation degree — library salon releases announcement before a month, introduce books of reading and communication, let participants have enough time to read and think. Each salon lasts about two hours, the speaker is limited to 50 minutes or so, the rest of the time is left to all participants and participants are encouraged to speak, analyze their reading insight.

On November 26, 2013, General Secretary Xi visited the Confucius Institute, said that *Confucius General Solution* and *the Annotation of the Analects of Confucius* should be looked carefully", which caused a great response in the society. Jinan Library set the topic of "Borrowing Intelligence from Confucius" as theme of the Reader Salon. Library invited Song Yupeng from the Experimental Middle School of Shandong Province and Liu Xia from Jinan No. 1 Middle School as keynote speakers at the salon, young librarian Cao Yi from Jinan Library as host. Song Yupeng, who has edited *Yearbook of China Harmonious Studies*, has long been engaged in Confucian and cultural studies. He is good at using small stories to explain history. Liu Xia is the dean of the Chinese Confucius Research Institute, the famous Confucian master Yang Zhaoming's graduate student, has a deep theoretical foundation. Two speakers exquisitely prepared, repeatedly contacted with the library, negotiating salon activities such as details of the process arrangement. Song Yupeng specially elected 10 books as the recommended bibliography from the Jinan Library, which took three months.

On March 1st, 2014, with the theme of "Borrowing intelligence from Confucius", Reader Salon, was held on the third floor in reading room of the new library. First, Song Yupeng and Liu Xia respectively made a vivid introduction about Confucius and Confucianism to readers, many participants extensively and discussed the modern value of Confucianism in a harmonious atmosphere. Duan Shengman, engaging in community work, recommended the *Perfection* to all, explained the importance of strengthening moral construction in today's society. Chen Jiaqiu, as a retired civil servant, exchanged his sentiment of reading the *Analects of Confucius*. These unique

insights based on their own life practices touched the presence of young readers. Young teacher Yang Jianhui elucidated the Confucian view of righteousness and profit by "The mind of the superior man is conversant with righteousness; the mind of the mean man is conversant with gain", reflecting today's social moral decline through contacting with the social reality. Salon activities help the participants obtain a consensus, Confucian ideas and other outstanding traditional culture have important ideological value in today's social construction in China.

In April 2014, Nobel Laureate and master of magic realism Marquez died. The readers who like Marquez literature expressed their respect to the master in the forms of reading.

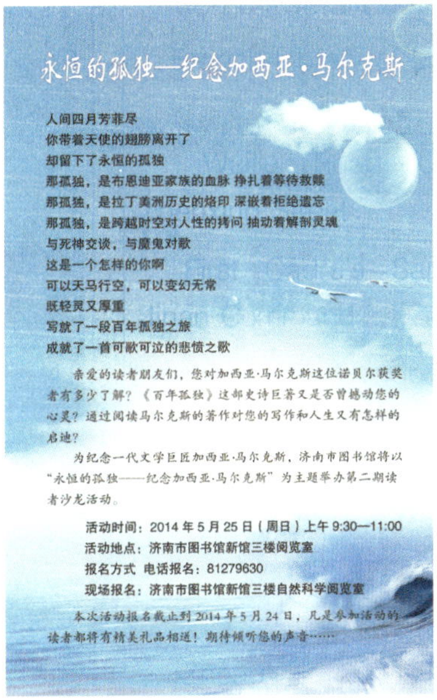

Circulation of Marquez works are greatly improved in library. The Reader Salon held the Activity of the Theme of "Eternal Loneliness — The Memorial of Marquez Garcia". During the preparatory phase, the librarian focused on promoting the willingness of the readers' writing. In the production of salon's propaganda posters, the young librarian Cao Yi dedicated a peom in memorial of Marquez. Salon was held at that time coinciding with the 19th "World Book Day". Jinan Library launched 20 books in advance, let participants read related works and write book reviews, launched the "Enjoy the fragrance of books, enjoy the taste of life" review of recommended books. Yu Xiaohua, a graduate from Chinese Department of Shandong Normal University served as speaker. Her vivid explanation about three aspects of Marquez's life, writing features, influence on contemporary Chinese literature guided participants to discuss magic realism and other hot spots.

During the Summer tourist period in 2014, it was popular to say "Either travel or read, one of body and soul must be on the way". Jinan Library held a Readers Salon "On the road". Speaker Wang Xinhai had distinct personality. As the generation after 80s, he almost traveled throughout China during the period of studying in the university. He told the story of his unusual travel experiences and stories to everybody, said he was "travel charlatan" in a self-mockingt one, he served as "landlord" of the Lijiang Inn, cellular ant columnist and choir concept store founder ... During the trip, he learned to play the tambourine, bartend... He understood how to make life more wonderful. Most people in the salon were young, South Korea student Tian Congcong introduced the Seoul foods, young librarian Wang Junying also recommend the Fujian travel books, at the same time, she shared her traveling experience.

In October 2014, *The Golden Age*, which was directed by Xu Anhua, was released. Xiao Hong, a legend of female writer in the Republic of China period, once again became the topic of attention. The Jinan Library launched Reader Salon activity with the theme of "Golden Age of Xiao Hong". The young librarian Cao Yi served as speaker. Through recommendation and interpretation of Xiao Hong's biography, Cao Yi dissussed and exchanged Xiao Hong's works and the characteristics of "*The Golden Age*" with participants. Many female participants talked about for their views of Xiao Hong's life, or shared their reading experience.

At the beginning of the year of 2015, Reader Salons organized "Communicate-Share-Read" Group with the think-tank, which was composed of those with specialty and who can participate in planning and organization of activities, and group of volunteers, which can help readers to take advantages of library service. Future library Reader Salons will be planed by think-tank, volunteers and librarians jointly, through a new mode of "a Theme, a variety of activities (recommended bibliography, salon, book review)".

Section 6

Playing with Robots

In 2006, the Library Society of Jinan and Science Popularization Department of Jinan Association for Sience and Techndogy jointly created the "Youth Science Studio", which is a kind of innovation activity that Jinan Library created for teenagers. The studio was located on the fifth floor of old library, specially equipped with 6 sets of computer and more than 500 volumes of books. In August 2006, the City Board of education, Municipal Association Jinan Library awarded with the "Science Practice Base in Jinan".

"Youth Science Studio" of Jinan Library was one of the earliest science agencies among national libraries. For eight years, more than 2, 000 students had participated in the activities to promulgate science and technology and skills training, of which 41 carried off prizes in provincial and municipal scientific and technological competitions. Jinan Library In winter and summer vacations, children's day, Science Week the studio organized "Science

Summer Camp", "Read a science book, participate in activities" to promulgate science and technology. The studio organized robot training, display, experience, competitions and other activities for more than 50 sessions. Students were more than 1, 000 people, and 11 projects were awarded in the city's robot competition, parent-child robot contest, youth science and technology festival "Robotics Studio League" contest. In addition, the stidio also organized students to participate in the competition, all kinds of activities organized by the provinces. They obtained second prize in Jinan City Community Robot Competition for robot trajectory competition, second prize in robot obstacle race, third prize in robot racing. Through the competitions, the students have fully exercised the ability. The competitions inspired the students' potential and the courage to face the challenge, and helped students build up their confidence.

In 2011, the Jinan Association for Science and Technology provided 5 sets of LEGO robot 9797 to the studio. The robot team succeeded in the provincial and municipal robot matches.

With LEGO robot as platform, the studio developed, production technology and robot assembly programming courses, and participated in the robot tournaments, cultivating students' hands-on ability, space imagination ability, and mathematical logic. Xu Ruizhi, Lan Tian and Ma Yunlong, entered in the robot world from the low grade, whose abilities were gradually growing.

In 2012, the Organization Committee of Jinan City Youth Science Festival organized, Fourth Jinan City Youth Science and Technology Festival including First the Jinan City Parent-Child Robot Contest. More than 10 schools (studios) and a total of more than 450 students and parents (more than 20 teams) participated in the seven projects, including "My robot, flywheel car, walk remote control car". The team of Jinan Library Robot Studio, which was composed of six families, won two first prizes, two second prizes and two third prizes.

06

Chapter 6

Social Information Demand of Urban Library

Section 1

Users' Consultation and Information Demand

Focus on Hot Spots, Offer Consultant Service

Consultation services of Jinan Library mainly includes tracking current political points, serving social and cultural development, promoting the overall goal of the civilized city construction and social development, refining a variety of media of huge information resources system, preparing for different users of secondary and tertiary literature. Over the years, Jinan Library launched many books to provide valuable information for reference of readers and community users' different information needs, including *Harmonious Society*, *Earthquake and Self-help*, *Jinan People's Livelihood*, *Social Management Innovation*, *Jinan Traffic*, *Income Distribution Reform*, *Speed Up the Scientific Development and Construct the Beautiful City*, *Public Cultural Service System Construction in Different Regions*, "*Empty Nest*" *Research on the Problem of Old Age*, *Enhance the Soft Power of Culture*, *Construction of Capital Cultural Circle*, *Compilation of Materials for the* 18*th National Congress of CPC*, *People's Livelihood Security and Expand Domestic Demand. Integrity Handbook*, *of Transition Processes of New Cities and New Towns*, *Agricultural Development and Reservoir Construction.* Every year, during the college entrance examination cycle, the

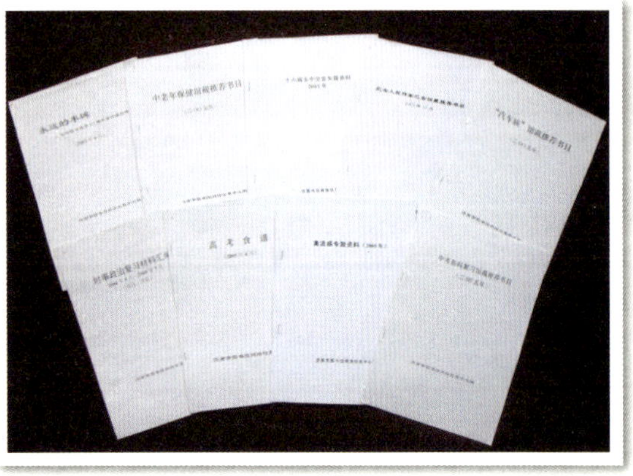

library will issue *Entrance Guide for Colleges and Universities*, *Collection of Recommended Books*, *etc*, *for the College Entrance Examination*, Recipes for *College Entrance Examination*, and develop a *College Entrance Examination Database.* Jinan Library specially released the secondary and tertiary literatures by means of electronic documents in the library website for more people to sharie.

Project Tracking Service

Jinan Library cooperates with Municipal Social Science Association, the Municipal Science and Technology Association and other units for a long-term, and regularly exchanges with them. It understands their research topics, provides research subject information tracking service, and specific literature resources service. Since Jinan Social Science Research Institute is the key unit of library service, Jinan Library timely grasps their information needs, develop collection resources. In the past five years, they have undertaken research literature tracking service for more than 350 items. The library Provides the training course for the research based on the distribution of Internet reading card and the utilization of library digital resources, and it also improves the utilization of the library network data resources. Based on the scientific research personnel's need, it orders books and provides information consulting services using a variety of forms.

Although the number of scientific research personnel is few, the demand for information and quality is high, thus the library establishes the information service file for key readers. For the reader groups and dozens of agencies, including the administrative organs, scientific research and teaching units and other large enterprises, Jinan Library sets up a user information file management to provide dynamic information on a variety of topics. It publishes different resources of the secondary, tertiary information, constructs the high level information consulting service channels. For projects with great significance in social development, the library also cooperatie and consult with other units, seeki expert support of all circles, form a information research and service team, and, to provide thematic information pushing service through telephone, fax, e-mail and other forms.

"Government Information Disclosure" Builds Up the Bridge between

On May 1, 2008, *Regulation of the People's Republic of China on the Disclosure of Government Information* was implemented officially. The Jinan Library is responsible for the communication between the government and the public. Jinan Library takes the initiative to contact relevant personnel of government, collects all the administrative rules and regulations and social management literature that can be found, and gathers the government information on special shelves, and establishes the disclosure of government information page.

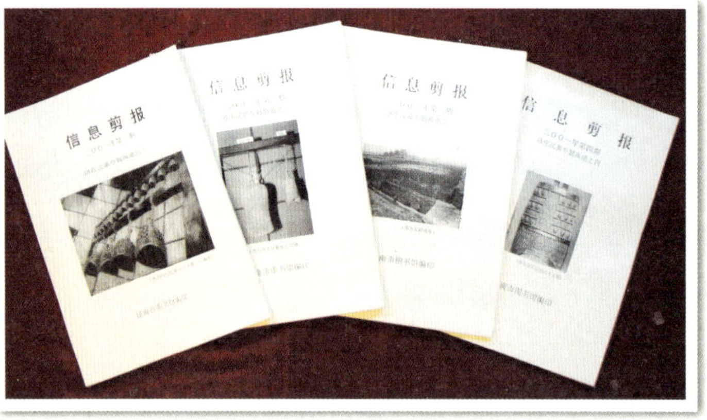

Information service of social development decision is the main way for Jinan Library to provide high quality information service for the government decision-making. First, the clipping service for the government provides thematic information, including a weekly *Cultural Information Express*, monthly *Excerpts*, quarterly Trends in *Urban Management* and others. The current municipal hot spot data are compiled for the "Two Sessions" in Jinan every year, such as *Construction of Public Cultural System*, *New Rural Construction*, *Low Carbon Economic*, *Review of Hot spot in People's Livelihood* and *Focus on the Issues Concerning Agriculture*, *Countryside and Farmers* and so on. Library was also commissioned by the government to collect and compile thematic information of major events, such as the Special Report on *Streets and Alleys Remediation in* 2006, Special

Report on *Peking Opera Art Festival in* 2008, the *Intangible Cultural Heritage Project*, in 2010 Special Report on tenth China Art Festival.

Serving the contruction of new socialist countryside and providing the rural readers with information and consulting services is a special information service for Jinan Library in recent years. Library personnel contact with the City Bureau of Agriculture, analyze according to the agricultural scientific research projects, understand the changing needs of rural information resources, refine literature resources and digital resources, prepare a variety of thematic information, such as *Onion Plant Diseases and Insect Pest Control*, *Garlic Plant Diseases and Insect Pest Prevention and Control*, *Greenhouse Vegetable Cultivation Techniques*, *the Rural Rich Information*, *Rural Practical Technology*, and send the agricultural science and technology to the fields.

In 2008 Jinan Library established the first rural branch library in the Liuguan Village, Pingyin, according to the needs of local farmers for planting, breeding and other information. It edited, and sorted out a series of agricultural thematic information, including *Standardized Production Management Technology of Vegetables*, *Standardization of Agricultural Production and Management*, *Increase of Farmers' Income New Rural Construction*, *Construction of Characteristic Agricultural Base*, *Agricultural Website Navigation*, *Production of No-Pollution Vegetable*. After 2009, it built rural branches one after another in Diantai Vitlage in Changqing, jia Village in Zhangqiu, according to the characteristics of the local agricultural production, and printed a variety of thematic information data.

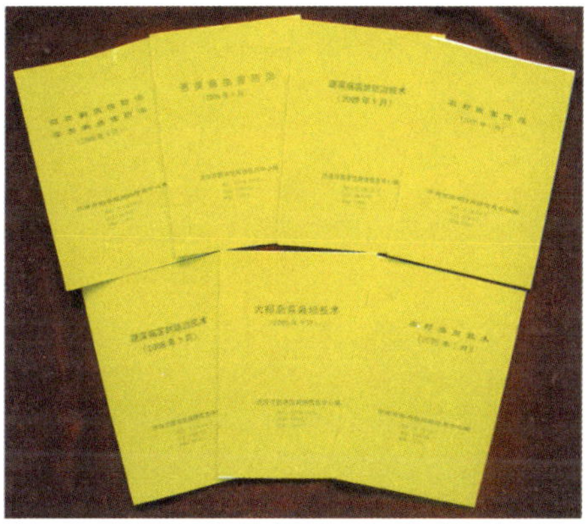

Broaden Information Resource by Internet Technology

In 2003, the Jinan Library opened online remote consultation service. The Internet reference service is based on the information processing and communication technology, i. e., asynchronous consultation mode of e-mail and network. Although this way is not fast enough, it wins for time librarians to search and analyze, provide readers with a relatively perfect answer. It is still regarded as one of the main ways of network consultation service in library.

In 2008, the Jinan Library joined into the Zhongshan Library Joint Reference Advisory Network, implemented the full range of online literature transfer, real-time Q & A, e-mail and other comprehensive ways. The total number of real-time information service was 1, 810 and document delivery was 24, 410 by 2013. Reference consultants either answered questions directly to the reader, or sought the results from other experts.

Currently, on digital network platform of Jinan Library, numerous digital resources are gathered, such as Tsinghua Tongfang, VIP, Wanfang Dissertations, which are all provided free of charge for the readers to use.

Section 2

Service for "Two Sessions"

Since the beginning of 2004, Jinan Library sent professionals to the city's NPC and CPPCC sites, provided documentation and information service for the NPC deputies and CPPCC members. This service has been adhered to for ten years long.

Every year prior to the convening of the "Two Sessions", library reference department will actively communicate with Jinan CPPCC, grasp the major issues that are concerned to the NPC deputies and CPPCC members recently, collect the clue of literature and information of such problems and then elaborately make the plan of "Two sessions" service. They compile a variety of thematic information based on the collection of a large amount of information. As for the hot spot of the national economic and social development in 2013 to 2014, Jinan Library carefully edited "Focus on China's 'agriculture, countryside and farmers'", "New Urbanization", "Economic Development: Innovation and Transformation", "Pay attention to People's Livelihood, and Promote Harmony" and "Environmental Governance", forming a *Special Report for "Two Sessions" Services* and providing a system of special information service for the deputies and members of the "Two sessions". The librarians' hard work and harvest was welcomed by the deputies and members.

There are many deputies and members coming to "Two Sessions" on-site consultation stage to consult. Once, a deputy came to the consultation to refer to the legal information. The librarian immediately issued a library card for him, and timely notified to the circulation department of the library. The required documents were sent to the hands of the deputy in a very short period of time.

During "Two Sessions" service in 2014, 300 copies of resources were released, 850 online reading card were issued. Many users left messages on the advisory desk, praising the work of the Jinan Library.

The Treasure of Library Collections

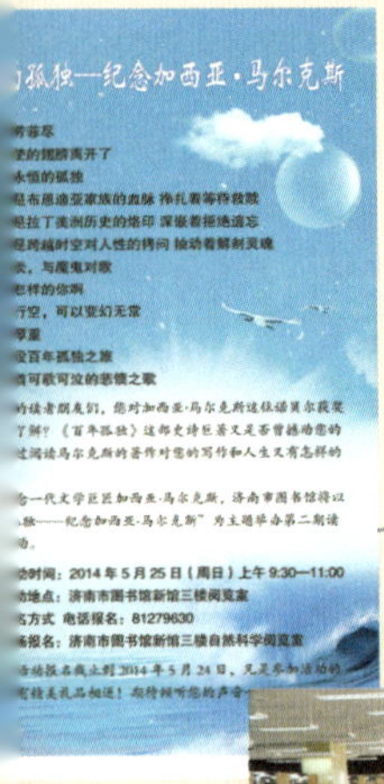
孤独—纪念加西亚·马尔克斯
斯蒂芬
使的翅膀离开了
永恒的孤独
延布恩迪亚家族的血脉 挣扎着等待救赎
些拉丁美洲历史的烙印 深嵌着拒绝遗忘
段跨越时空对人性的拷问 抽动着解剖灵魂
卖，与魔鬼对歌
怎样的你啊
行空，可以变幻无常
孪星
段百年孤独之旅
首可歌可泣的悲情之歌
的读者朋友们，您对加西亚·马尔克斯这位诺贝尔获奖
了解？《百年孤独》这部史诗巨著又是否曾撼动您的
过阅读马尔克斯的著作对您的写作和人生又有怎样的
念一代文学巨匠加西亚·马尔克斯，济南市图书馆特以
独——纪念加西亚·马尔克斯”为主题举办第二期读
动。
动时间：2014年5月25日（周日）上午9:30—11:00
动地点：济南市图书馆新馆三楼阅览室
名方式 电话报名：81279630
场报名：济南市图书馆新馆三楼自然科学阅览室
活动报名截止到2014年5月24日，凡是参加活动的
有精美礼品相送！期待倾听您的声音

07

Chapter 7

Precious Ancient Books

In the historic process of Chinese civilization with 5, 000 years, our ancestors created splendid culture with a vast number of ancient books and records. These excellent cultural heritage and valuable intellectual resources have become an important part of the library collection literature. When it was opened in 1953, ancient literature was an important part of the literature resource construction in Jinan library. There are currently 15, 000 sets of the ancient books of 140, 000 volumes. The collections are mainly ancient books of Ming and Qing Dynasties. The earliest version is Yuan Edition *Compilation Chart of the Yangtze Law*. Local chronicles and ancient rubbings collection is another feature of the collection of ancient books. The local chronicles of ancient collections are nearly one thousand, of which the local records of Shandong Province are 226 sets of 1, 500 volumes, ancient rubbings are 2000 pieces.

According to the Ministry of Culture's, *Standards for the Classification of Ancient Books*, Jinan Library has more than one thousand rare standard ancient books. With the advance of Chinese Ancient Books Protection Plan, Jinan Library has declared Four groups of National Rare Books List to the Center of National Ancient Books Protection. They chose seven sets of them. Library declared four groups to the provincial center. They selected 312 sets of them.

This book shows draft manuscripts selected from the collections of precious ancient books in forms of copied manuscript, chromatic printing book and seal book.

Section 1

Rare Books in Library

1. Yuan Edition *Compilation Chart of The Yangtze Law*, Ten Volumes, written by Yang Xiong (Han Dynasty), Li Gui (Jin Dynasty), Liu Zongyuan (Tang Dynasty), annotated by Song Xian, Wu Mi Sima Guang, (Song Dynasty). Yuan Dynasty edition.

The work includes thirteen chapters, and each chapter has a preface, It is the earliest block printed book in Jinan library.

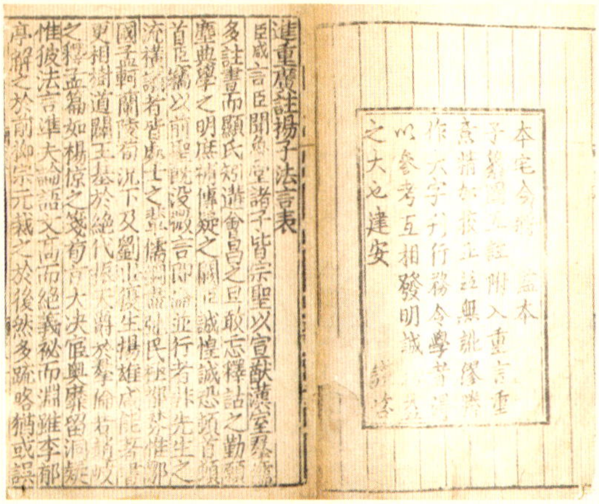

2. *Daguangyi Huiyu Pian*, Thirty volumes. *Guide of Guangyun*, one Volumes. Written by Gu Yewang (Southern Dynasty of Liang), calligraphy of Sun Qiangzeng (Tang Dynasty), recompiled by Chen Pengnian et al (Song Dynasty). Ming Dynasty edition.

This book was once in the Qufu Kong's collections. It has been selected to the *National Rare Ancient Books Directory.*

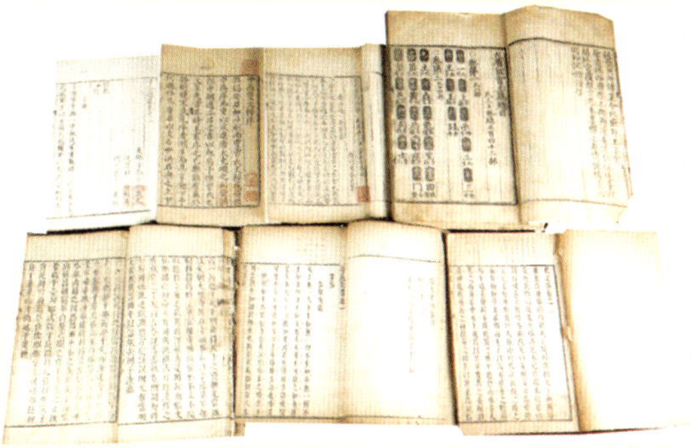

3. *Fashu Yaolu* Ten Volumes, written by Zhang Yanyuan (Tang Dynasty). Ming Dynasty edition.

The book was engraved before Wanli Era of Ming Dynasty, which was quite rare. A total of 39 *species of calligraphy theory works were from the Eastern Han to Yuanhe Era of Tang Dynasty, some of which were only listed in the directory. Actually, only thirty-four articles were saved. It has been selected to the* National Rare Ancient Books Directory.

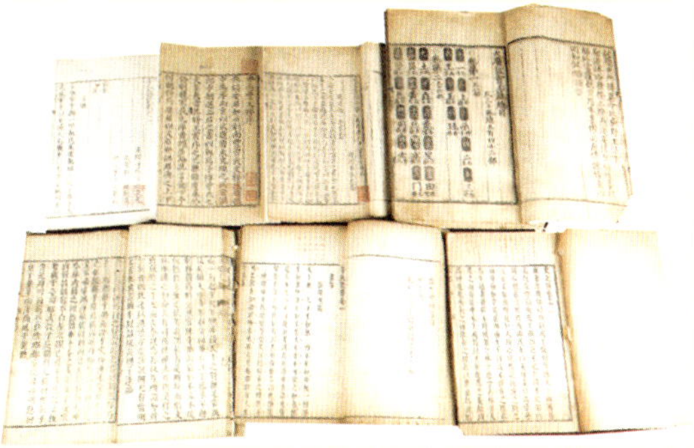

4. *Nanfeng Zengxiansheng Wencui* Ten volumes, written by Zeng Gong (Song Dynasty). Ming Dynasty edition.

It has been selected to the *National Rare Ancient Books Directory*.

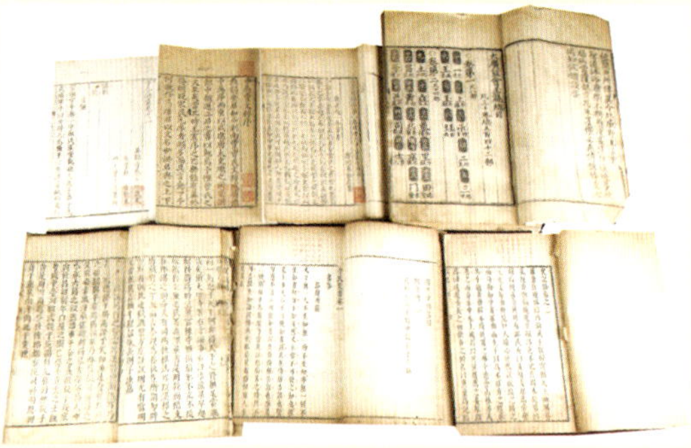

5. *Shouling Yifan* Four volumes, written by Cai Guoxi (Ming Dynasty), compiled by Guan Zhidao (Ming Dynasty). Ming Dynasty edition.

It was compiled by Cai Guoxi when he served as magistrate of Suzhou, included contents from the Zhou Dynasty to the Yuan Dynasty. It was divided into two major categories of Rumu and Xunmu. It has been selected to the *National Rare Ancient Books Directory.*

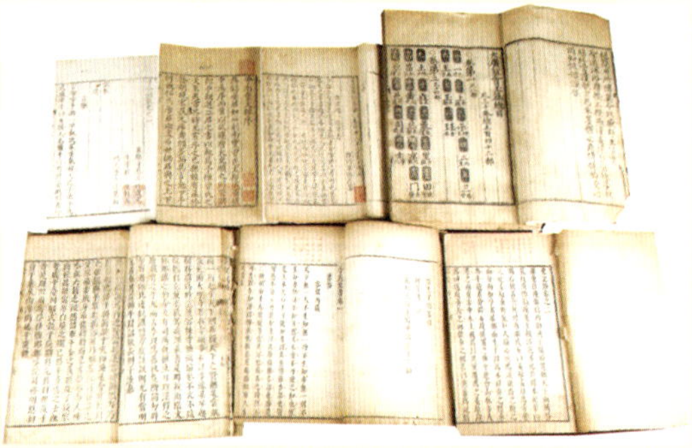

6. *Zhuang Xueshi Collected Works* Eight Volumes, written by Zhuang Tianhe (Ming Dynasty). Ming Dynasty edition.

The book was edited and published by Zhuang Tianhe's son Zhuang Yilin. Due to the small number of copies, now, only Jinan Library in mainland China saved a volumes 1—3, Taibei' "Central Library" and one library in Japan saved unabridged volumes. It has been selected to the *National Rare Ancient Books Directory.*

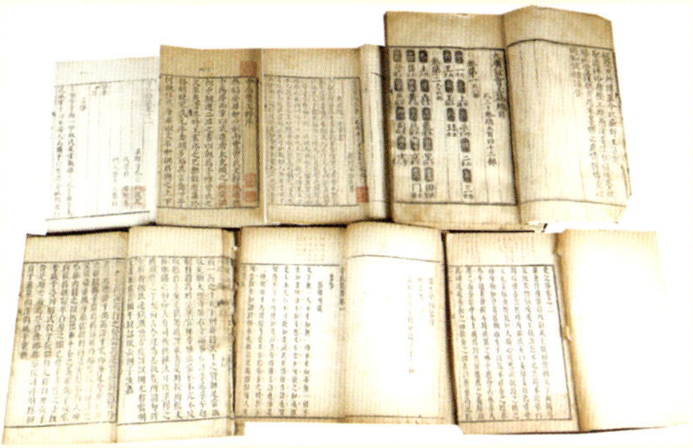

7. *Lishi Fenshu* Six volumes, written by Li Zhi (Ming Dynasty). Ming Dynasty red-and-black printing book

The book included letters, miscellaneous essays, historical criticism and poetry of Li Zhi. It has been selected to the *National Rare Ancient Books Directory.*

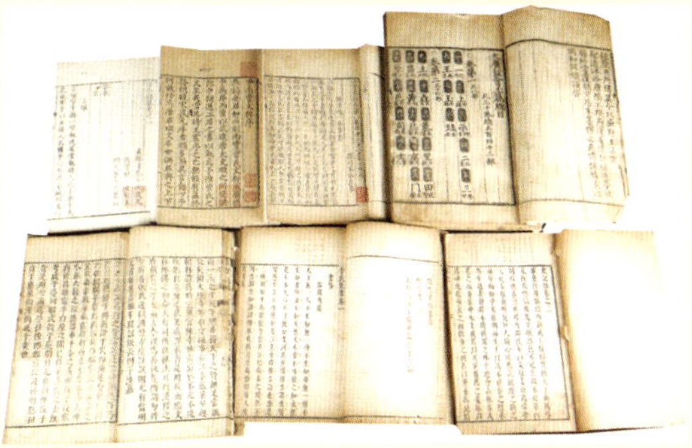

8. *Shiji Chao* Ninety-one volumes, selected by Mao Kun (Ming Dynasty). Ming Dynasty red-and-black printing book.

There was a preface written by Chen Jiru and "Ke shiJi Chaoyin" written by Mao Kun.

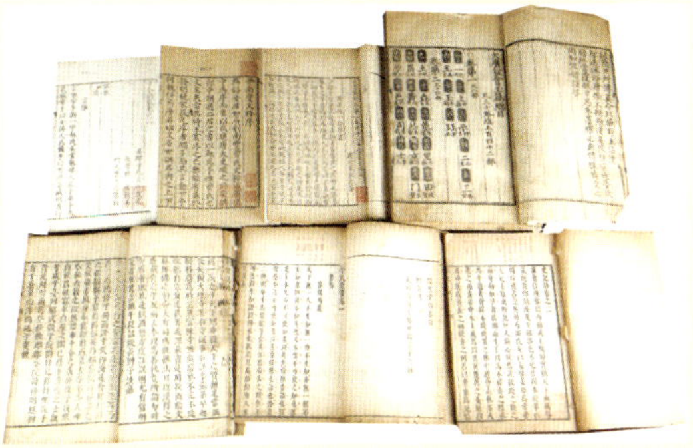

9. *Caizhonglang Ji* Ten volumes, *Wai Ji* one volume, *Wai Ji* four volumes, *Lie Zhuan* one volume, *Nina Biao* one volume, Written by Cai Yong (Han Dynasty). Qing Dynasty edition.

There were a lot of text errors about this book. Yang Yizeng collected each version and published in Xianfeng era. The book was well collated.

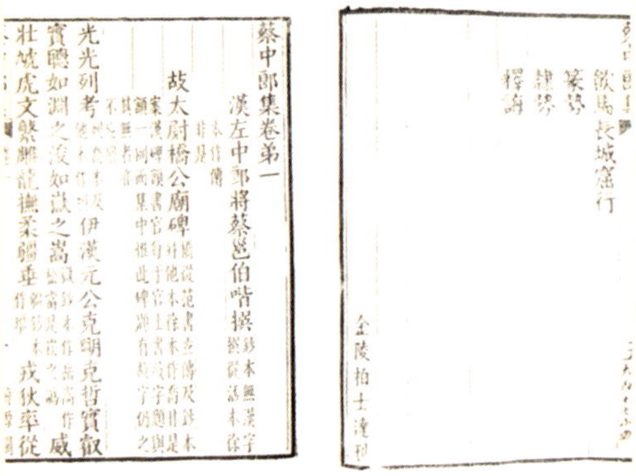
飲馬長城窟行
篆勢
隸勢
釋誨
金陵柏士達刊

蔡中郎集卷第一
漢左中郎將蔡邕伯喈撰
故太尉橋公廟碑
光光列考伊漢元公克明克哲實叡
實聰如淵之浚如嶽之嵩　威
壯虓虎文繁龖龍撫柔綏垂　戎狄率從

10. *Shangu Shiji Zhu* Thirty-nine volumes, written by Huang Tingjian (Song Dynasty). Qing Dynasty edition.

This book maintained the Song Dynasty style, is a masterpiece.

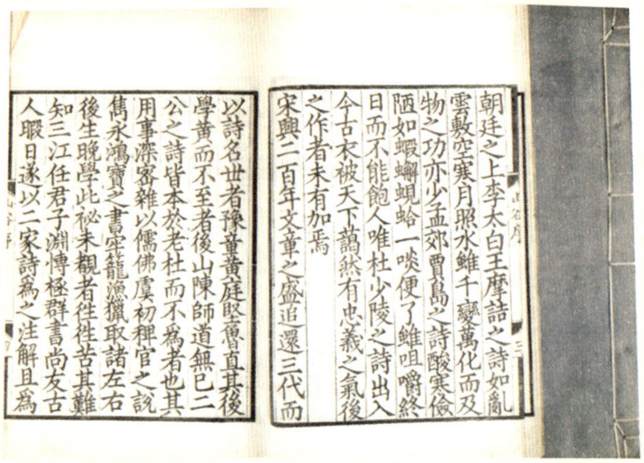
朝廷之上李太白王摩詰之詩如亂
雲敷空寒月照水雖千變萬化而及
物之功亦少孟郊賈島之詩酸寒儉
陋如蝦蟹蜆蛤一啖便了雖咀嚼終
日而不能飽人唯杜少陵之詩出入
今古衣被天下藹然有忠義之氣後
之作者未有加焉
宋興二百年文章之盛追還三代而
以詩名世者豫章黄庭堅魯直其後
學黄而不至者後山陳師道無己二
公之詩皆本於老杜而不為者也其
用事深密雜以儒佛虞初稗官之說
雋永鴻寶之書牢籠漁獵取諸左右
後生晚學此秘未覩者往往苦其難
知三江任君子淵博極群書尚友古
人暇日遂以二家詩為之注解且為

Section 2

Hand-copied Book

1. *Explanation of the Titles of The Book of Songs* Four volumes, collected by Yu Suntang, copied by GongChen Hall of Ming Dynasty.

The manuscript not only provides the version for collations, but also is an important reference for study of Gongchen Hall in Ming Dynasty.

2. *Submissions from Liao Zhai* (Qing Dynasty) written by Pu Songling. Qing Dynasty copied edition

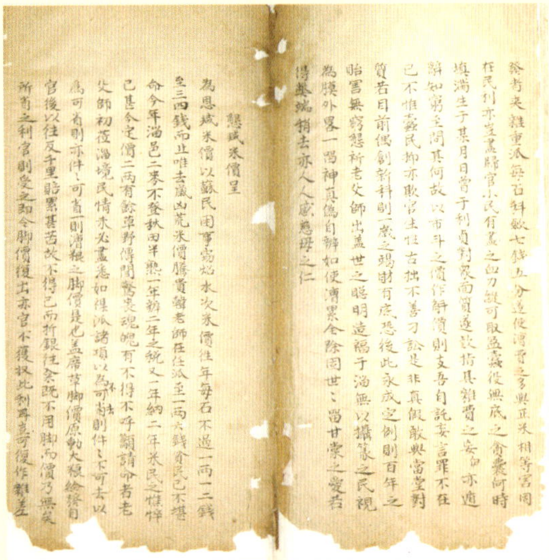

This book consisted of nine articles, and they were famous novelist Pu Songling's official reports to the local government. Eight articles had not been published.

3. *Tian Wei De Yuan* One volumes, copied by Liu Yong (Qing Dynasty). Qing Dynasty copied edition

The book recorded emperor names and titles from Pangu to Qing Dynasty.

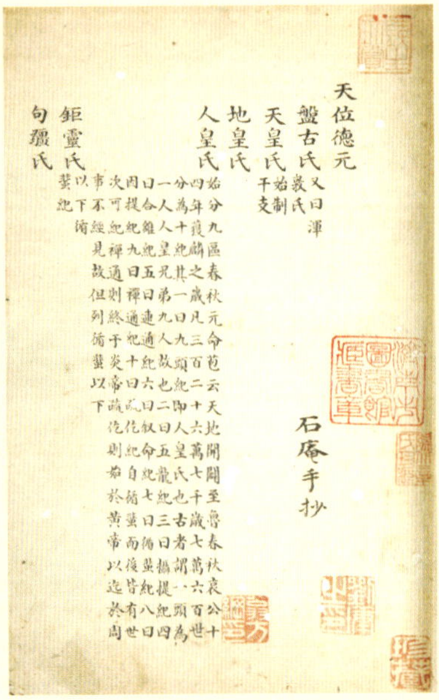

4. *Su Zhai Yi Mo* One volume, written by Weng Fanggang (Qing Dynasty)

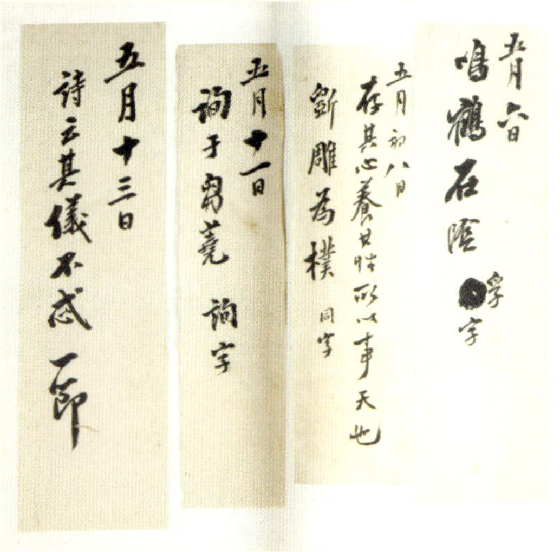

5. *Zunxi Shihua* Chuan written Zhang Yueban (Qing Dynasty), author's hand-writing edition in 1798

6. *Personal Letters of Celebrities in Qing Dynasty* written by Zhang Zhidong (Qing Dynasty) *et al*

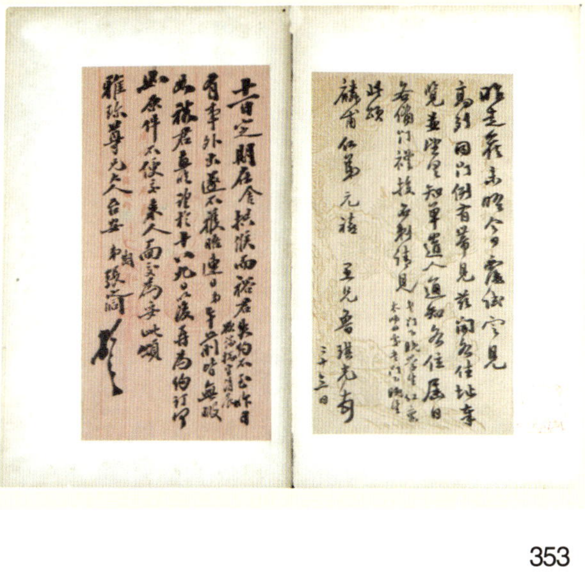

Section 3

Chromatic Printing Book, Seal Book, Movable-Type Edition

1. *Gushi Gui* Fifteen volumes, edited by Zhong Xing, Tan Yuanchun (Ming Dynasty). Three-color chromatic printing edition of Ming Dynasty in 1617.

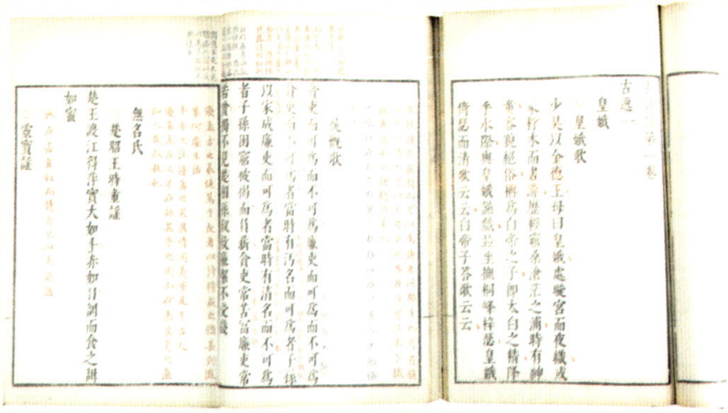

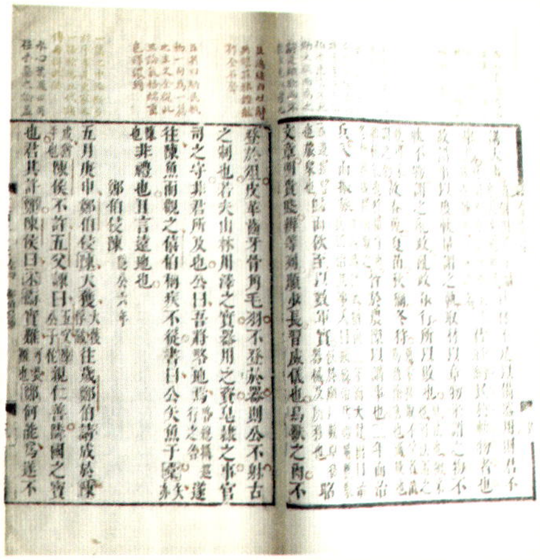

2. *Gu Wen Yuan Jian* Sixty-four volumes, Pien Chu collated by Xu Qianxue (Qing Dynasty). Five color chromatic printing edition in 1685.

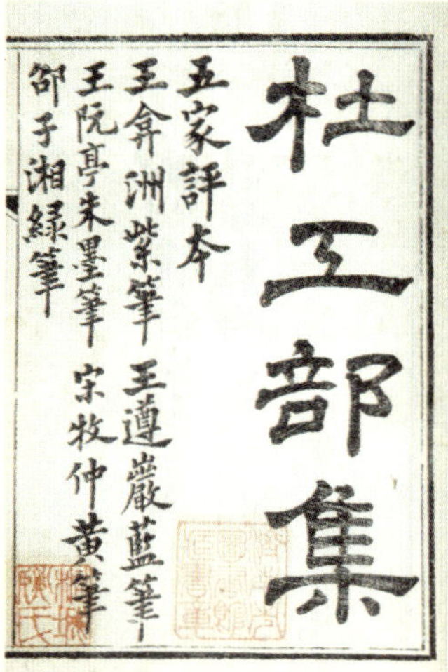

3. *A Collection of Du Gongbu* Written by Du Fu (Tang Dynasty). Six-color chromatic printing version in 1876

There were purple, blue, red, green, yellow and black six colors in this book.

4. *Ciyige's Revision of Romance of the Western Chamber With Literary Criticism of Jin Shengtan* written by Wang Shifu (Yuan Dynasty), with literary criticism of Jin Shengtan (Qing Dynasty). Red-and-black printing version of Qing Dynasty.

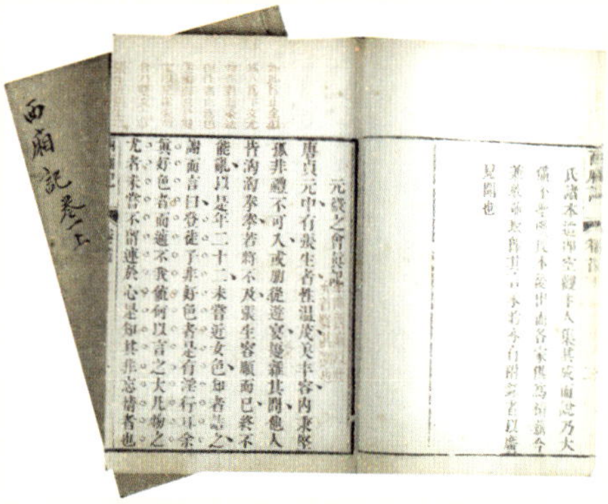

5. *Album of Paintings Shizhuzhai* edited by Hu Zhengyan (Ming Dynasty). Watercolour block printing and embossing edition in Qing Dynasty

6. *Painting Manual of the Jieziyuan* Compiled by Wang Gai (Qing Dynasty). Jieziyuan printing version in 1800

This book introduced the basic techniques of Chinese painting, which is suitable for beginners.

7. *Zimu Yincun Seal* cutting by Li Zimu (Qing Dynasty) Seal version of 1744

It is quite rare. It not only has high artistic value, but also has important academic value.

8. *Albums of Seals of Songjun Tongyinguan* Four volumes, edited by Guo Weiji (Qing Dynasty). Seal version of 1777.

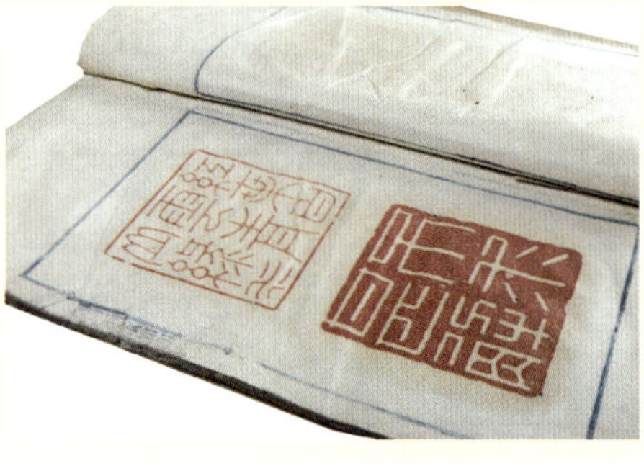

9. *Sanyu Yinke* Four volumes, sealed by Huang Yuan (Qing Dynasty) Seal version of 1853

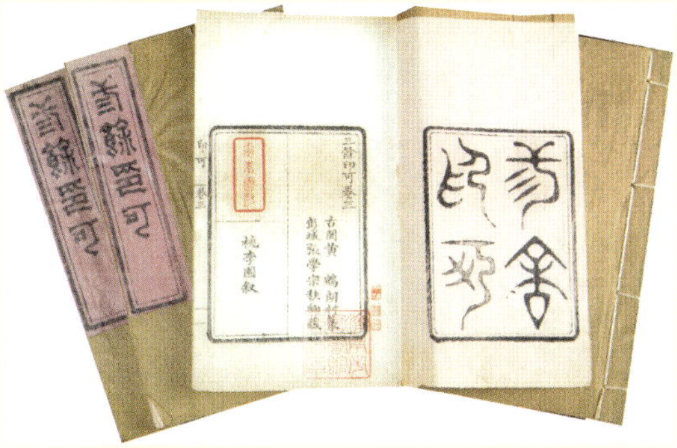

10. *An Alphabetical Index to The Chinese Encyclopaedia* Ten thousand volumes, contents of forty volumes, edited by Jiang Tingxi, Chen Menglei *et al* (Qing Dynasty). Imperial court bronze type edition of 1726

11. *Shubi* Four volumes, written by Peng Zunsi (Qing Dynasty). Qianglong wooden type edition.

This book recorded the activities of Zhang Xianzhong's army in Sichuan in the late Ming Dynasty.

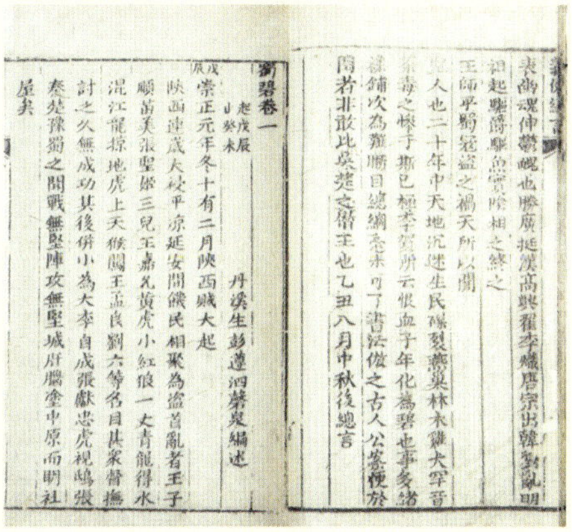
蜀碧卷一　起戊辰 止癸未
丹溪生彭遵泗磬泉編述
戊辰 崇正元年冬十有二月陝西賊大起
陝西連歲大祲平凉延安間饑民相聚為盜首亂者王子
順苗美張聖㜗三兒王嘉允黄虎小紅狼一丈青龍得水
混江龍掠地虎上天猴闖王高良劉六等名目其衆皆撫
討之久無成功其後併小為大李自成張獻忠虎視鴟張
秦楚豫蜀之間戰無堅陣攻無堅城屠戮塗中原而明社
屋矣

Section 4

Japan Edition and Korean Edition

1. *Dongyi Baojian* Twenty-two volumes, edited by Xu Jun (Korea). Korean edition (1611-1644)

This book is the first medical book included in the *World Memory Heritage List* of UNESCO.

2. *Paintings of Scenic Spots in Tang Dynasty* Six volumes compiled by Okadaic Yushan (Japan) Japan edition in 1805

Section 5

Famous Painting and Calligraphy

1. *Lidai Beitie Mochao* Wrote by Dong Qichang (Ming Dynasty)

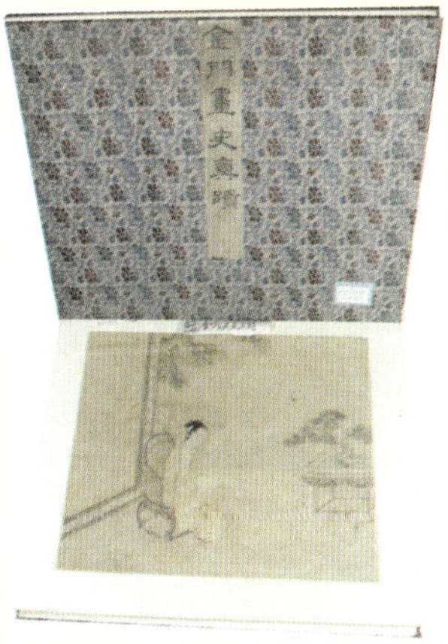

2. *Jinmen Huashi Zhenji*, drawn by Leng Mei (Qing Dynasty)

3. *Daozhou Heshisun Shangshui Ceye* drawn by He Weibu（Qing Dynasty）

4. *The Celebrity Calligraphy and Painting Albums of the Republic of China* written by Feng Yunxiang, Mei Lanfang（the Republic of China）

The album is a collection of painting and calligraphy created by Feng Yuxiang and Mei Lanfang and other celebrities in the period of the Republic of China.

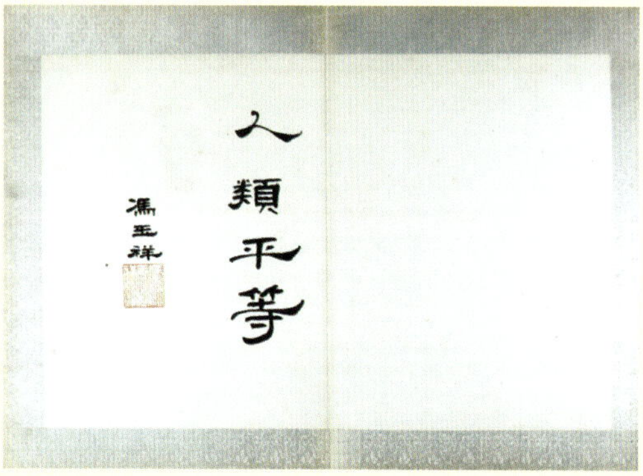

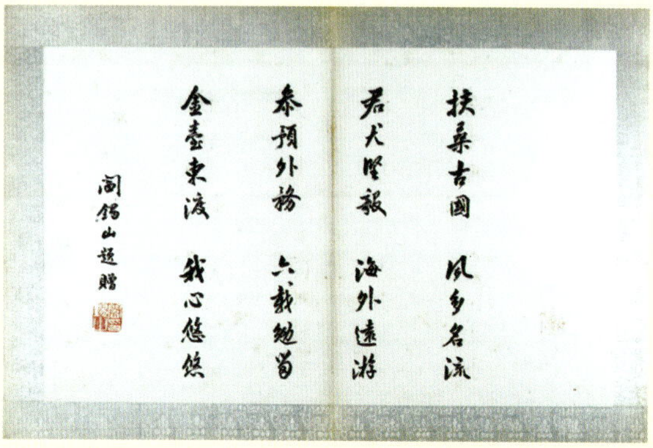

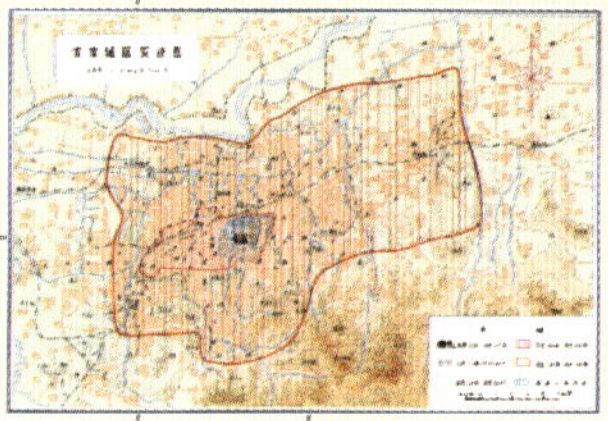

08

Chapter 8

Inscriptions on Ancient Bronzes and Stone Tablets

Inscriptions occupy an important position in the traditional culture, they preserve and enrich our country's history and culture and their artistic value, becoming precious historical archives and artistic treasures. Because of the important historical and artistic values of inscriptions, the rubbings have been ancient literati's collection of art. Rubbings from a stone inscription, have experienced vicissitudes of life, so they are precious cultural relics and art, Especially, some old versions are often priceless. Now from the collection of more than 2, 000 rubbings, 33 kinds are selected. Different fonts are included, ranging from the Zhou Dynasty to the Qing Dynasty.

Section 1

Stone Inscription of Jinan

1. Cliff inscriptions in Pingyin, Jinan (North Dynasty.)

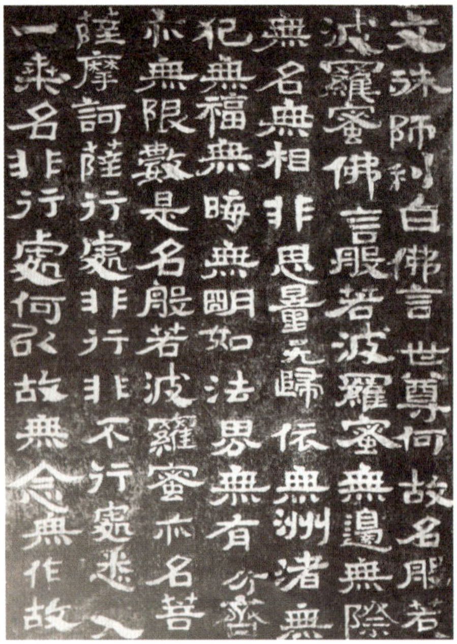

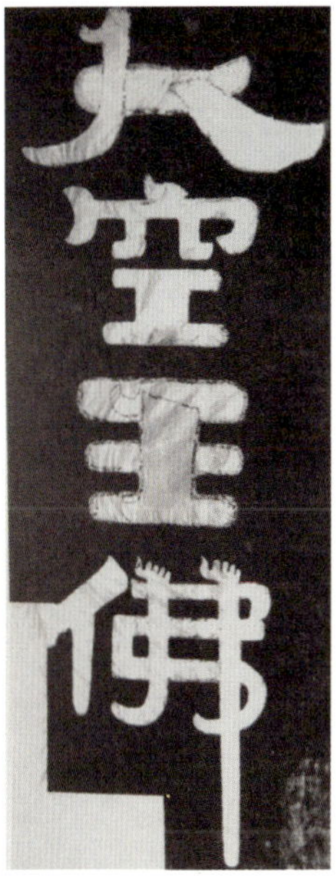

2. Lingyansi Tablet (Tang Dynasty). In 742, it was carved on the walls inside the Luban cave of Lingyansi.

3. Inscription and Introduction on the Sakyamuni Relics Tower in Zhenxiang Temple, Changqing County (Song Dynasty)

4. “Dushutang” written by Sushi (Song Dynasty)

5. Couplet written by Yang Jisheng (Ming Dynasty)

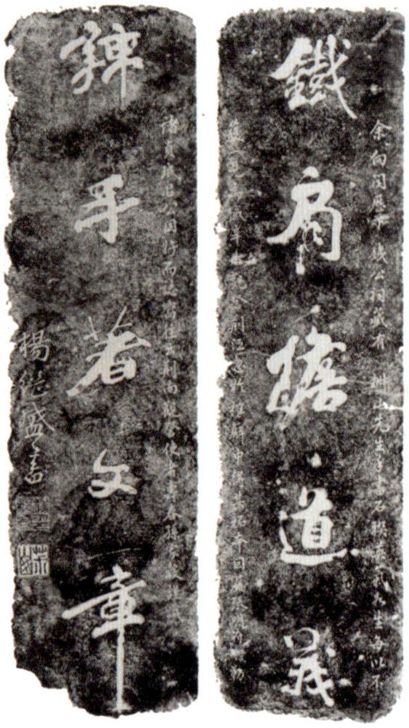

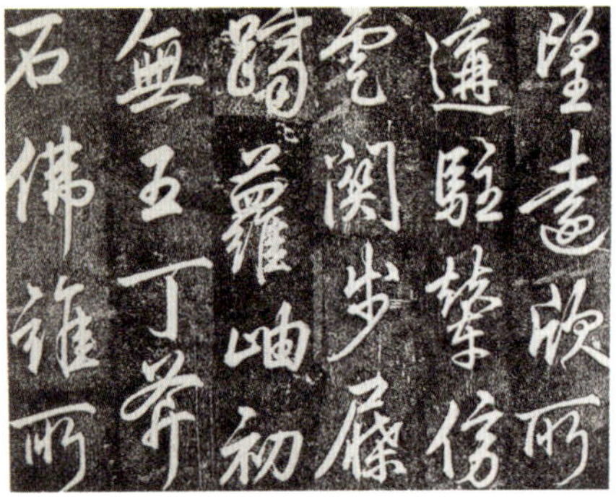

6. Tablet in Qianfo Mountain, written by Emperor Qianlong in 1748 (Qing Dynasty)

7. Inscriptions in Tiegong Memorial Temple（Qing Dynasty）

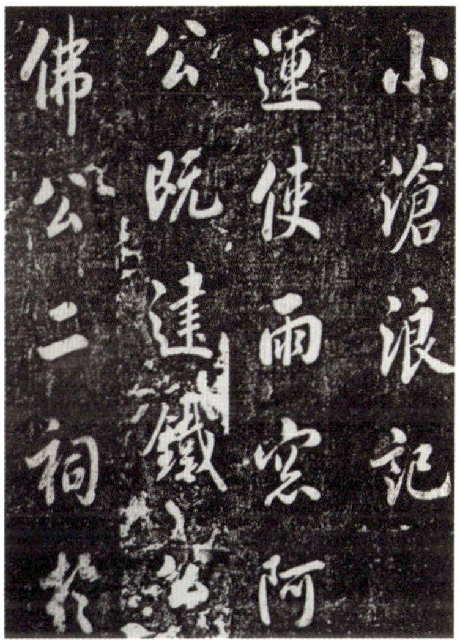

8. Inscriptions in Xiaocanglang Pavilion（Qing Dynasty）

9. Inscriptions in Tanxijingshe（Qing Dynasty）

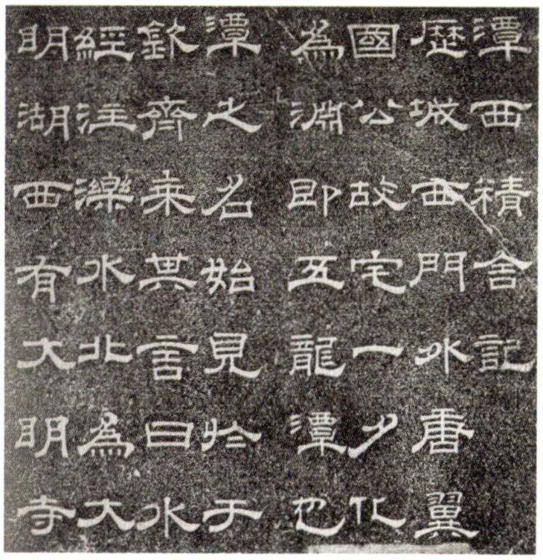

10. Inscriptions of Reconstruction of Lixia Pavilion (Qing Dynasty)

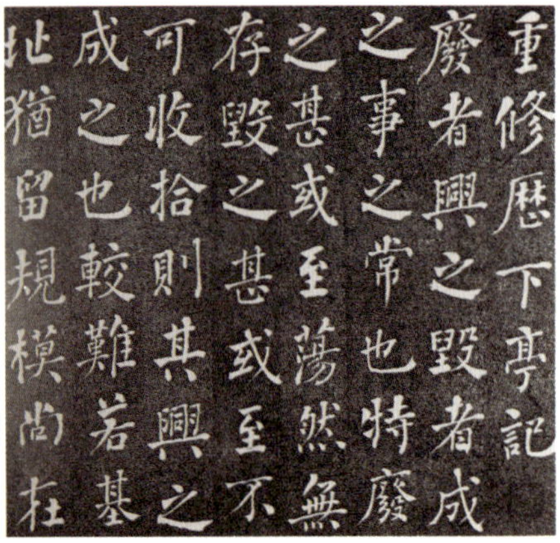

11. Inscriptions of Reconstruction of Jinan Academy (Qing Dynasty)

12. Stone Carving in Qianfo Mountain (Qing Dynasty)

13. Lishan Inscription (Qing Dynasty)

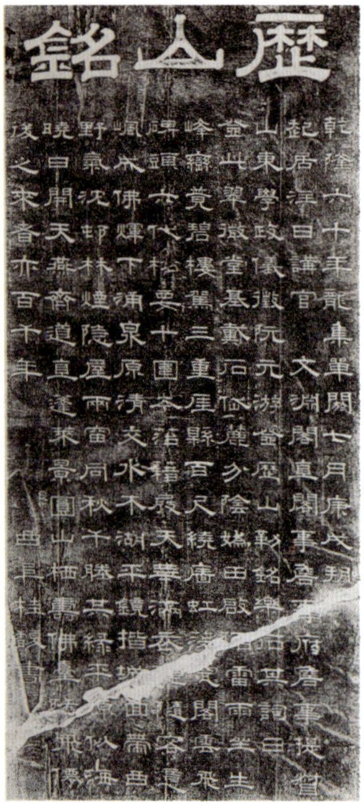

Section 2

Bronze and Stone Inscriptions

1. Sanshi Disk (Zhou Dynasty)

2. Guojizibai Disk (Shang and Zhou Dynasties)

虢季子白盤銘釋文攷正

3. Mount Tai Stele (Qin Dynasty)

4. Yi Mountain Stele (Qin Dynasty)

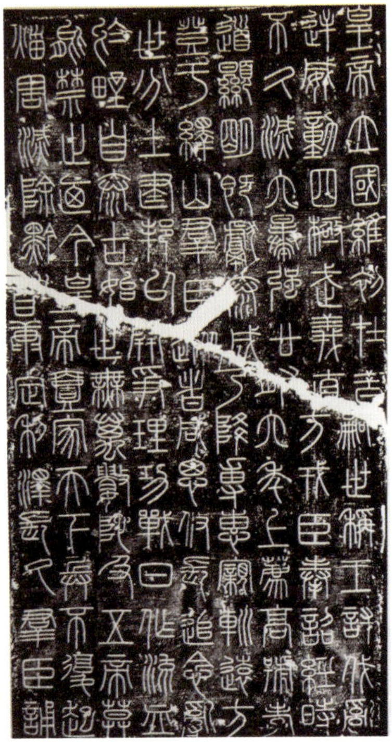

5. Luxiaowang Stele (Han Dynasty)

6. Shimensong Cliff Inscription (Han Dynasty)

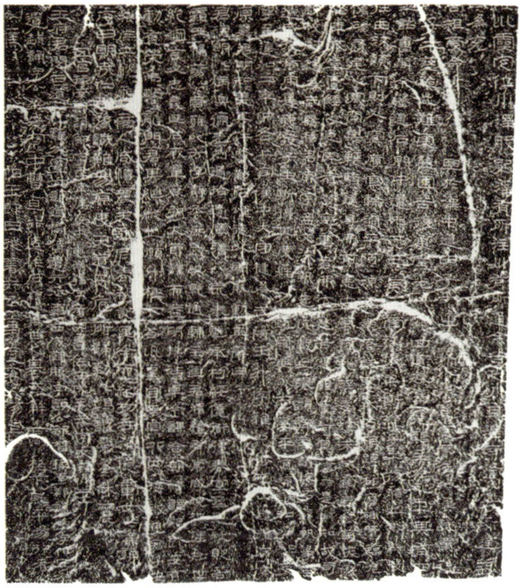

7. Yang Shugong Remnant Steles (Han Dynasty)

8. Zhang Qian Stele (Han Dynasty)

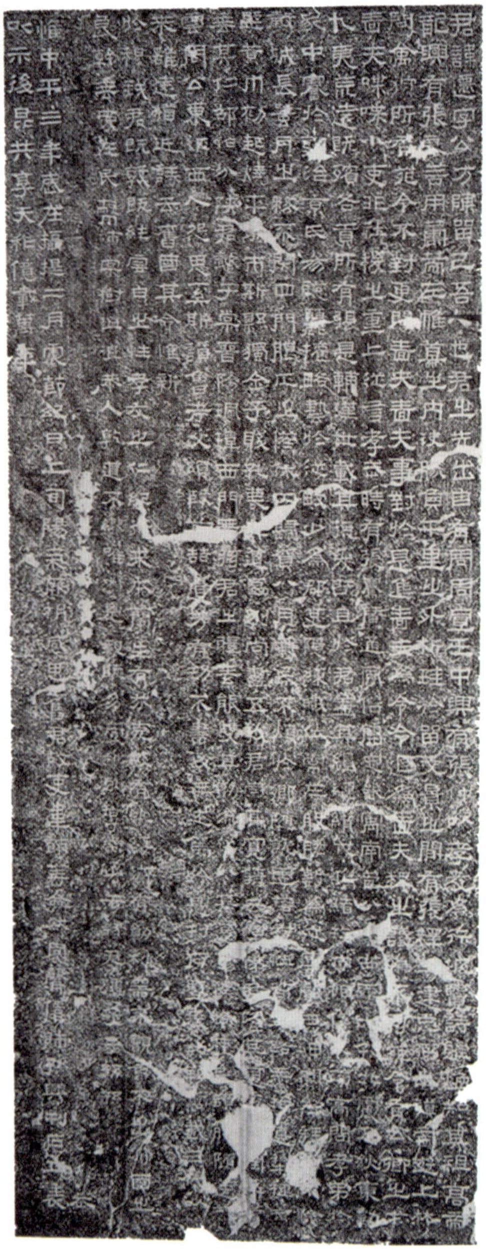

9. Hanzhong Gunxue Cliff Inscription (Wei Dynasty)

10. Lanting Painting and Introduction (Jin Dynasty)

11. Yiheming from the Northern and Southern Dynasties Cliff Inscriptions (Liang Dynasty)

12. Zhengwengong Stele Cliff Inscription (Northern Wei Dynasty)

13. Mount Tai Jingshiyu Cliff Inscription (Northern Qi Dynasty)

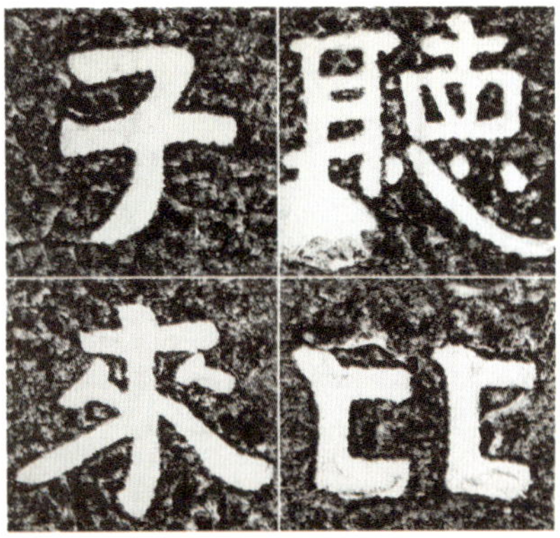

14. Jiuchenggong Liquan Insription (Tang Dynasty)

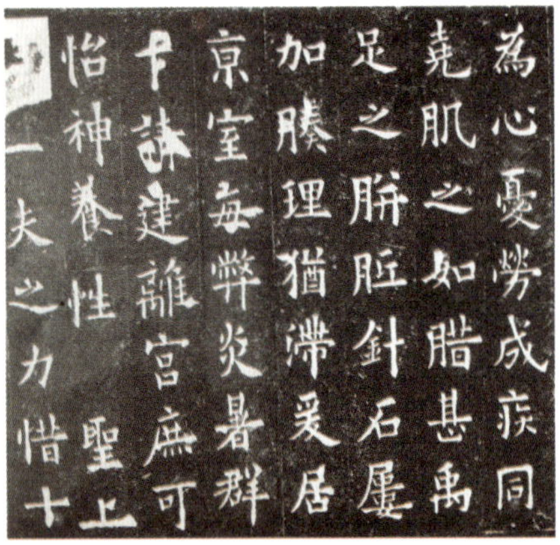

15. Huairenji Wang Youjun Sanzang Shengjiaoxu Inscription (Tang Dynasty)

16. Discussion on Seat Inscription (Tang Dynasty)

17. Xingtan Stone Caving (Jin Dynasty)

18. Lubi Stone Carring (Ming Dynasty)

19. Yuhonglou Inscription (Qing Dynasty)

20. Reconstryction of Chenghuang Temple Tablet (Qing Dynasty)

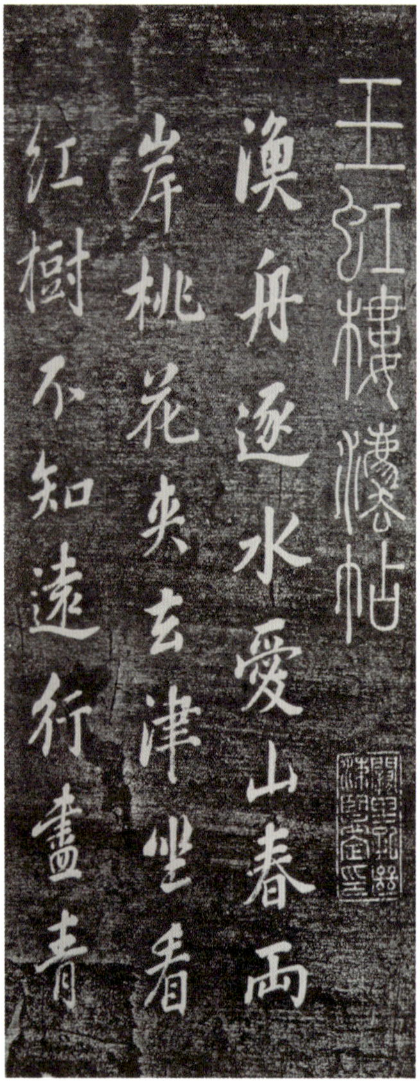

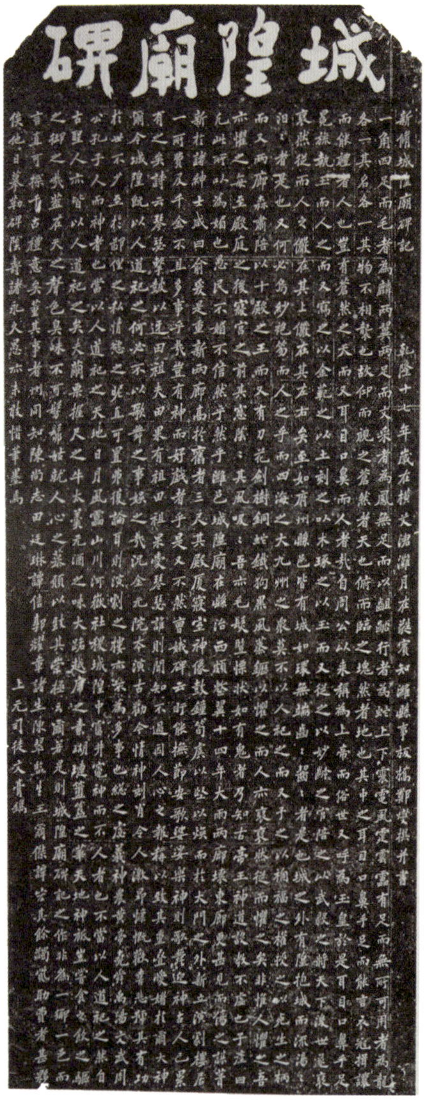

09

Chapter 9

Selection of Local Literature

Jinan have a large number of historical and cultural celebrities. Many celebrities left immortal works, and these works have an indelible contribution to the historical and cultural city of Jinan. Here we introduce dozens of literature.

Section 1

Rare Local Records

1. *Record of En County*, compiled by Sun Juxiang (Ming Dynasty), edited by Lei Jinseng (Ming Dynasty). Wood-block edition of WanLi Era, Ming Dynasty

2. *Record of Yishui County*, six volumes, compiled and edited by Huang Ludeng (Qing Dynasty). Wood-block edition of Kangxi Era, Qing Dynasty

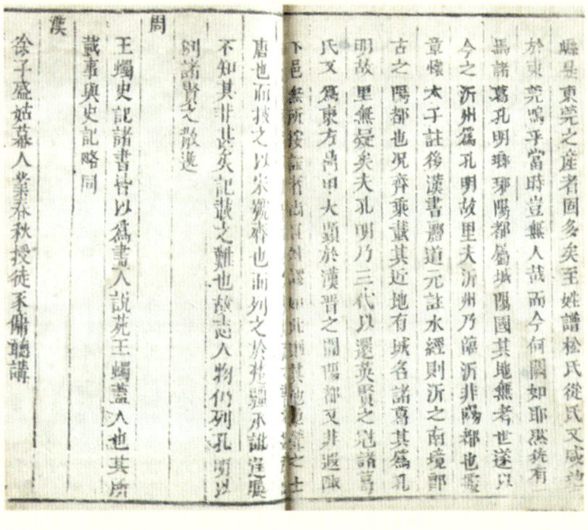

縣是東莞之產者固多矣至姓譜松氏從氏又咸出
於東莞焉乎當時豈無人哉而今何闕如耶然先有
焉諸葛孔明琅琊陽都爲城陽國其地無考世遂以
今之沂州爲孔明故里夫沂州乃琅沂非陽都也爰
章懷太子註後漢書酈道元註水經則沂之南境即
古之陽都也况齊乘載其近地有城名諸葛其爲孔
明故里無疑矣夫孔明乃三代以還英賢之冠諸葛
氏又爲東方望甲大顯於漢晉之間陽都又非遐陬
下邑無所援

唐也而援之以宋璟者也而列之於甘羅亦誠宜矣
不知其非其實記載之難也故志人物仍列孔明以
附諸賢之散逸

周

王蠋史記諸書皆以爲畫人說苑王蠋畫人也其所
識事與史記略同

漢

徐子盛姑幕人業春秋授徒系備聽講

3. *Record of Yangxin County*, ten volumes, compiled by Zhou Qiansen (Qing Dynasty), edited by Zhang (Qing Dynasty). Wood-block edition of Kangxi Era, Qing Dynasty

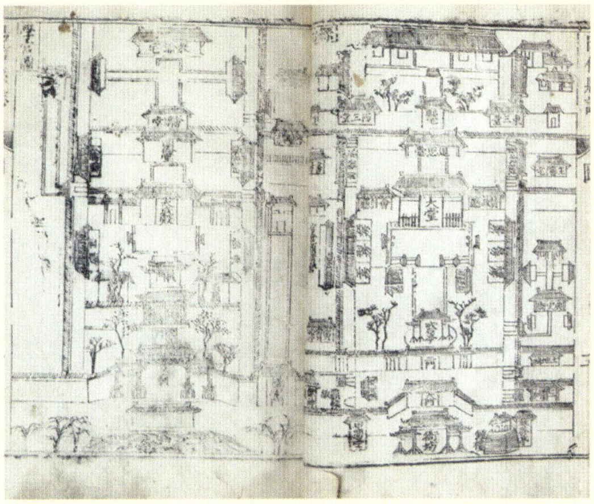

Section 2

Jinan Local Records

1. *Licheng*, nineteen volumes, compiled by Gui Yangxing (Ming Dynasty), edited by Liu (Ming Dynasty). Photocopy according to Ming Dynasty edition.

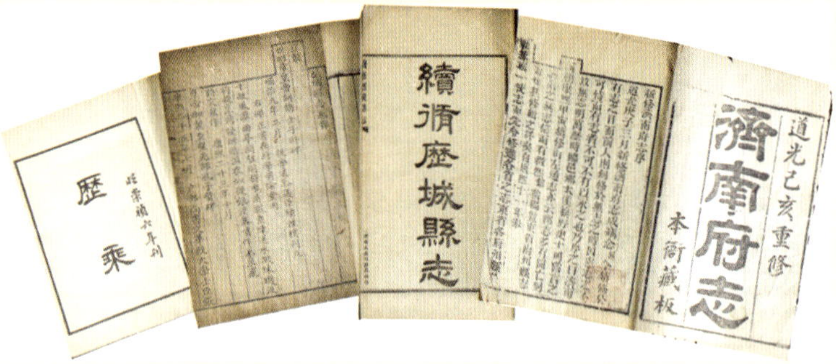

2. *Record of Licheng County*, fifty volumes, compiled by Hu Delin (Qing Dynasty), edited by Li Wenzao (Qing Dynasty). Wood-block edition of Qianlong Era, Qing Dynasty.

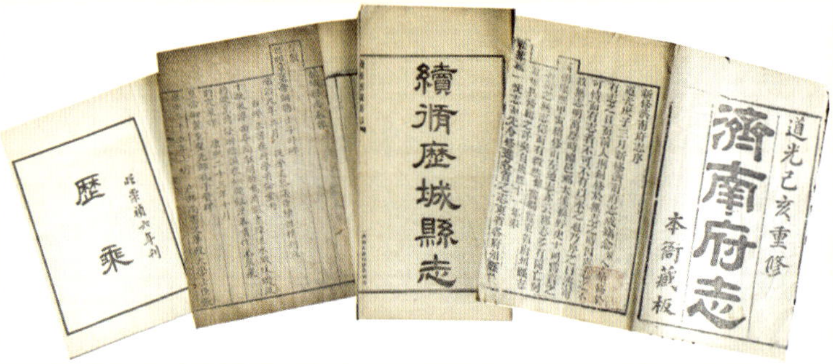

3. ***Record of Jinan Prefecture*****, Compiled by Wang Zengfang, Wang Zhen (Qing Dynasty), edited by Cheng Guan, Leng Xuan (Qing Dynasty). Wood-block edition of Daoguang Era, Qing Dynasty.**

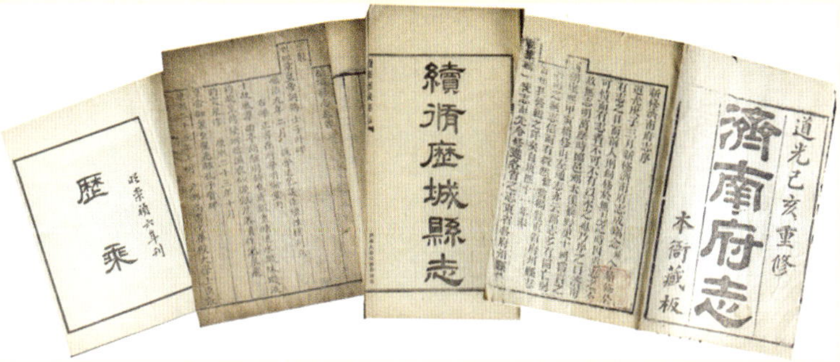

4. ***The Continuation Record of Licheng County*****, fifty-four volumes, compiled and edited by Mao Chenglin (Republic of China). Edition of Republic of China.**

It is an important document for the study of the modern history of Jinan. It was compiled from 1907 to 1926, lasting for 20 years. It described the historical evolution from 1771 to 1911 in Licheng county.

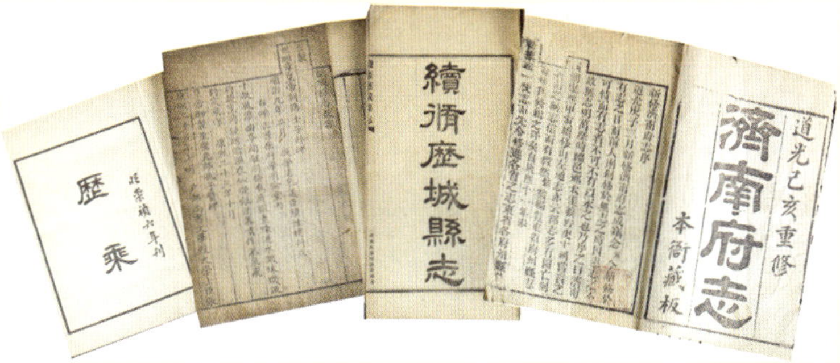

5. ***Record of Pingyin County*****, four volumes, compiled by Yu Chunlin (Qing Dynasty), edited by Zhu Xuzi (Qing Dynasty). Wood-block edition of Jiaqing Era, Ming Dynasty.**

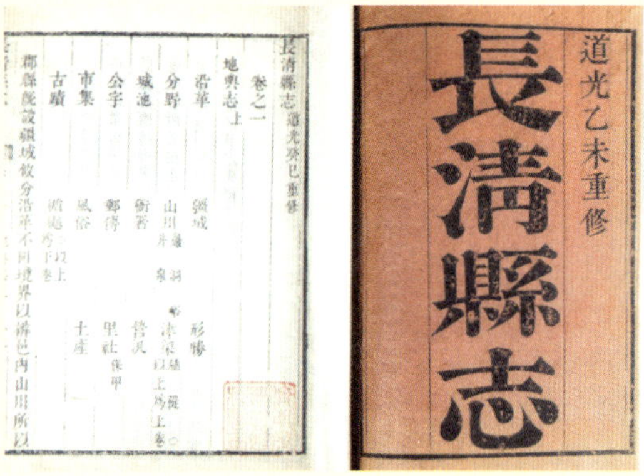

6. *Record of Changqing County*, compiled by Shu Huamin (Qing Dynasty), edited by Xu Decheng (Qing Dynasty). Wood-block edition of Daoguang Era, Qing Dynasty

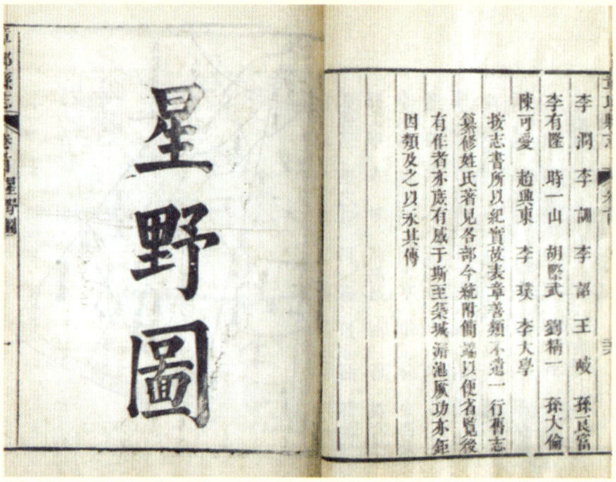

7. *Record of Zhangqiu County*, sixteen volumes, compiled by Wu Zhang (Qing Dynasty) edited by Cao Maojian (Qing Dynasty) Wood-block edition of Daoguang Era, Qing Dynasty

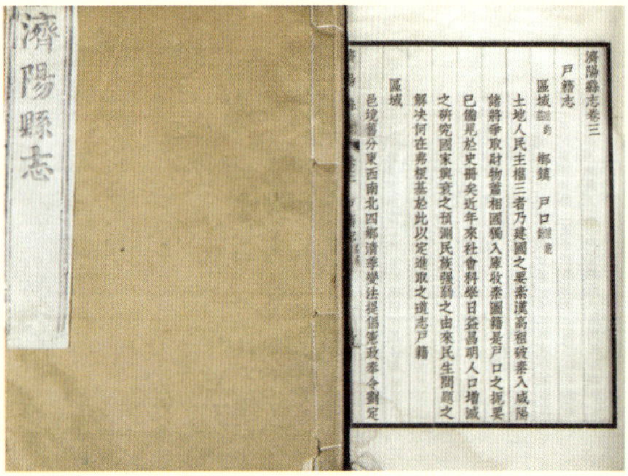

8. *Record of Jiyang County*, fourteen volumes, compiled by Hu Delin (Qing Dynasty), edited by He Mingli, Zhang Chengmao (Qing Dynasty). Wood-block edition of Qianlong Era, Qing Dynasty

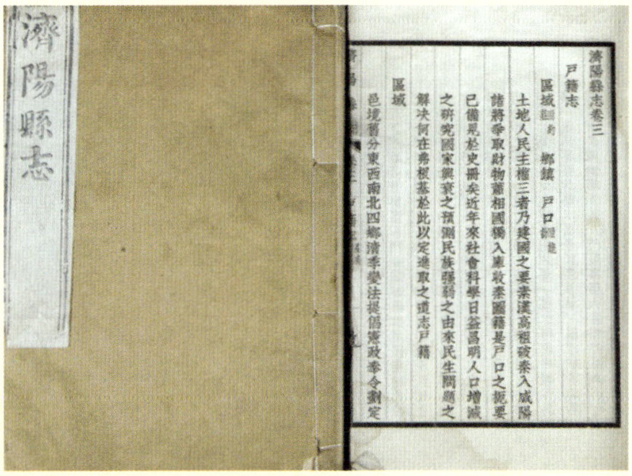

9. ***Record of Jiyang County*****, compiled by Lu Yongxiang (Republic of China), edited by Wang (Republic of China). Stereotype edition of Republic of China**

10. ***Record of Shanghe County*****, compiled and edited by Gong Tinghuang (Qing Dynasty). Wood-block edition of Daoguang Era, Qing Dynasty**

Section 3

Works of Celebrities in Jinan

1. *Circus Map*, one volume, written by Li Qingzhao (Song Dynasty), supplemented by Wang Lanfang (Ming Dynasty). Wood-block edition of of Qing Dynasty

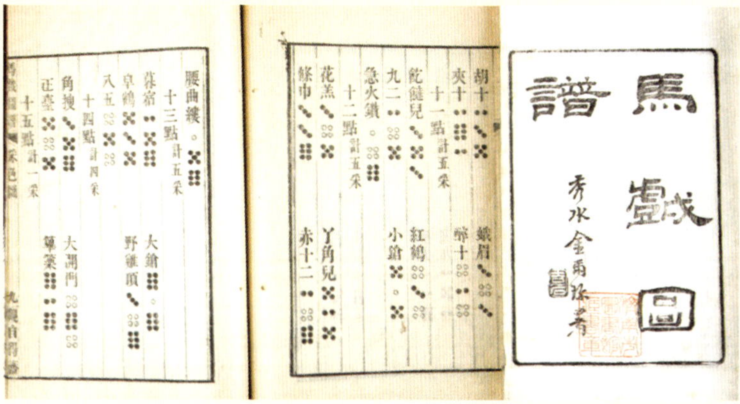

2. *Jiaxuan Lyrics*, twelve volumes, written by Xin Qiji (Song Dynasty). Photocopy of Yuan Dynasty Edition

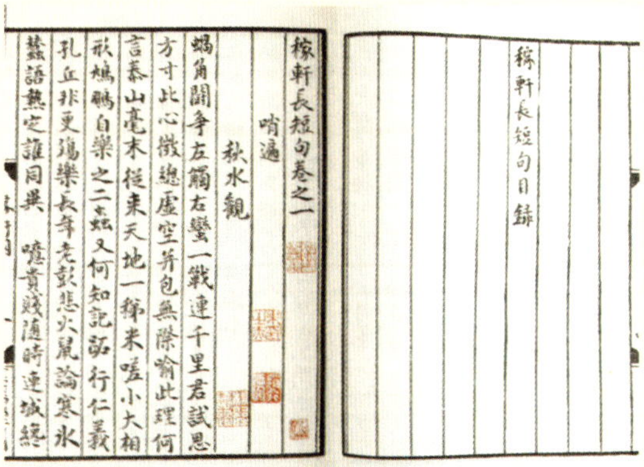

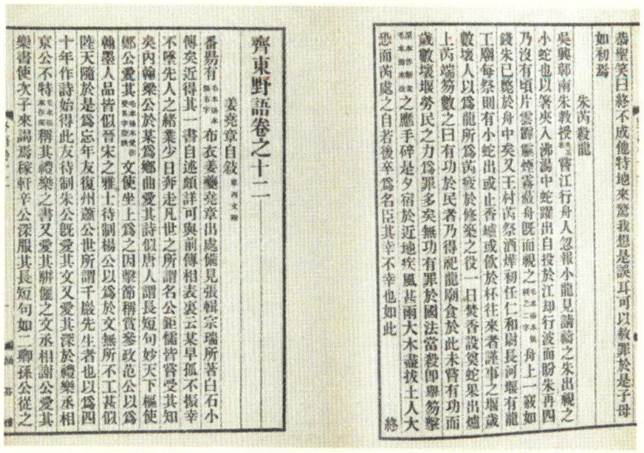
恭聖笑曰終不成他特地來驚我想是誤耳可以赦罪於是子毋
如初焉
朱芮殺龍
吳興郭南朱教授嘗江行舟人忽報小龍見請禱之朱出視之
小蛇也以箸夾入沸湯中蛇躍出自投於江却行波面盼朱再四
乃沒有頃片雲靉靆煙霧蔽舟既而視之舟上一衰如
錢朱已斃於舟中矣又王村芮祭酒燁初任仁和尉長河堰有龍
王廟每祭則有小蛇出或止香爐或飲於杯往來者謹事之堰歲
數壞人以爲龍所爲芮領於修築之役一日焚香設奠蛇果出爐
上芮端笏數之曰有功於民者乃得祀龍廟食於此未嘗有功而
歲數壞堰勞民之力爲罪多矣無功有罪於國法當殺仰舉笏擊
之應手碎是夕宿於近地疾風甚雨大木盡拔士人大
恐而芮處之自若後卒爲名臣其幸不幸也如此
終

齊東野語卷之十二
姜堯章自敘
番昜有布衣姜夔堯章出處備見張輯宗瑞所著白石小
傳矣近得其一書自述頗詳可與前傳相表裏云某早孤不振幸
不墜先人之緒業少日奔走凡世之所謂名公鉅儒皆嘗受其知
矣內翰梁公於某爲鄉曲愛其詩似唐人謂長短句妙天下樞使
鄭公愛其文使坐上爲之因擊節稱賞參政范公以爲
翰墨人品皆似晉宋之雅士待制楊公以爲於文無所不工甚似
陸天隨於是爲忘年友復州蕭公世所謂千巖先生者也以爲四
十年作詩始得此友待制朱公既愛其文又愛其深於禮樂丞相
京公不特稱其禮樂之書又愛其駢儷之文丞相謝公愛其
樂書使次子來謁焉稼軒辛公深服其長短句如二卿孫公從之

3. *Qidong Yeyu*, twenty volumes, collected by Zhou Mi (Song Dynasty). Hanfenlou stereotype edition of the Republic of China.

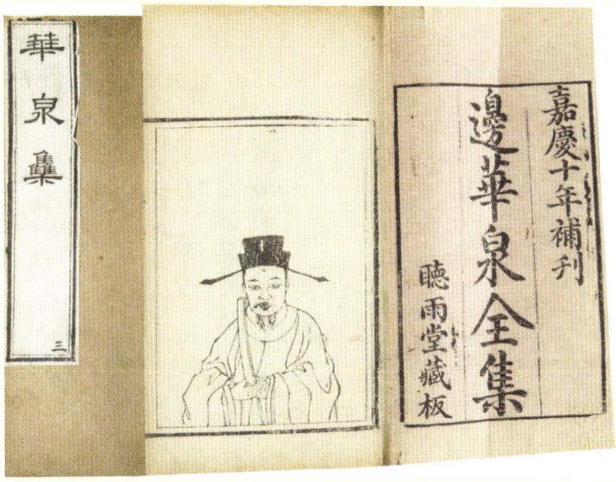

4. *Bianhuaquan Complete Edition*, written by Bian Gong (Ming Dynasty). Supplemented carved edition of Qing Dynasty

5. *Cangming Comments on Poetry*, thirty volumes with one volume of *appendix*, written by Li Panlong (Ming Dynasty). Ming Dynasty edition.

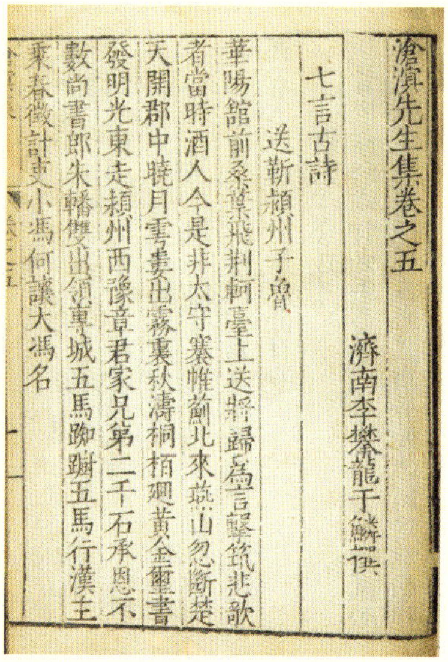
滄溟先生集卷之五
濟南李攀龍于鱗譔
七言古詩
送靳潁州子魯
華陽館前桑葉飛荆軻臺上送將歸爲言擊筑悲歌
者當時酒人今是非太守褰帷薊北來燕山忽斷楚
天開郡中曉月雲裏出霧裏秋濤桐栢廻黃金璽書
發明光東走潁州西豫章君家兄弟二千石承恩不
數尚書郎朱轓雙出領專城五馬踟躕五馬行漢主
秉春徵計吏小馮何讓大馮名

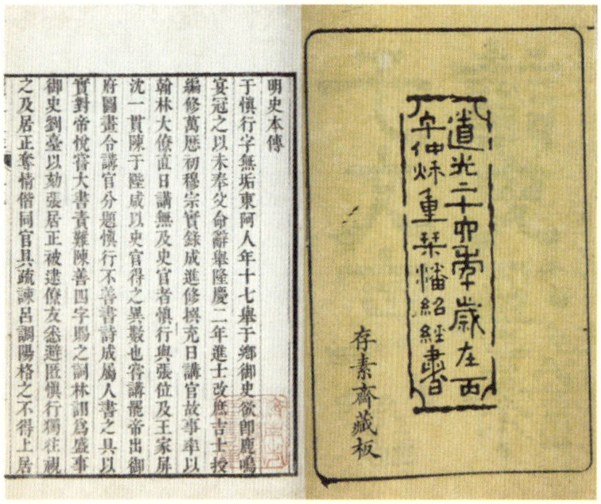

6. *Historical Notes of Yu Wending*, twenty volumes, written by Yu Shenxing (Ming Dynasty), edited by Huang Entong (Qing Dynasty). Cunsuzhai wood-block edition of Qing Dynasty.

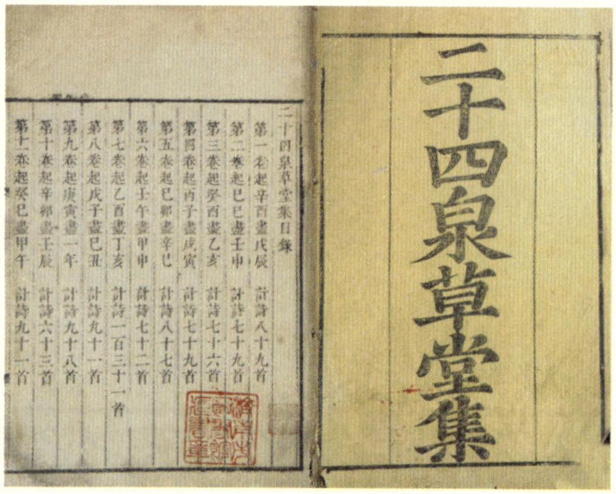

7. *Twenty-four Spring Thatched Cottage Collection*, twelve volumes, written by Wang Ping (Qing Dynasty), Yuxixue wood-block edition of Qing Dynasty

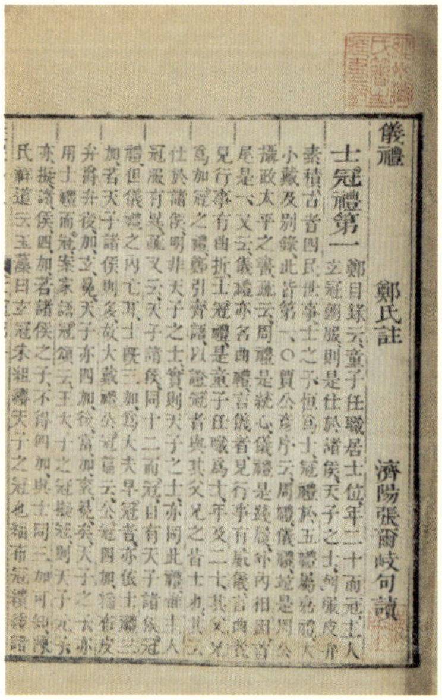

8. *Yili Zhengzhu Judou*. Wood-block edition of Qing Dynasty.

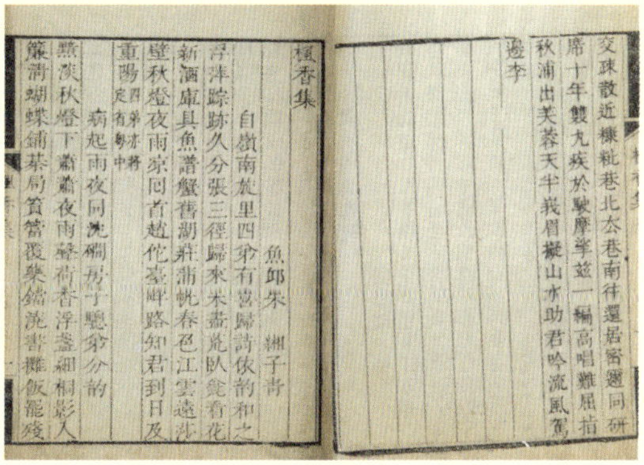

9. *FengXiang Ji* one volume, written by Zhu Xiang (Qing Dynasty). Wood-block edition of Qing Dynasty.

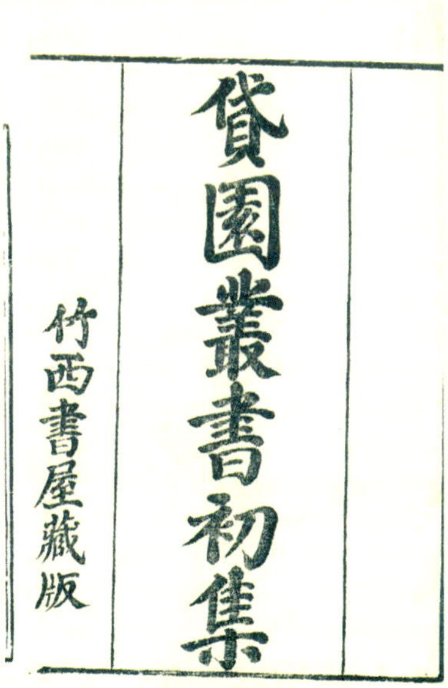
貸園叢書初集
竹西書屋藏版

10. *Daiyuan Congshu Chuji*, twelve kinds, forty-nine volumes, edited by Zhou Yongnian (Qing Dynasty). Wood-block edition of Qing Dynasty

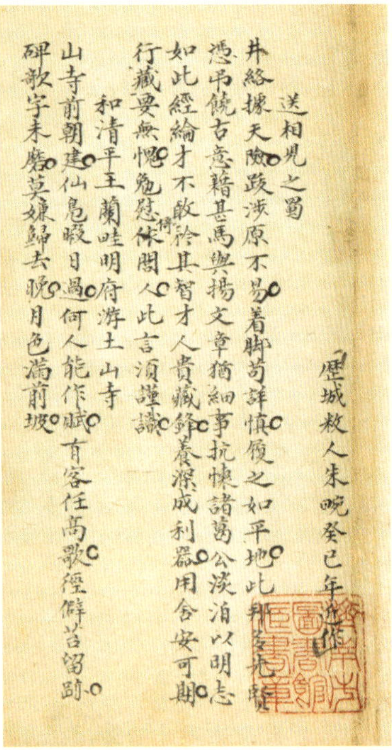

歷城牧人朱畹癸巳年作

送相兒之蜀

井絡據天險跋涉原不易着腳苟詳慎履之如平地此邦多先賢
憑弔饒古意精甚馬與揚文章猶細事抗懷諸葛公淡泊以明志
如此經綸才不敢矜其智才人貴藏鋒養深成利器用舍安可期
行藏要無愧勉旃休閣人此言須謹識

和清平王蘭畦明府游土山寺

山寺前朝建仙龕暇日過何人能作賦有客任高歌經解苔留跡
碑歌字未磨莫嫌歸去晚月色滿前坡

11. *Hongjiaoguan Poems*, Written by Zhu Wan (Qing Dynasty). Qing Dynasty manuscript.

12. *The Lost Books Compiled in Yuhanshanfang*, seven hundred and thirty-nine volumes, edited by Ma Guohan (Qing Dynasty). Wood-block edition of Qing Dynasty.

10

Chapter 10

Publications by Our Library

Jinan Library pays attention to the collection and development of the local documents while keeping the preservation of documents. Since entering into the twenty-first century, according to the historical value, preservation condition and reader status of the document, Jinan library published 3 kinds of local documents of the Republic of China. At the same time, based on the construction of the database of ancient books, the library compiled and published the *Jinan Library's Bibliography of Ancient Book Collection*, *Excerpt of Biographies of Historical Figures in Jinan*, *Collection of Bronze and Stone Artworks*, Records of Spouting Spring, etc.

1. *The Spouting Spring Annals*

The Spouting Spring Annals, two volumes, written by Ren Hongyuan of Qing Dynasty. Wood-block edition of Qianlong Era, Qing Dynasty. Compiled by Jinan Library, published by Jinan Press in June, 2013.

Ren Hongyuan, styled himself Zijian, assumed name was Luomei. He was born in Licheng of Qing Dynasty. The most commendable work of his was *The Baotu Spring Annals*.

The Spouting Spring Annals is the only one account of springs in China since ancient times, and it has high historical value. It has always been favored for hundreds of years with reputation as "The first Annal of the world famous springs". This book was compiled in 1713, lasting for 29 years. It was published in 1742. This book was divided into two volumes. The first volume included twelve chapters, and the second volume included three chapters. As an important part of the book, Chapter of Arts was seen as an extremely precious treasure, because it contained the poems chanting Spouting Spring. *The Spouting Spring Annals* only had a version of 1742, so it was rare version in the local chronicles. The literature about Spouting Spring only can be find in *Licheng* and *Record of Licheng County*. This was the only one book that systematically recorded the history of Spouting Spring. Jinan Library reprinted *The Spouting Spring Annals* in form of the photocopy in order to preserve the original appearance of the rare ancient book. It not only can make this rare book never lost, but also can make it widely spread. This resolves the contradiction between collection and use of the rare books.

2. The Jinan Guide

The Jinan Guide was compiled by Ye Chunxi, originally published by Jinan Dadong Press in April 1914. It was compiled by Jinan Library and reprinted by Chinese Cultural and Historical Press in October 2004.

The Jinan Guide was the earliest portable manual for various aspects of social life in Jinan in the twentieth century. Its content includes in eight aspects. Especially, *the appendix of Jinan Chengxiang Map* and the *Jinan Commercial Map* reflected the distribution of Jinan administrative division of streets at that time. This was first street map of Jinan since the beginning of the Republic of China, Which provided extremely rare, accurate and reliable information of Jinan street. A full text of *Poems of Qi wrote by* poet Wang Xiangchun *in the Ming Dynasty*, was included in the book. Thus, people found the full text of this collection of poems for the first time for hundreds of years. *The Jinan Guide* reprinted by Jinan Library provides an authentic and complete version of *The Jinan Guide* to the readers and researchers. Since the book used electronic layout processing technology, the clarity and readability of the contents are much more better than the original.

3. The Jian Fast Browse

The Jinan Fast Browse, which was written by Zhou Shiming, was published by Jinan World Press in 1927. It was compiled by Jinan Library and published by Qilu Press in April 2011.

The Jinan Fast Browse is a fast browsing tool book that reflects the basic situation of Jinan history in the twenties of the last century, such as geography, population, economy, culture, education, religion and social life. This book was divided into 10 parts, including the general situation in Jinan, history, products, fashion scenic spots, historical sites, transportation, public interest groups, military and civil affairs, judicial and police,

education, industry and commerce, game places. It compiled rich folk material of Jinan, including living, climate, food and clothing, dialect and slang, marriage custom; It summarized the history and status of famous springs in Jinan. It described specialties of the old Jinan, and reflected difficulties of the masses. Such records are not common in other similar manuals. The number of *The Jinan Fast Browse* that has been handed down is very small. Jinan Library punctuated this book, and republished it with simplified Chinese characters.

4. Jinan Grand View

Jinan Grand View, which was compiled by Luo Tengxiao, was published by Jinan Grand View Press in 1934. It was compied by Jinan Library and published by Qilu Press in December, 2011.

Jinan Grand View was a handbook that described all aspects of social life of Jinan. Its description is more comprehensive and detailed than *The Jinan Guide and The Jinan Fast Browse*. Its characteristics is as follows: first, " All the records are based on investigations. ", and the narration style is concise; second, the classification was detailed, the book was divided into 31 parts, each of which is further subdivided; third, payed attention to the compiling of regulatory documents, the regulations of that time were up to 16 kinds, such as *Commodity Inspection Law*, which still have certain reference value to the contemporary urban management.

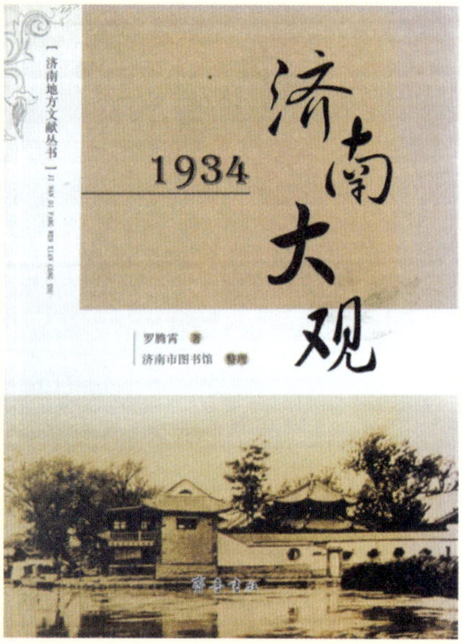

There is only one copy of Jinan Grand View in Jinan Library. Its paper is acidified and fragile. If it is touched, it will be broken and unable to read. Jinan Library punctuated and republished it with simplified Chinese characters, which made the precious literature widespread and serve the study of contemporary culture of Jinan cultural studies.

5. Excerpt of Biographies of Historical Figures in Jinan

Excerpt of Biographies of Historical Figures in Jinan, which was compiled by Jinan Library, was published by The Yellow River Press in June, 2003.

Jinan Library selected 61 people who had an including influence on the history and development of Jinan, statesmen, thinkers, strategists, writers and renowned scholars. These people were born or had lived in Jinan, including Emperor Shun, Bao Shuya, Bian Que. The introduction of people included three parts: a biography, which introduced the figure's life story and the historical influence; the historical literature, with excerpts from the original records; relevant information from the local chronicles in Shandong.

6. Jinan Library's Bibliography of Ancient Book Collections

Jinan Library's Bibliography of Ancient Book Collections, which was compiled by Jinan Library, was published by Chinese Cultural and Historical Press in March, 2005.

Jinan library compiled this book on the base of comprehensive sorting and editing each of its editions. The bibliography includes more than 8,000 sets of ancient books, which add up to more than one hundred thousand items. It reveals the ancient books of Jinan Library. Its content includes title, volume number, author, version, physical description, notes and call number. There are title and author index, which are formulated according to the order of Pinyin sequence and the number of strokes, respectively.

7. Collection of Bronze and Stone Artworks

Collection of Gold and Stone Artworks, which was compiled by Jinan Library, was published by Jinan Press in January, 2008.

Jinan library selected ninety-six pieces to edit and publish from more than two thousand pieces of metal and stone rubbings of the collections. The inscriptions of seal script, official script, regular script and cursive script were included. The book selected inscription rubbings from the Western Zhou Dynasty to the Qing Dynasty. The former twenty-five pieces were stone inscription rubbings in Jinan, and the latter seventy-one were ancient stone rubbings in other areas. The first part published the partial or the whole picture of the rubbings, and the second part is a brief introduction of a variety of rubbings with illustrations. The introduction part mainly introduced the age, authors, calligraphers, size, number of words, unearthed and preservation site at present, as well as the biographies of authors and calligraphers, together with the involved celebrities and places of interest.

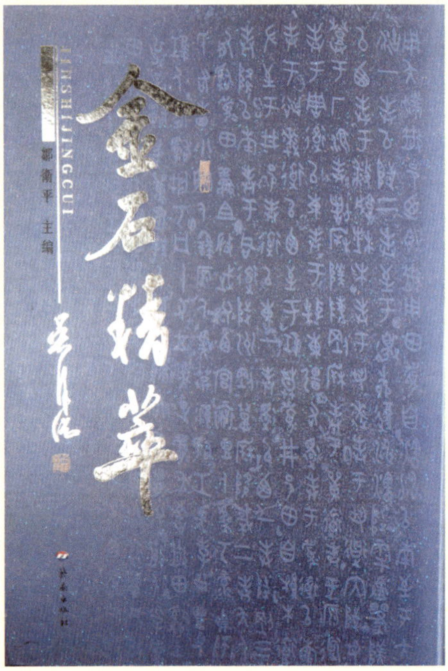

Postscript

After one year of work, we finally finished this book.

In March of 2014, Jinan Library accepted the invitation from Tianjin University Press as long as we received it. It is really a good news for library field to publish *Series of China's City Libraries in the 21st Century*. Moreover, it is an opportunity for Jinan Library to present itself. And the leading group attached great importance to this book, and an editorial board was set up on purpose.

The beginning was hard. We had never tried this kind of historic writing. After the discussion of writing outlines, the editorial board began to collect historical sources and finished in September of 2014.

After the reviewing meeting in Tianjin University Press in January, 2015, the structure and description of the manuscript were adjusted and rewritten in accordance with the opinions proposed by Professor Wang Zongyi and requirements of the press. As young libraries, Caoyi and, Zhang zhenkang, provided fresh new materials for the second draft, which enriched both the public cultural services and the nationwide reading activities. We finished the second draft on the eve of the Spring Festival and sorted out pictures for the manuscript. Professor Wang Zongyi reviewed the manuscript and put forward relevant suggestions again during Spring Festival instead of getting together with his family. And we really appreciate it.

The third draft's revision lasted nearly a month. In line with the attitude of historical materialism, the editorial board members consulted many historical resources to keep the historical records completely preserved, which ensured the standardization of its written style. At the same time, the network center offered help. Eventually, we presented simple and natural records to the public.

The completion of Jinan Library is a key to opening the digital age adventure, and the future depends on our efforts. Perhaps this book cannot reflect all the features of our library, we want everything to be perfect despite of limited time and knowledge. If there are any mistakes, please do not hesitate to contact us and point out.

Editorial board of *Jinan library*

March, 2015